보육교사론

Theory Of Early Chilbhoob Teacher

오은순 · 김상언 · 안미인 · 박명숙 · 이명숙 · 최은경 · 오아름 共著

21세기사

PREFACE

　빠르게 변화하고 있는 사회에서 경험하지 못한 미래를 대비하기 위해서는 다양한 아이디어의 창의적 교육이 필요하며, 하나의 문제에 여러 가지 해결방안, 새롭고 독특한 아이디어를 원하고 있다. '4차 산업, 5차 산업혁명시대에 필요한 교육은 무엇인가?' '답'이라는 것은 정해진 것이 아니며 상황에 따라서 해결방법이 다르게 요구된다면 여러 경로와 방법으로 방안을 찾아낼 수 있어야 한다. 이제는 교육도 다면적인 방법으로 문제를 인식하고 창의적이며 주도적으로 문제해결에 접근할 수 있어야 하며 이러한 이유로 교사의 역할은 더욱 중요하게 되었다.

　미래의 인재인 영유아들이 각자의 잠재력을 발전시켜 전인적 발달을 기반으로 잘 성장하기 위해서는 전문성을 갖춘 교사가 필요하다. 보육교사는 영유아들이 환경과 긍정적으로 상호작용할 수 있도록 교수자, 연구자, 의사결정자, 평가자 등 다양한 역할의 전문성을 갖추어야 한다. 이러한 전문성은 영유아의 발달을 촉진시키고 올바른 인성의 사회인으로 성장할 수 있도록 돕는다. 따라서 전문가로서 질적 성장을 위한 보육교사 양성 프로그램이 마련되어야 한다.

　이 저서는 대학 및 양성기관에서 보육교사가 되고자 하는 학생들을 위한 교재이다. 기본적 이론과 바람직한 가치관 함양의 실천적 기술을 학습할 수 있도록 내용을 구성하였으며, 한 학기 과정의 강의계획에 맞추어 구성하였다.

　본 저서는 크게 세 부분, 10장으로 구성하였다. 제1부는 보육교사의 이해이다. 이 부분은 보육교사를 올바르게 이해하는 데 중점을 두었다. 구체적으로 제1부는 제1장 보육교사에 대한 개념, 역할, 자질, 역량으로 구성하였으며 인터넷·미디어 시대에 보육교사에게 요구되는 디지털 역량에 대한 내용을 제시하였다. 제2장 보육사상 변천사로 고대, 중세, 근세, 근대, 현대 아동관의 변화와 루소, 프뢰벨, 피바디, 피아제, 몬테소리 교사론에 대한 내용으로 구성하였다. 제3장은 표준보육과정과 누리과정에 대한 내용으로 구성하였다. 제2부는 보육교사의 성장이다. 이 부분은 영유아의 발달에 관한 구체적 내용과 영유아들이 활동하는 보육환경에 대한 이해, 보육교사의 자격취득과정 등 보육교사로서 기본적으로 꼭 알아야 할 발달에 관한 이론적 지식과 내용을 담았다. 제4장 영유아기의 발달 특성, 제5장 영유아기 보육, 제6장 보육교사의 자격으로 구성하였다. 제3부는 보육교사의 전문성 향상이다. 이 부분은 보육교사가 보육 분야의 전문가로 성장하기 위한 내용들에 대해 저자들의 시각에서 전문성을 갖추어 가는 데 꼭 알아야 하는 보육에 관한 내용을 담았다. 예비보육교사로서 지식, 기술, 태도를 함양하기 위해 영유아교육기관의 구체적 사례 및 사진들로 구성하여 이해를 높이고자 하였다. 제7장 가정 및 지역사회 연계, 제8장 영유아의 인권과 권리, 제9장 보육의 계획과 실천, 제10장 어린이집 평가로 구성하였다.

본 저서는 예비보육교사로서 전문가로 성장하는 과정을 자연스럽게 받아들이고 실제 사례를 학습과 접목하여 교육에 매진할 수 있도록 하였으며, 이해도와 집중력을 높여 내용을 잘 습득할 수 있도록 집필하였다. 또한 저서의 계획과 집필과정에서 저자들은 어린이집에서 보육교사로서 다양한 역할을 하는 데 참고가 될 만한 최신의 자료를 수집하는 데 주력하였다. 무엇보다도 좋은 보육교사가 되고자 하는 학생들이 지식과 기술을 연마하는데 도움이 되었으면 하는 희망과 기대를 가져 본다.

본 저서에 대한 아낌없는 충고와 비판을 수용하고, 각 장의 문제점을 보완하여 더 알찬 보육교사론이 되도록 저자들은 지속적인 노력을 기울이고자 한다.

다소 부족함이 있다 할지라도 이 저서가 어린이집에서 영유아의 전인적 성장을 지원하는 보육교사직 수행에 도움이 되기를 바라며, 예비보육교사들이 보육교사라는 직무가 행복하고 가치 있는 일이라는 자부심을 가졌으면 한다.

편집 작업에 매진해 주신 편집진의 노고와 집필 작업에 모든 지원을 적극적으로 보내주신 이범만 대표님과 21세기사 출판사에 깊은 감사의 마음을 전하며 21세기사의 지속적인 발전을 기원한다.

2023년 7월
저자일동

CONTENTS

제 2 부 보육교사의 성장

제 3 부 보육교사의 전문성

제1부
보육교사의 이해

제1장
보육교사

Contents

본 장에서는 교사에 대한 일반적 이해와 교육학적 관점에서 교사에 대해 알아본다. 그리고 보육교사의 개념과 보육 교사직의 고유한 특성을 알아보고 이를 수행하기 위한 보육교사의 역할과 자질에 대해 알아본다.

I. 교사의 개념

1. 교사의 일반적 이해

'교육'이란 무엇이며 '교사'는 누구인가? 인간이 안정적인 삶을 영위하면서 특히, 정보를 기록하고 실행하면서 학교와 같은 새로운 형태의 교육이 가능하게 되었다. 이때 지식과 기술을 가르치는 직업교육 형태의 교사가 출현하였다. 그 후 전문적인 양성과정과 필요한 자격을 취득하기 위해 임용 선발과정으로 교사가 될 수 있게 되었다.

교육은 교육을 담당하는 '교사'와 교육을 받는 '학습자'의 상호작용을 통하여 교육의 내용을 전달하게 된다. 교육이란 교사와 학생의 관계에서 이루어지는 것이며 이러한 내용을 기본으로 교사의 어원적 의미, 사전적 의미를 살펴보면 다음과 같다.

첫째, 교사는 스승 또는 선생의 의미로 해석된다. 교사(敎師)에서 교(敎)의 사전적 의미는 '본받을, 가르칠, 알릴, 훈계할, 학문의'의 뜻이다. 사(師)는 '스승, 선생님, 본받을 어른'의 의미로 '본받을 것을 보이는 가르치는 어른'이다. 교육의 의미로는 교육(敎育)의 교(敎)는 윗사람인 교사가 교육을 받을 자에게 필요한 것을 따르게 하고 이를 본받는다는 의미가 있다. 육(育)은 학습자의 잠재 능력과 소질이 잘 자라도록 보호하고 육성해 주는 사람으로 스승이나 선생의 인격적 의미가 내포되어 있다.

교사는 일반적으로 배우고자 하는 학생들에게 지식과 살아가는 방법을 가르치는 사람으로 이해한다. 교사는 학생이 배워야 하는 것을 잘 가르치는 것이 일차적 과제라고 할 수 있다. 그러나 본질적인 의미를 살펴보면 교사는 학생의 삶을 인도하고 그들의 권리와 이익을 대변하는 역할까지 포함해야 한다. 이 두 가지의 과제를 조화롭게 수행할 때 배우고자 하는 학생을 하나의 인격체로 성장시킬 수 있다.

둘째, 교사는 전문직업인으로 자격을 가지고 정규학교에서 학생을 가르치는 사람, 즉 교원 또는 교직원으로 정의할 수 있다.

교사는 국가가 정한 양성과정을 거쳐서 교사 자격증을 받고 유아교육기관, 초등학교, 중학교, 고등학교 등의 공공교육기관에서 교육을 수행하는 사람을 일컫는다(사전적 의미). 교사는 넓게는 아동, 학생, 성인에게 좋은 영향으로 그들의 인간적인 성장을 돕는 사람이다. 그러나 오늘날에는 교사는 협의의 의미로 교원, 즉 아동과 청소년들을 지도하는 자격을 갖춘 전문직으로서 학교 교사를 의미한다.

2. 미래사회가 요구하는 교사

세계경제포럼(World Economic Forum, 2018)의 국가경쟁력 평가결과에서는 4차 산업혁명의 미래 인재 역량으로 복잡한 문제해결력, 비판적 사고력, 창의성, 인적관리, 다른 사람과의 조율, 감성 지능, 판단 및 의사 결정력, 서비스 지향성, 협상력, 인지적 유연성을 들고 있다. OECD (2018)에서는 교육 세부 역량으로서 새로운 가치 창출하기, 긴장과 딜레마에 대처하기, 책임감 갖기, 기대-실행-성찰의 역량개발, 가치 지향성을 들고 있다. 두 기관에서 제안한 미래사회의 인재 역량을 종합해보면 창의성, 비판적 사고, 문제해결력과 같은 인지적 역량과 감성 지능, 서비스, 협상력과 같은 비인지적 역량으로 구분할 수 있다.

교육부에서는 2022년 교육정보화 시행계획을 수립하고 학교 교육 시스템의 한계를 뛰어넘고자 지능형 교육체제을 구축하고 추진하고 있다. 첨단 교육기술을 활용하여 교수학습평가 혁신 및 지능형 학습플랫폼을 활용한 맞춤형 학습을 위한 정책을 추진하고 있다.

지금까지의 몇몇 변화들은 미래 교육의 나아갈 방향을 제시해주고 있다.

첫째, 표준화된 학문적 지식을 학생에게 전달하는 소품종 대량 교육에서 벗어나서 미래 교육은 소수의 학습자 특성에 맞는 맞춤형 교육이라는 점이다. 둘째, 학교와 같은 경직된 공간에서의 학습이 아닌, 삶 속에서 발생하는 문제를 중심으로 학습하는 새로운 변화를 요구하고 있다. 이렇게 미래사회에 필요한 역량을 가진 인재를 양성하지 못한다면 개인적 차원에서 생존에 위협을 느낄 수도 있고, 국가적 경쟁력 또한 잃게 될 것이다.

미래 학교의 방향은 '모든 학생이 학습의 성공을 경험하게 하는 것'이라는 학교의 존재 이유에 대해 공감하는 것과 학생 맞춤형 교육의 중요성을 제시하고 있다.

일대일 맞춤형 교육이 체계적으로 이루어지기 위해서는 학생 개개인에게 필요한 학습의 시간을 확인하기 위한 진단평가와 지속적인 형성평가가 이루어져야 한다. 또한 교사는 교육과정을 재구성해서 수업을 설계하고, 이에 따라 교수·학습의 과정을 진행한다. 수업의 결과를 평가로 확인하여, 이를 기록하고 학생에게 피드백을 제공하는 과정이 반드시 포함되어야 한다.

3. 보육교사에 대한 이해

보육의 개념은 보호와 교육이라고 할 수 있다. 보호는 양육(care)의 개념에 가깝지만 교육의 개념이 대두되면서 영유아기의 발달을 촉진하는 전인적 발달이 교육적으로 강조되고 있다. 보육교사는 신체적·정서적 보호와 건전한 교육을 통하여 영유아를 건강한 사회인으로 성장하도록 한다. 더불어 부모들에게 궁극적으로 가정 복지 증진에 도움을 주는 역할이 주어진다. 보육교사는 영유아에게 자신의 잠재력을 충분히 발휘하고 성숙한 인격을 가진 인간으로 성장·발달할 수 있도록 돕는 사람이다.

본장에서는 보육교사에 대한 이해를 돕기 위해 보육교사의 개념, 역할, 자질에 대해 구체적으로 알아본다.

1) 보육교사의 개념

오늘날 사회·문화적 요인, 경제적 다양화와 핵가족화 등은 영유아를 보육하고 교육하는 것에 대해 관심을 갖게 하였다. 국내 및 세계 각국에서는 사회복지적 지원이 필요한 모든 계층의 영유아에게 까지 보육과 유아교육의 기회를 보편적으로 제공하고 있다.

보육은 보호와 교육 기능의 개념으로 영아기부터 유아기까지를 대상으로 한다. 또한 일반 아동뿐 아니라 장애 아동과 발달적으로 지연되어 문제가 있는 아동까지 포함한다. 보육은 직간접적으로 영유아와 그 가족들에게 보다 광범위한 프로그램을 제공한다. 이를 위해 다양한 기관의 협조는 물론이고 전문가, 사회복지사, 의사, 특수교사 등과의 의사소통과 협조가 이루어진다. 따라서 보육은 교육을 비롯하여 사회서비스, 영양·건강

서비스 등 통합적으로 영유아의 전인적 발달을 위해 포괄적 보육이 이루어져야 한다.

과거에는 '보모'나 '아이를 돌보는 자'로 인식되다가 사회의 변화로 교사로서의 직무가 강조되면서 보육교사로 명칭이 변경되었다. 보육교사에 대해 몇 가지 측면으로 나누어 살펴보면,

첫째, 보육교사는 법적이고 사회적인 측면에서 영유아를 대상으로 가르치는 자로 양성과정을 이수하고 자격을 취득한 자를 말한다. 우리나라의 보육교사는 보건복지부에서 자격증을 발급하고 있으며, 「영유아보육법」에서 규정한 보육교사의 자격은 제2조와 제21조에 내용이 제시되어 있다.

[영유아보육법] 제2조(정의) 법에서 사용하는 용어의 뜻은 다음과 같다.〈개정 2008. 12. 19., 2011. 6. 7.〉

1. "영유아"란 6세 미만의 취학 전 아동을 말한다.
2. "보육"이란 영유아를 건강하고 안전하게 보호 · 양육하고 영유아의 발달 특성에 맞는 교육을 제공하는 어린이집 및 가정양육 지원에 관한 사회복지서비스를 말한다.
3. "어린이집"이란 보호자의 위탁을 받아 영유아를 보육하는 기관을 말한다.
4. "보호자"란 친권자 · 후견인, 그 밖의 자로서 영유아를 사실상 보호하고 있는 자를 말한다.
5. "보육교직원"이란 어린이집 영유아의 보육, 건강관리 및 보호자와의 상담, 그 밖에 어린이집의 관리 · 운영 등의 업무를 담당하는 자로서 어린이집의 원장 및 보육교사와 그 밖의 직원을 말한다.

[영유아보육법] 제21조 제2항

② 보육교사는 다음 각 호의 어느 하나에 해당하는 자로서 보건복지부장관이 검정 · 수여하는 자격증을 받은 자이어야 한다. 〈개정 2008. 1. 17., 2008. 2. 29., 2010. 1. 18., 2011. 8. 4.〉

1. 「고등교육법」 제2조에 따른 학교에서 보건복지령으로 정하는 보육 관련 교과목과 학점을 이수하고 전문학사학위 이상을 취득한 사람

    1의2. 법령에 따라 「고등교육법」 제2조에 따른 학교를 졸업한 사람과 같은 수준 이상의 학력이 있다고 인정된 사람으로서 보건복지령으로 정하는 보육 관련 교과목과 학점을 이수하고 전문학사학위 이상을 취득한 사람
2. 고등학교 또는 이와 같은 수준 이상의 학교를 졸업한 자로서 시 · 도지사가 지정한 교육훈련시설에서 소정의 교육과정을 이수한 사람

③ 제2항에 따른 보육교사의 등급은 1 · 2 · 3급으로 하고, 등급별 자격기준은 대통령령으로 정한다.

④ 제2항 제2호에 따른 교육훈련시설의 지정 및 지정 취소, 교육과정 등에 필요한 사항은 보건복지령으로 정한다. 〈신설 2011. 8. 4.〉

위에서 알 수 있듯이, 보육교사 자격증은 보건복지부장관의 검정과정을 통해 수여된다. 자격취득기준이 과거와 달리 강화되어 이수과목 및 학점 기준이 상향 조정되었으며, 현직 보육교사에 대한 직무교육 및 승급교육으로 보육교사의 전문성이 점점 강조되고 있다.

둘째, 발달적 측면에서 보육교사는 영유아의 발달에 중요한 영향을 미칠 수 있는 존재이다. 영유아기의 초기 보육경험은 인간발달에 있어서 결정적인 영향을 미치게 된다. 보육교사는 보육환경에서 영유아들의 삶의 질을 결정하는 중요한 요소이다. 영유아기의 초기 보육경험은 영유아의 단기적인 인지와 사회 · 정서적 발달에 영향을 미칠 뿐 아니라 이후 삶의 장기적 성공에도 영향을 미친다. 따라서 보육교사는 영유아의 발달에 관심을 가지고 영유아의 이익을 최우선으로 전인적 발달을 이룰 수 있도록 도와야 한다. 이를 위해 보육교사는 영유아 발달단계의 특징, 집단 내 아동의 차이, 특별한 영유아, 가족의 문화적 차이 등 영유아와 관련된 모든 것을 배워야 한다.

셋째, 보육교사는 영유아와 영향을 주고받으며 함께 성장하는 존재이다. 보육교사는 영유아들에게 영향을 미치고 이끌어가는 존재이기보다는 서로 영향을 받는 상호적인 존재이다. 영유아에 따라 교사에게 요구되는 것이 다르고 영유아의 반응도 다르다. 교사는 이들의 수준과 요구에 맞추어 적응해 가면서 교사로서 성장한다.

넷째, 보육교사는 보육철학과 보육적 가치관을 가져야 하는 존재이다. 교사는 자신의 보육철학이 있어야 문제 상황에서 올바른 의사결정을 내리고 영유아들이 올바른 선택을 할 수 있도록 교육적인 내용을 제시해 주는 등 융통성 있게 이끌어줄 수 있다.

다음은 잘롱고와 아이젠버그(Jalongo & Isenberg, 2000)의 좋은 영유아 보육교사가 되기 위한 12가지 달성 목표에 관한 내용이다. 자신의 강점과 약점을 바탕으로 영유아를 보육하고 교육해야 할 예비 보육교사로서 달성해야할 목표를 점검해 보자.

■ **좋은 영유아 보육교사가 되기 위한 12가지 달성 목표**

> 1. 보육을 통해 영유아의 전인적 성정을 도울 수 있도록 책임감을 갖고 노력하기
> 2. 영유아의 발달에 호기심을 가지고 이를 이해하기 위해 학습하기
> 3. 영유아와 가족, 그리고 가르침에 대해 근본적으로 긍정적인 관점 유지하기
> 4. 교사가 영유아의 삶에 미치는 강력한 영향력 이해하기

5. 좋은 교사가 되기 위한 목표에 집중하기
6. 실수를 두려워하지 않고 도전하기
7. 변화에 유연하게 대처하고 끊임없는 도전을 기대하기
8. 전문적인 지식과 기술을 습득하기
9. 물리적·인적 자원을 활용하는 방법 배우기
10. 공동체 의식 형성하기: 협력과 동료 지원하기
11. 도덕적 결정을 위한 문제해결 전략을 사용하기
12. 전문적 성장을 추구하기

2) 보육 교사직의 의의

보육 교사직의 접근으로는 '역할'이나 '자질', 그리고 '의무' 등을 들 수 있다. 본 내용에서는 보육 교사직의 의의에 대해 국가·사회적, 가정적, 개인적으로 구분하여 알아본다.

(1) 국가·사회적 의의

보육이 가지는 국가적 의의는 보육정책의 변화에서 찾을 수 있다. 저출산·고령화 현상은 보육에 대한 필요성과 연관되어 있다. 보육 서비스는 여성정책이나 아동정책 혹은 사회복지정책의 한 분야로 국가에서 지원하는 보육 서비스로써 저출산 문제를 해결하기 위한 방안이다.

보육에 대한 관심은 보육재정 지원에서 나타난다. 정책의 제시는 보육교사와 직접 연결된다. 국가는 보육이 저출산 문제를 해결하고 여성의 경제참여를 안정시킨다고 보고 보육의 질과 방향에 일정 부분 개입을 하고 있다. 이러한 보육의 방향을 전달하는 사람이 보육교사이기 때문에 보육교사의 국가적 의의를 찾을 수 있다.

보육교사는 '보편적 보육', '다양한 보육', '보육 서비스 질'을 담당한다.

첫째, 보편적 보육이란 누구나 예외 되지 않는 보육을 말하며, 보육 재정 지원 범위를 늘리면서 많은 영유아들이 보육 서비스의 혜택을 받게 된다.

둘째, 다양한 보육으로는 보육 서비스 영역이 확장되는 것으로 국가 정책에 따라 다양한 보육 서비스가 이루어지고 있다. 영아전담, 장애아 전담과 통합, 시간제 보육 서비스

등이 이루어지고 있다. 보육 서비스를 이용하는 부모의 요구에 맞춰 서비스를 확장하여 양육수당을 받는 가정의 자녀가 시간제 보육 서비스를 이용한다. 보육 서비스를 이용할 때 교사는 상황에 맞는 보육 서비스를 제공해 줄 수 있는 자격이나 조건을 갖추어야 한다.

셋째, 보육 교사직은 보육 서비스 질 담당자이다. 국가는 보육교사들에게 필요한 교육을 실행하고 지원하며 평가인증을 통해 평가한다. 이를 통해 국가는 보육 서비스의 질적 관리를 한다.

영유아와 교사의 긍정적 상호작용은 영유아의 인지, 사회성, 정서발달에 영향을 미친다. 그러나 교사 1명이 담당해야하는 영유아 수가 많으면 질적인 상호작용에 한계가 나타난다. 보육정책 방향에서 놀이중심·영유아 중심으로 표준보육과정, 누리과정 개편과 더불어 보육의 질 향상을 위한 교사 대 아동비율의 관심이 증가하고 있다. 놀이중심·영유아 중심·보육이 구현되기 위해서는 긍정적인 놀이 환경, 질적인 상호작용이 이루어질 수 있는 교사 대 아동비율의 적절성이 전제되어야 한다.

(2) 가정적 의의

보육교사는 보육의 대상이 되는 영유아와 그 가족에게 의미 있는 존재이다. 양육의 어려움을 교사와 의논하고 상담하면서 도움을 받는 부모들이 늘면서 가정에서의 부모역할을 대신한다고 볼 수 있다.

보육 교사직에서 가정적 의의로는 첫째, 영유아 양육의 안내자 역할이다. 부모가 어린이집 담임교사와 신뢰하고 협력적인 관계를 맺고 서로 간에 관심을 공유하는 경우, 가정에서 자신의 자녀를 양육하는 방법과 관련된 아이디어를 많이 얻게 된다. 실제로 영유아를 키우는 부모들은 어떤 정보의 도움이 필요한지 선택하는 것에 어려움을 겪는다. 보육교사가 학부모에게 양육 안내를 하는 것은 영유아의 전인적 발달을 위해 필요한 일이다.

둘째, 가정적 의의로 일정시간 부모역할을 대신한다. 보육시간에 교사는 부모 역할을 한다. 보육이 보호와 교육의 개념으로 발달에 적합한 실제를 제공하고, 교육적 자극을 주며 안전하게 보호하고 따뜻하게 보살피는 역할 또한 중요한 부분이다.

(3) 개인적 의의

보육 교사직이 개인적으로 각자에게 주는 의미가 다르다.

첫째, 많은 보육교사들은 교사가 되고 싶어 이 길을 선택한다. 누군가를 가르치는 일, 특히 영유아를 만나고 지도하는 것은 즐거운 일이다.

둘째, 영유아를 보육하고 교육하는 중요한 사람이 된다. 전문적인 보육 서비스를 제공하고 영유아들이 성장해 가는 모습과 부모의 만족도가 올라 갈 때 직업에서 주는 즐거움이 크다.

셋째, 영유아들과의 생활이 즐겁다. 보육 교사직을 선택하는 직업 동기 중 많이 나타나는 동기가 '영유아들과 지내며 가르치는 즐거움'은 이를 잘 보여준다.

II. 보육교사의 역할, 자질, 역량

1. 보육교사의 역할

영유아기는 환경 변화와 양육 방법에 따라서 영향을 받은 시기이다. 특히, 어린 영유아를 대상으로 보호하고 교육하는 교사의 자질과 역할은 영유아들에게 많은 영향을 미친다. 영유아기는 인간의 발달과정 중에서 중요하고 결정적인 시기이다. 이러한 시기에 보육교사의 역할은 중요하다고 할 수 있다. 보육은 영유아를 건강하고 안전하게 보호와 양육을 하며 발달특성에 맞게 최적의 교육을 제공하는 것이다. 보육교사는 대리양육자로서 발달에 적합한 교육을 시킴으로써 영유아의 발달과 성장에 영향을 준다.

보육교사의 역할은 사회의 구성원들이 가지고 있는 요구, 가치관, 아동관, 교육관에 따라 달라지며 기관 안에서의 지위나 담당하는 영유아의 연령에 따라 기대되는 역할이 다르다. 보육교사의 역할은 영유아를 교육하고 유능한 사회인의 일원으로 살아가는데 필요한 능력을 기르도록 도와준다.

잘롱고와 아이젠버그(Jalongo & Isenberg. 2000)는 영유아교사의 역할 유형을 다음과 같이 구분하고 있다.

① 반성적 사고를 하는 실천인(the reflective practitioner)의 역할로 여러 가지 교육적인 문제에 대하여 심사숙고하고 윤리적인 의사결정을 할 수 있는 반성적 사고 능력을 가진 실천인이다.

② 영유아의 권리 옹호자(the child advocate)의 역할로 영유아 중심의 보육과정을 운영하고 영유아들의 권리를 위해 노력하는 행동인이다.

③ 아동 발달 전문가(the child development specilist)의 역할로 영유아의 성장과 발달에 대한 전문적인 지식을 바탕으로 영유아들이 전인적인 인격체로 성장하는 데 필요한 도움을 준다.

④ 성장하는 전문인(the emerging professional)의 역할로 보육교사는 자신의 전문성 신장을 위하여 끊임없이 노력해야 한다.

⑤ 교육과정 개발자(the curriculum developer)의 역할로 영유아, 부모, 지역사회의 독특한 요구에 따라 보육과정을 개발하는 사람이다.

⑥ 교육활동 계획자(the educational planner)의 역할로 개발된 보육과정을 영유아의 흥미와 요구에 따라 적절하게 진행하는 역할이다.

⑦ 학습 환경의 구성자(the facilitator of learning)의 역할로 보육교사는 영유아들의 학습을 위하여 적절한 비계 설정을 하는 사람이다.

⑧ 역할 모델(the role model)로 영유아들의 생활을 지도하며 문제해결 등의 시범을 보이는 존재이다.

⑨ 평가자(evaluator)의 역할로 보육교사는 영유아의 성장과 발달을 평가하고 보육 프로그램의 효과를 알아보는 평가자의 역할을 한다.

⑩ 부모 교육자(the family resource person)의 역할로 보육교사는 부모들과의 신뢰로운 관계형성을 통하여 도움을 주고받으며 지역사회와의 연계를 만들어 가는 역할을 한다.

⑪ 정보 관리자(the manager of resources)의 역할로 보육교사는 영유아와 그 가족을 지원하기 위해 필요한 모든 자료를 정리하고 이를 활용하는 정보의 관리자이다.

보육교사의 핵심역할은 영유아를 '보호하고 교육'하는 것이다. 보육교사는 '영유아의 신체·정서·언어·사회성·인지 발달을 위해 표준보육과정에 의거한 보육을 실행하고 영유아를 종합적으로 관찰 평가한 생활기록부를 작성해야한다'(영유아보육법 제29조). 보육교사의 업무에 근거한 역할은 다음과 같다.

■ **영유아를 가르치고 지도하는 교수자의 역할**

영유아를 가르치고 지도하는 교사로 교수활동 설계, 융통성 있는 학급운영, 아동의 특성을 알고 관찰 기록하여 그것에 기초한 상호작용으로 효과적인 교수 활동하기 등 교육과정 설계와 관련된 직무의 역할을 한다.

■ **대리양육자의 역할**

보육교사는 양육자의 역할을 행하면서 정서적 몰입과 유대관계로 애착을 형성하고 부모와 떨어져 있는 동안 정서적으로 친밀한 상호작용을 한다.

■ **상담자와 부모 교육자의 역할**

부모와의 면담과 교류를 통해 영유아의 성장과 생활 모습을 알려 주는 상담자의 역할과 개별 아동에 대한 양육방법을 제공하는 부모교육자의 역할을 한다.

■ **사회복지 실천가의 역할**

보육교사는 가족 내 갈등과 문제상황을 파악하여 피해를 줄이기 위해 사회적 노력과 연계의 역할을 한다. 열악한 환경의 영유아에게 조기 중재의 역할을 하는 등 사회복지 실천가의 역할을 한다.

■ **교류자의 역할**

영유아를 이해하고 지원하기 위해 부모 및 지역사회와 지속적으로 의사소통하고 상호 협력한다. 지역사회와의 연계와 협력은 보육의 질과 전문성 확보에도 필요하다.

이와 같이 보육교사의 역할은 시대와 환경의 변화에 따라 양육대행자에서 교수자, 상담자 및 조언자, 부모 교육자 나아가 아동 발달 전문가로 역할과 책임이 변화되고 있다.

2. 보육교사의 자질

보육교사의 자질은 개인적 성품뿐만 아니라 전문가의 능력이나 실력을 말한다. 보육교사는 영유아의 성장과 발달에 영향을 미치는 중요한 존재이다. 따라서 보육교사의 자질은 영유아를 교육하고 보호해야 하는 보육교사의 역할수행에 직접적인 영향을 미치게 된다.

보육교사의 자질에 대한 학자들의 견해는 다음과 같다.

- 쿠퍼와 웨버(Cooper & Weber, 1973)는 교사 자질은 아동의 인지적, 시회적, 정서 적, 신체적 발달을 도모하는 교사의 태도, 지식, 기술 및 행동이라고 정의하였다.
- 김경이, 박은실, 오은경, 채선희, 한유경, 김미영(2001)은 성공적인 교사의 자질을 교수학습과정의 성공, 전문적 자질, 인성적 자질로 분류하였다.
- 강문희, 윤에희, 이경희, 정정옥(2007)은 신체적, 정신적으로 건강한 사람, 온정적 성품을 지닌 사람, 유아를 이해하고 수용하는 사람, 열정적인 태도로 임하는 사람, 건전한 품성을 지닌 사람, 헌신적이며 겸허한 자세, 인내하는 자세, 봉사하는 자세 를 들었다.

학자들의 견해를 바탕으로 보육교사가 갖추어야 할 자질의 내용을 정리하면 보육교사 의 자질은 영유아와 공감력, 긍정적인 사고, 조화로운 대인관계 능력, 심신의 건강, 인성 등의 개인적인 자질과 전문지식, 교육적기술, 보육의 전문적인 자질을 갖추어야 한다.

1) 개인적인 자질

개인적 자질은 보육교사 개인이 가지고 있는 인성적 측면의 자질을 말한다.

보육교사는 영유아, 학부모, 동료교사, 지역사회 관계자 등 다양한 이해관계자들을 만난다. 그렇기 때문에 관계를 원만하게 형성할 수 있는 능력과 사회적으로 보육교사에 게 요구하는 개인적 자질을 갖추어야 한다.

구체적으로 보육교사가 갖추어야 할 개인적 자질을 영유아를 사랑하는 마음, 신체적 · 정신적 건강, 수용적 태도, 성실하고 긍정적인 태도로 구분하여 살펴본다.

(1) 영유아를 사랑하는 마음

보육교사는 영유아를 사랑하는 마음이 기본적으로 있어야 한다. 영유아들은 교사로 부터 사랑받고 있음을 느낄 때 교사를 신뢰할 수 있게 되어 교사의 지원과 요구를 받아 들일 수 있게 된다. 또한 영유아는 사랑받는 경험을 통해 다른 사람을 사랑하는 마음과 태도를 배우게 된다.

(2) 신체적 · 정신적 건강

① 신체적 건강

보육교사는 하루 종일 영유아와 상호작용하기 때문에 신체적 활동과 에너지가 필요하다. 영유아가 원할 때 안아 주고, 같이 놀아 주며 영유아가 위험에 처하면 보호해 주어야 한다. 그러므로 교사의 건강에 문제가 생기지 않도록 신체적 건강을 갖추어야 한다.

따라서 건강을 지키기 위해 기본적인 다음과 같은 노력을 해야 한다.

- 건강검진을 검진시기에 맞춰 1년에 한 번씩 받아서 건강 상태를 점검한다.
- 운동을 통해 체력 및 건강관리를 한다.
- 늦지 않게 잠을 잘 수 있는 환경을 마련하고 충분한 수면시간을 가져 피로가 누적되지 않도록 한다.
- 건강에 이상이 있을 경우에는 진료를 받고 치료받을 수 있어야 한다.

② 정신적 건강

보육교사의 태도, 정서, 행동, 표정 등은 영유아들에게 직접적, 간접적으로 영향을 미치게 된다. 교사의 밝고 긍정적인 생각, 수용해 주는 태도 등은 영유아에게 정서적 안정감을 느끼게 하고, 긍정적인 관계를 유지할 수 있게 한다. 그러나 보육교사는 다양한 스트레스를 받는 상황에 노출되어 있다. 그렇기 때문에 본인이 받는 스트레스를 인식하고 잘 관리해야 한다.

- 스트레스 관리하기

  스트레스를 관리하기 위해서는 우선 어느 상황에서 받게 되는지, 원인이 무엇인지 먼저 인식할 수 있어야 한다. 정확한 원인을 알아야 그에 따른 해소방법도 찾을 수 있기 때문이다.

  보육교사는 사람들과의 관계 속에서 다양한 스트레스 상황에 직면하게 되며, 업무를 수행할 때에도 스트레스를 받는 상황이 발생하기도 한다.

  다음은 보육교사의 스트레스를 알아보고 대처 방법에 대해서 살펴본다.

■ **영유아와 관련된 스트레스**

보육교사는 활동을 계획하고 준비한 대로 영유아들이 따라오지 못할 때 스트레스를 받게 된다. 이를 해결하기 위해서 보육교사는 다음과 같이 노력해야 한다.

- 영유아 발달에 적합한 목표와 활동인지 발달에 적합하지 않다면 목표수준 조절하기
- 영유아 특성이 개인마다 다르다는 것을 인정하고 일반적인 방법으로 지도하지 않기
- 영유아 주도로 활동이 이루어져야 함을 알고 영유아들이 스스로 할 수 있도록 기다리기
- 문제행동의 올바른 행동지도 방법을 찾아서 가정과 동료교사 그리고 전문가와 협력하여 하나씩 지도해 나가는 태도 갖기

■ **학부모와 관련된 스트레스**

학부모는 같은 반 또래의 상황 보다는 자녀를 우선하면서 이를 보육교사에게 요구하는 경우가 있고, 교사는 이를 해결하기 위한 과정에서 스트레스를 받게 된다.

- 학부모의 요구사항을 보육교사의 윤리에 근거하여 수용 가능한 것과 수용하기 어려운 것인지를 파악하여 구분하기
- 수용하기 어려운 것은 동료 교사와 원장에게 도움을 요청하여 해결할 수 있는 방법 찾기

■ **동료교사와 관련된 스트레스**

동료 교사는 나와 다른 가치관과 사고, 태도를 가지고 있을 수 있다. 그렇기 때문에 업무를 보거나 어떠한 결정을 내릴 때, 갈등 상황이 발생하게 되면서 오는 스트레스가 있을 수 있다. 이러한 해결을 위해 보육교사는 다음과 같은 태도를 갖도록 해야 한다.

- 동료교사와 보육신념을 공유하고 보육교사의 올바른 역할을 찾아서 함께 협력하기
- 동료 교사의 전문성을 인정하기
- 동료 교사와의 갈등 상황을 방법을 찾아서 신속하게 해결하기
- 스스로 해결하기 어려운 경우 선임교사와 원장에게 조언 구하기

■ **업무와 관련된 스트레스**

> - 주어진 업무를 시간 안에 수행하지 못하여 퇴근 이후에 해야 하는 일이 잦아지게 되면 스트 레스를 받게 된다. 그러므로 가능한 업무를 일과 중에 마무리할 수 있는 방법 찾기
> - 직무수행을 위한 능력과 기술이 부족할 경우는 재교육에 참여하여 전문성을 향상시키고 보육업무를 능숙하게 하기위해 스스로 노력하기
> - 업무량이 많을 경우 동료교사와 협력하여 진행하거나 업무 분장 시 원장과 협의하기
> - 일을 체계적으로 계획하고 처리하기 위해 하루 일과에 대한 타임 테이블을 짜보고 일의 순서 를 정하여 처리하는 습관 가지기

- 스트레스 해소하기

  보육교사는 스트레스 해소를 위해서 자신만의 방법을 찾아서 실천해야 한다.
  영화보기, 친구와 대화하기, 맛있는 음식 먹기, 여행가기 등의 스트레스 해소방법 을 찾아서 기분을 환기시킬 수 있는 실천 노력이 필요하다.

(3) 수용적 태도

보육교사는 영유아들에게 수용적인 태도를 가져야 한다. 영유아는 교사가 자신의 이 야기와 요구에 민감하게 반응해 줄 때 교사를 신뢰하게 된다. 신뢰가 있으면 영유아는 보육교사에게 수용적인 태도를 보여준다. 또한 보육교사는 서로 다른 문화를 가진 부모 들과 동료교사를 만나게 된다. 그러므로 다른 문화를 받아들이고 다름을 인정하며 다른 사람을 이해하려는 노력이 필요하다.

수용적인 마음으로 이야기에 경청할 수 있는 태도는 긍정적인 관계를 유지할 수 있게 된다. 보육교사가 수용적인 태도를 가질 때 원만한 관계를 유지할 수 있으며 영유아를 지원함에 있어서 협력할 수 있고, 도움을 받을 수 있다.

(4) 긍정적인 태도

보육교사는 주어진 업무를 성실하고 긍정적으로 해내는 태도가 중요하다. 왜냐하면 보육교사의 업무가 영유아의 발달에 영향을 미치기 때문이다. 또한 보육교사의 성실한

모습은 학부모에게 신뢰감을 주어 긍정적인 영향을 미치게 된다.

긍정적인 태도는 보육교사에게 중요한 자질이다. 보육교사는 직무를 수행함에 있어서 문제 상황에 부딪히게 되는데 긍정적인 태도는 문제를 해결해 내는 힘을 가질 수 있으므로 좋은 결과를 가져올 수 있게 된다. 그리고 교사의 긍정적인 태도는 유아를 이해하고 수용하는 범위를 넓게 하며, 유아에게도 긍정적인 사고를 할 수 있도록 모델이 되어 줄 수 있다.

2) 전문적 자질

보육교사는 전문적인 자질이 요구된다. 전문적 자질이란 보육교사에게 요구되는 전문적 능력으로 교육을 통해 함양된다

보육교사가 갖추어야 할 전문적 자질은 영유아 발달의 체계적인 지식, 교육과정 및 교수에 대한 전문 지식, 영유아를 정확히 관찰하고 평가하는 능력, 반성적 사고의 자기평가 능력, 교직윤리와 도덕성을 갖는 것이다.

(1) 영유아 발달에 대한 지식

보육교사는 영유아의 성장과 발달에 대한 전문적 지식을 가지고 있어야 한다.

영유아의 성장과 발달의 지식과 이해를 바탕으로 보육계획을 하고 보육환경을 마련할 수 있다. 또한 영유아들의 생각과 행동을 이해하고 긍정적 상호작용을 통해서 발달을 지원할 수 있다. 영유아는 개인마다 발달적 차이가 나타나기 때문에 개인차를 고려하여 지원하기 위해서는 성장과 발달에 관한 전문 지식을 가지고 있어야 한다.

보육교사가 영유아의 성장과 발달에 대해 알아야 할 전문적 지식의 내용은 다음과 같다.

- 연령별 발달 특징에 대한 지식이 있어야 한다.
- 여러 가지 원인으로 발달의 양상이 다르고 개인차가 있다는 것을 알아야 한다.
- 발달과정 변화의 지식이 있어야 한다.
- 환경이 발달에 영향을 미칠 수 있음을 이해해야 한다.
- 발달의 여러 측면이 서로 상호작용하며 발달한다는 것을 이해해야 한다.

(2) 교육과정 및 교수방법의 전문적 지식

보육교사는 영유아를 가르치는 교육과정에 대한 이해와 교수방법에 대한 지식은 필수적인 자질이다. 보육교사는 활동을 계획하고 수행할 수 있는 능력, 적절한 교수법과 교수 매체를 활용하는 능력이 요구된다고 하였다.

2019년에 3~5세 누리과성이 개정되고 2020년에 0~2세 보육과정과 3~5세 보육과정 총론의 일부를 개정하여 4차 표준보육과정을 고시하였다. 보육교사는 이러한 누리과정과 표준보육과정의 목표와 내용을 기본으로 전문적 지식, 기술, 태도를 포함하여 교육과정을 계획하고 적용할 수 있는 능력을 갖추고 있어야 한다.

보육교사는 교육과정에 대해 다음의 내용을 이해하고 영유아의 교육에 적용할 수 있어야 한다.

- 표준보육과정과 누리과정의 국가수준 교육과정 및 활동적용
- 영유아 및 가족을 위한 복지 서비스의 계획 및 수행
- 환경(물리적, 인적 환경)에 대한 이해
- 교육목표, 개별유아, 가족, 지역사회의 특성에 맞는 교육계획 수립
- 활동영역(언어, 수, 사회, 과학, 음악, 미술, 영양, 건강, 안정 등)의 내용에 대한 이해
- 활동영역의 통합적 적용
- 교재·교구의 제작 및 활용
- 영유아 학급운영 및 관리에 대한 이해
- 교육과정 평가 및 방법의 이해와 적용
- 영유아 놀이에 대한 이해

(3) 영유아를 관찰하고 평가하는 능력

영유아의 관찰과 평가는 영유아에 대한 이해와 지원을 위한 의사결정 과정에 영향을 미치게 된다.

보육교사는 영유아의 개별적 특성, 발달 수준, 관심과 흥미 등을 관찰을 통해 알 수 있고, 관찰된 내용으로 보육과정 안에서 적절한 지원을 할 수 있게 된다. 또한 교육과정과

운영에서 영유아의 반응에 대한 평가를 바탕으로 계획에 적용하고 보육과정의 편성과 운영방법을 수정해 나갈 수 있다.

보육교사의 평가는 영유아의 성취와 발달을 바탕으로 다양한 평가 정보를 수집하고 해석하여 부모와의 면담, 보육교사의 교수활동 등에 활용할 수 있다.

(4) 반성적 사고의 자기평가 능력

보육교사는 교수역량과 태도, 운영과 지원, 영유아와의 상호작용 등 전문성에 대한 반성적 사고의 자기평가가 필요하다. 평가 방법은 자기장학, 반성적 저널, 수업 녹화 및 분석 등의 방법이 있다. 보육교사의 자신에 대한 평가는 교수 역량과 태도를 발전시키고 보육의 질을 향상시키게 된다. 따라서 전문가로서 스스로를 평가하는 능력을 지녀야 한다.

(5) 교직윤리 및 도덕성 갖기

교직윤리는 교사가 직무를 수행하면서 지켜야 하는 행위와 규범이다. 교직윤리는 보육교사로서 직무수행과 관련하여 도덕적 가치, 개념, 구체적인 행동준칙은 보육교사가 갖추어야 하는 핵심적인 자질이다.

보육교사의 직무는 다양하기 때문에 교사가 행하는 자율성의 범위가 넓다. 보육교사는 교수 행위에 관해 당위성을 부여하고, 딜레마에 부딪쳤을 때 바람직한 선택을 할 수 있도록 직업윤리를 지녀야 한다.

3. 보육교사의 역량

역량이란 '어떤 일을 해낼 수 있는 힘(표준국어대사전, 2001)'으로 전문성을 발휘하기 위한 것이다. 전문성을 위한 핵심역량은 역할과 직무, 자질 및 능력과 관련된다.

보육교사는 영유아의 전인적 발달을 돕는 역할을 수행한다는 목표를 가지고 있으나 대상에 따라서 직무에 따른 역할수행에 차이가 발생한다. 영아교사의 직무는 성인에게 의존하는 영아의 발달특성으로 일상적 양육이 강조되며 개별적인 접근의 전문적인 역할이 필요하다. 유아교사는 유아의 발달적 요구를 위한 지식, 기술, 태도를 맥락과 상황에 맞게 통합하고 조직하여 실천할 수 있는 직무가 강조된다. 유아의 호기심과 흥미의 놀이가 교육적 의미를 가지고, 놀이중심 교육과정을 위한 유아 교사의 역할이 중요하다. 따라서 보육교사의 역할 수행에서 요구되는 역량을 영아교사와 유아교사로 구분해서 살펴보고자 한다.

1) 영아교사의 역량

영아교사의 전문성은 발달특성에 대한 이해를 기본으로 발달에 적합한 실제 즉, 환경구성, 발달적 이해, 보육계획 및 운영, 건강·영양·안전관리, 신체·정서·인지적 상호작용, 교사 자신의 신념, 교직원과의 관계, 부모 및 지역사회와의 관계에서 역량을 발휘하는데 있다. 김정미(2017)의 영아교사 전문성 척도는 돌봄의 상호작용, 발달과 보육과정, 교사-부모-지역사회 관계형성 등 3개 영역으로 구성하고 있다.

재 인용한 내용은 다음과 같다.

〈표 1-1〉 영아교사 전문성 척도

구성요인	하위구성요인	내용
돌봄의 상호 작용	신체적 돌봄	식사나 간식은 먹기 좋은 크기와 적당한 양을 제공하여 즐겁게 먹을 수 있는 분위기를 조성한다.
		영아가 좋은 식습관을 갖도록 격려한다.
		영아와 함께 대근육 활동에 직접 참여한다.
		영아의 배변시간을 상시로 체크하며 주기를 살피고 청결한 상태를 유지하도록 돕는다.
		배변표현을 해 볼 수 있도록 격려하고 편안하게 대소변 가리기를 할 수 있도록 돕는다.
	정서적 돌봄	영아들과의 스킨십(뽀뽀, 안아주기, 쭉쭉이, 배 마사지 등)이 어색하지 않고 자연스럽게 한다.
		영아들의 신체접촉(가슴 만지기, 다리 만지기)에 대해 자연스럽게 대처한다.
		영아들의 욕구와 질문에 대하여 항상 따뜻하고 친절한 태도(웃음, 미소 짓기, 안아주기, 어루만지기 등)로 반응한다.
		영아들이 말할 때 눈이나 얼굴을 보고 끄덕이며 주의 깊게 듣는다.

		영아들과 대화를 나눌 때 눈높이를 맞추기 위해 자세를 낮춘다.
		영아의 느낌이나 생각을 존중하고 자유롭게 표현할 수 있는 분위기를 만든다.
		영아가 활동에 참여하도록 구체적인 언어와 행동(할 수 있어, 함께 해 보자)으로 격려한다.
		영아의 이름을 자주 불러 주어 자기 자신과 친구 이름을 인식할 수 있도록 지원한다.
		기저귀 갈이를 할 때 눈을 마주치며 따뜻한 미소와 부드러운 목소리를 유지하며 영아의 배변활동을 격려한다.
		배변 지도 시 실수에 대한 실패감을 느끼지 않도록 노력한다.
영아 발달과 보육 과정	환경구성	영아를 위한 실외활동을 마련하고 시설, 설비 및 교재, 교구들을 적극적으로 활용할 수 있도록 계획, 실행한다.
		보육실의 공간을 영아의 연령, 발달 특성을 고려한 흥미영역으로 구성하여 배치한다.
		인원에 맞춰 놀이할 수 있도록 놀잇감을 충분히 제공한다.
		영아들이 감각적 탐색활동을 충분히 할 수 있도록 다양한 흥미영역을 구성하여 배치한다.
	영아 발달적 이해	만0~2세 영아들의 보편적 발달특성을 이해한다.
		영아의 기본적인 욕구 충족 및 발달 자극을 통해 영아의 성장을 돕는다.
		영아의 흥미와 욕구에 대하여 이해한다.
		영아 개개인의 변화에 관심을 기울이고 변화에 따른 개인차 및 흥미에 따라서 활동을 전개한다.
		영아 개개인의 생리적 주기(수면, 배변, 식사 및 수유시간 등)를 고려하여 적절하게 보육한다.
	보육계획 및 운영	표준보육과정의 목표, 6개 영역, 내용범주, 내용의 세부내용 체계를 이해한다.
		표준보육과정의 6개 영역으로 이루어지는 활동을 발달수준에 맞게 적용하여 운영한다.
		일상생활과 관련된 다양한 보육활동을 균형 있고 융통성 있게 계획하고 그 계획에 따라 일과를 진행한다.
		연간, 월간(또는 주간), 일일보육계획안을 영아의 연령, 흥미, 수준, 태도, 계절 등을 고려하여 구체적이고 연계성 있게 수립한다.
		영아들이 반응하고 활동할 수 있는 충분한 시간을 제공한다.
		일과 계획을 일관성 있게 운영하여 영아들이 일과의 흐름을 인지하도록 돕는다.
		동적 활동과 정적 활동의 균형을 유지한다.

		상황(재시-탐색-놀이 시, 발문 시, 후육 시)에 적합하게 부육활동을 진행한다.
		영아에게 매일 실외놀이 시간을 충분히(만 0~1세 30분 이상, 만 2세 1시간 이상) 제공한다.
		영아에게 매일 신체(대·소근육)활동을 충분히 제공한다.
		영아에게 발달에 적합한 언어활동을 충분히 제공한다.
		영아 자신과 가족, 또래, 지역사회의 구성원에 대해 관심을 갖도록 하는 활동 기회를 충분히 제공한다.
		다양한 실물 자료나 자연물, 일상생활 경험을 이용한 감각탐색 활동을 충분히 제공한다.
		다양한 음악 및 동작, 미술 자료를 활용하여 창의적인 예술활동을 충분히 제공한다.
		다양한 역할 및 쌓기놀이 자료를 충분히 제공한다.
		영아가 스스로 놀이에 참여하여 성취감을 느끼도록 격려한다.
		기본생활습관 형성에서 영아의 모델링이 된다.
		일상생활 관련 활동(신발 신고 벗기, 옷 입고 벗기, 양말 신고 벗기 등)에 수준별 단계가 있음을 알고 실천한다.
		산책활동 시 주변 환경에 대한 아름다움을 느끼고 충분한 탐색이 이루어지도록 상호작용한다.
		영아에 대한 관찰과 평가를 주기적으로 계획하여 실행한다.
		영아의 관찰과 평가 결과를 보육과정 운영에 반영한다.
		정기적으로 보육과정을 평가하고, 적절하게 활용한다.
	건강·영양·안전관리	영아의 놀잇감을 자주 세척하고 소독한다.
		개별 영아의 건강 및 영양에 대해 최신 기록을 유지하고 관리한다.
		영아의 질별에 대한 기본지식과 응급처치 방법을 안다.
		36개월 미만 영아에 대한 영아용 보호장구 착용을 인지하고 있다.
교사-부모-지역사회 관계 형성	교사자신의 신념	영아에게 나타날 수 있는 돌발 상황에 대처할 수 있는 순발력과 대처능력이 있다.
		자기 자신에 대한 반성적 사고를 통하여 개인의 발전을 도모한다.
		다양한 상황에 대한 긍정적인 사고와 수용적인 태도를 가지고 있다.
		동료교사와 타인을 배려한다.
		또래보다 느리게 반응하는 영아들을 위해 기다려 준다.
		영아들에게 편견을 갖지 않고 공정함을 유지한다.
		영아의 바람직하지 않은 행동에 대하여 객관적으로 반응한다.

		긍정적인 사고방식과 조화로운 대인관계 능력이 있다.
		체력이 강하고 신체적으로 건강하다.
		약속을 잘 지키고 부지런하며 노력하는 자세를 갖추고 있다.
		새로운 일을 적극적으로 시도하고 추진하는 열정이 있다.
		일하는 시간을 융통성 있게 조절하여 업무시간에 효율적으로 일한다.
		편안하고 공정한 반 분위기를 형성하고 유지하기 위해 노력한다.
		보육교직원으로서 지켜야 하는 인사 및 복무규정을 알고 있으며, 이를 준수한다.
	동료 교직원과의 관계	동료교직원과 대화의 시간을 자주 가지며 좋은 관계를 유지한다.
		문제 상황에 대해 원장 또는 선배, 동료교사와 편안하게 의견을 교환하며 해결방법을 찾는다.
		자신의 실수나 잘못에 대해 솔직하게 인정한다.
		행사나 행정적 업무를 수행함에 있어서 동료교직원들과 자유롭게 의논하고 서로 돕는다.
		보육활동 방법에 대하여 동료교사들과 정보와 자료를 교환하며 협력한다.
		솔선수범의 자세로 근면, 성실하게 맡은 업무에 최선을 다한다.
	부모 및 지역사회와의 관계	학부모로부터 영아의 개별적 발달 특성과 다양한 배경(언어, 문화, 사회경제 수준, 신념, 가족구조, 장애 등)에 대한 정보를 얻고 이해한다.
		어린 영아를 어린이집에 보내는 부모의 마음을 이해한다.
		학부모와 보육운영 및 영아의 생활에 대하여 다양한 방법(부모참여 활동, 전화상담, 원아수첩, 면담, 메일, 등·하원 시 등)으로 의사소통 한다.
		지역사회와 연계하여 일상생활 관련 활동을 주기적으로 실행한다.

영아교사의 전문성 척도는 발달을 고려하여 영아가 나타내는 기본적인 욕구들에 대한 이해와 지도, 교사의 반응, 영아 보육에 영향을 미치는 다양한 요인들이 고려되어야 한다.

영아교사의 역량으로는 애착과 돌봄을 통해 발달의 기초가 형성되는 영아기 특성을 반영한 상호작용 요인이 강조되었으며, 지식과 기술적 요소에 비중을 두고 교육적 측면의 전문성을 강조하는 영아발달과 보육과정 요인이 구성되었다. 그리고 영아는 성장하면서 부모, 가족, 지역사회, 국가 등의 영향을 받기 때문에 교사-부모-지역사회 관계형성이 제시되었다.

2) 유아교사의 역량

　　유아교사의 역량은 사회적 변화와 가치, 유아기 특성을 반영하여 교육과정을 계획하고 운영하는 데 있다. 교사는 유아기의 특수성을 보장하고, 유아가 사회에 적응하고 미래에 요구되는 역량을 발휘할 수 있도록 교육할 수 있어야 한다.

　　유재경, 황시영, 박은미(2020)의 2019년 개정 누리과정을 반영하여 개발된 유아교사 핵심역량 모델은 교사인성 및 전문성 개발, 유아와의 상호작용, 놀이지원, 유아의 성장과 발달, 학습환경과 교육과정, 가족과 지역사회, 유아교육기관 운영 및 학급관리, 문화소양 등 8개 영역으로 구성(하위역량 23개, 하위내용 92개로 구성)되었으며 재인용한 내용은 다음과 같다.

〈표 1-2〉 유아교사의 핵심역량 모델

핵심역량	하위역량	하위내용
교사인성 및 전문성	교사인성 및 신체건강	자신의 성격, 장단점 인지 및 긍정적 자아감 형성
		교사 감정 조절
		진실한 마음과 긍정적 태도
		유아건강 관리
	교직윤리	교사로서 자긍심과 소명감
		교사 윤리강령 알고 실천
		교사로서의 책무성 인식 및 실천
	근무태도	교사로서의 바른 자세 인식 및 실천
		기관 내 교직원들과 협력
	전문성 개발	반성적 사고 개발
		전문성 신장을 위해 정보 찾거나 연수 등에 참여
		동료와 학습공동체가 되어 멘토링, 동료장학 등을 실시
	유아존중	유아 행동의 이해 및 공감
		아동권리 인식 및 옹호
		유아와의 긍정적 관계 형성
	유아행동지도	유아의 친사회적 행동지원
		유아 간 갈등 해결 지원
		유아의 사회문제해결능력 지원

		친사회적 행동, 갈등해결, 적응 등이 포괄된 개념
유아와의 상호작용		유아의 부적응 행동 원인 분석 및 적응 지원
	생활지도	기본생활습관 지도(양치질 지도, 줄 서기, 손 씻기 등)
		개별 유아 적합한 급·간식 지도(알레르기와 배식 양 등)
		등원(감정 및 건강상태 확인)과 하원(소지품 등 확인)지도
		유아의 안전생활 지도
		유아가 자신의 물건을 잘 챙길 수 있도록 지도
놀이지원	유아놀이 참여 촉진	놀이와 교육의 관계 이해
		놀이 환경에 대한 이해
		놀이 환경구성 및 놀이자료 배치
		유아가 자발적으로 놀이 선택
		유아가 놀이 주제를 발견하도록 지원
		유아가 원하는 공간에서 놀이하도록 지원
		유아에게 충분한 놀이 공간 제공
		유아가 놀이에 몰입할 수 있도록 충분한 놀이시간 제공
		유아가 원하는 놀이자원 지원
		풍부한 놀이자료 제공
		유아가 원하는 놀이상대로 참여
		구성놀이의 확장, 지속을 위한 다양한 지원
		상상놀이의 확장, 지속을 위한 다양한 지원
		유아가 원할 때 구성물을 또래에게 소개 및 전시 지원
		유아의 놀이 결과물을 또래 간 공유 지원
		유아의 안전한 놀이지원
	놀이 연계 및 통합	유아가 발현한 놀이 주제를 교사가 계획한 활동과 연계
		유아가 원할 때 여러 영역의 놀이 활동이 연계, 통합되도록 지원
		유아가 원할 때 일과 중 오전과 오후의 놀이, 실내와 실외 놀이가 연계되도록 운영
유아의 성장과 발달	유아발달	유아발달 및 발달의 연속성 이해
		유아발달 영역(신체, 언어, 인지, 사회, 정서)의 특성과 발달영역 간 관계성 이해
		유아발달에 영향을 주는 생물학적, 환경적 요인 이해

	유아관찰 및 평가	유아의 개별적 발달 특성 이해
		다양한 유아(경계선 유아, 특수아)의 발달특성을 이해하고 지원
		유아 관찰과 평가방법을 이해하고 실행
		유아 평가활용(놀이지원, 가정연계, 교육계획 반영)
학습환경과 교육과정	교육과정 이론 이해	유아교육과정에 대한 이론 이해
		국가수준 교육과정이 추구하는 인간상에 대한 이해
		유아교육에 대한 사회적, 철학적, 심리적 기초이해
		국가수준 교육과정에 대한 이해
	교과교육 내용 이해 및 적용	놀이와 연계한 유아과학교육, 유아사회교육(다문화, 통일, 환경, 금융), 유아미술교육, 유아음률교육, 유아신체(동작)교육, 유아언어(문학)교육, 유아수학교육 이해 및 적용
		교사의 자율적인 연간교육계획안, 월간교육계획안, 주간계획안, 일일교육계획안 계획 및 실행
		교육과정을 평가하여 다음 계획에 반영
		유아의 흥미를 고려하여 계획안에 반영 및 실행
		필요한 정보를 수집하여 교육활동에 활용
	교수학습 방법	유아 교수 학습방법에 대한 지식
		유아의 능동적인 놀이, 탐색, 배움을 격려하는 교육환경과 교수매체의 구성방법 이해
		유아의 능동성과 자발성을 격려하는 교육환경과 교수매체 이해 및 지원
가족과 지역사회	가족과 협력	가족과 긍정적인 관계 형성
		상담기술(i-message)활용 및 상담
		유아 관찰과 분석에 근거하여 상담
		부정적인 태도를 가진 학부모에게 적절한 상담
		다양한 가족을 이해하고, 다양한 가족 지원
		부모참여 지원
	지역 사회와의 협력	지역사회와 우호적인 관계 유지
		주제와 관련한 지역사회 기관을 현장학습하거나 지역사회 자원인사 활용
		유아와 가족을 위한 교육 복지 정책 이해 및 전달
유아교육기관	학급관리	교실문화 조성하고 교실 운영관리

		안전하고, 안락하고 청결한 교실환경 관리
운영 및 학급관리		유아 출결 관리
		학습운영 리더십 발휘
		시설설비와 비품, 활동자료 관리
	유아교육 기관 운영	유아교육기관 관련업무 제도 및 행정조직에 대한 이해
		유아교육기관 공동구역 관리(화장실 휴지, 비누, 수건, 치약 등 구비)
		유아교육기관 행사 기획(정보수집과 기획)하고, 기획안 소통하고 실행
		유아교육기관의 환경구성
	문서작성 및 관리	학급운영 관련 문서(알림장, 계획안 등) 작성과 관리 방법 알고 실행
		유아교육기관의 문서관리
문화 소양	정보화 소양	교육, 행정, 재정 업무 처리 위한 정보화 기술 활용
		교수매체로써 정보화 기술 비판적 활용
		새로운 정보화 기술에 대한 관심
	다학문적 지식이해	인문학, 과학, 기술, 사회학, 예술 등의 폭넓은 교양지식 이해 및 탐구
		다학문지식의 교육과정 적용
	창의성	다양한 문화적 경험
		다양한 상황과 조건 수용하여 새로운 방법 모색
		새로운 아이디어 창출

*유아교사의 핵심역량 용어 중 유치원을 유아교육기관으로 표기함

유아교사의 핵심역량 모델은 2019년 개정 누리과정의 성격인 놀이중심, 유아중심, 놀이를 통한 배움, 자율적 학습공동체, 교사의 자율성 강조 등을 반영한 것이다.

아동 권리에 대한 유아존중이 하위역량으로 포함되었으며, 놀이지원 역량이 강조되고 유아놀이 참여 촉진과 놀이 연계 및 통합으로 구성되었다. 또한 유아관찰 및 평과가 유아의 성장과 발달 역량의 하위역량에 포함되었고, 정보화 소양, 다학문적 지식이해, 창의성이 문화 소양의 하위역량으로 구성되어 제시되었다.

3) 미래사회 영유아교사의 디지털 역량

4차 산업혁명시대에 디지털 기기의 활용이 교육환경에서 다양해지며 디지털 시대의 미래교육에 대한 관심도 커져가고 있다.

인공지능, IoT, 빅데이터의 수업도구를 활용한 교육뿐만 아니라, 실시간 온라인 교육 플랫폼을 통해 쌍방향의 상호작용을 위한 방법들이 제안되고 있다. 그러나 상호작용이 중요한 영유아 교사들에게 역량과 기술, 디지털 환경은 상급학교 교사의 전문성과는 상당한 차이가 있다.

앞으로는 영유아교사에게 필요한 역량 중 하나가 디지털 기술의 활용능력이 될 것이다. 보육교사도 이러한 시대적 흐름을 알고 디지털시대의 영유아교사로서의 역량을 갖추어야 할 것이다.

다음은 박창현(2021)의 미래사회 영유아 교사에게 필요한 능력 및 역량에 관한 내용이다.

〈표 1-3〉 미래사회 영유아 교사에게 필요한 능력 및 역량

번호	내용
1	디지털 리터러시 역량
2	유아의 발달과 학습 특성에 대한 이해력
3	에듀테크에 대한 유아교육철학의 이해
4	컴퓨터 사고력
5	유아교육과정 재구성 및 수업 역량
6	클라우드 및 플랫폼 활용 능력
7	데이터 분석 능력
8	과학적 탐구 능력
9	기술변화 이해 역량(민감성 및 미래 예측력)
10	에듀테크 기반 교수설계 능력(콘텐츠 개발 및 적용 능력)
11	인문학적 소양
12	윤리적 소양

디지털 시대 예비 유아교사 교육은 첫째, 교육과정 재구성 방법으로 에듀테크를 활용한 교육과정 및 유아 평가방법이 강화될 것이다. 둘째, 정보통신 윤리교육을 기반으로 디지털 리터러시 교육이 이루어질 것이다. 셋째, 다양한 디바이스와 AR, AI, 인공지능 및 메타버스를 활용한 교육이 강화될 것이다. 넷째, 빅데이터의 자료에 근거하여 개별 영유아의 특성을 파악하고 지원하는 방법에 대한 교육이 강화될 것이다. 다섯째, 유아교사 자격을 취득하기 위한 필수 과목으로 디지털 교육(ICT+SW)이 지정될 가능성이 높다.

현재 어린이집의 현장에서도 미디어 기기를 보유하고 학급의 교육·보육활동에서 활용하고 있다. 미래사회에는 미디어 기기들을 활용한 교육이 증가하고, 다양한 디지털 기기들이 유아교육기관에 보급될 것이다. 따라서 미래사회 영유아교사를 위해 필요한 교육을 받고 다양한 미디어 기기들을 활용할 수 있는 역량을 키워 나가야 한다.

제 2 장
보육사상의 변천사

Contents

Ⅰ. 아동관의 변화

본 장에서는 고대, 중세, 근세, 근대를 지나 현대에 이르기까지 아동에 관한 역사적 변천사를 서술하고자 한다. 시대구분은 다양한 수장과 설이 있으나 서양에서 고대는 기원전 1만년전인 신석기시대부터 서로마 제국의 멸망인 476년 사이, 중세시대는 서로마 제국 멸망부터 르네상스 인문주의 운동이 시작된 14세기로, 근세시대는 르네상스나 종교개혁의 시기 이후로 14세기부터 신계몽주의 시대인 17세기 말 18세기 초로 본다. 근대는 자본주의의 형성이나 시민사회의 성립이라는 관점에서 18세기 이후 제1차 세계대전 (1914~18) 이전 까지이며, 현대는 제1차 세계대전부터 오늘날까지이다.

한국사에서는 삼국시대를 고대(기원후 200년 ~ 600년경), 고려시대를 중세(기원후 10세기 초반 1392년), 조선시대를 근세(1392년 ~ 1897년 대한제국), 고종이후를 근대 (1897년 ~ 1945 해방), 해방이후를 현대로 구분하고 있다.

〈표 2-1〉 시대 구분

시대 구분		시기	비고
서양사	고대	신석기시대 ~ 476년	476년: 서로마 제국의 멸망
	중세	476년 ~ 14세기	14세기: 르네상스 인문주의 운동 시작
	근세	14세기 ~ 18세기 초	18세기 초: 신계몽주의 시대
	근대	18세기 이후 ~ 제1차 세계대전	제1차 세계대전: 1914 ~ 1918년
	현대	제1차 세계대전 부터 오늘날	
한국사	고대	기원후 200년 ~ 600년경	삼국시대
	중세	기원후 10세기 초 ~ 392년	고려시대 1392년: 조선 개국
	근세	1392년 ~ 1897년	1897년: 대한제국 개국
	근대	1897년 ~ 1945년	1945년 해방
	현대	1945년 ~ 현재	

1. 고대의 아동관

고대 시대의 아동관은 서양의 그리스와 로마를 중심으로 살펴보며, 중국의 공자, 한국은 삼국시대 원효대사를 중심으로 살펴보고자 한다.

1) 그리스의 아동관

고대 그리스의 아동관은 스파르타와 아테네 폴리스를 중심으로 살펴본다.

(1) 스파르타의 아동관

스파르타는 아동은 신체 강건하고 연대의식이 강해 국가를 최우선으로 지키는 훌륭한 국가의 국민이어야 한다는 아동관을 지니고 있었다. 아동은 가정내 존재가 아닌 국가의 운명을 짊어진 자, 사회의 자식이다. 따라서 일정한 기준에 따른 건강한 아동만 교육기관에 입소할 수 있었으며, 강건한 심신을 위한 엄격한 단련 훈련을 받았다. 남아는 7세에 가정을 떠나 교육장에 들어가 생활하였으며, 여아는 입소규정은 없고 가정에서 통학하며 교육을 받았다. 독립성이 강한 아동을 목표로 하여 스스로 신변을 정리하고, 홀로 잠들며 간소한 식사에 익숙하도록 하였다. 철저하고 엄격한 예절교육을 시행하고, 상호간의 연대를 중시하였다. 여기서 아동의 개념은 사회를 이끌어가는 귀족, 엘리트 대상이다.

(2) 아테네의 아동관

아테네도 스파르타와 마찬가지로 아동을 사회의 자식, 폴리스의 자녀로 생각하였다. 가문의 명예를 위하고 공동체를 위한 존재였다. 아테네의 대학자 플라톤은 아동을 구분하여 우수한 남성과 여성 사이에 태어난 엘리트는 가족주의에 물들지 않도록 부모로부터 격리하여 국가교육시설에서 양육할 것을 주장하였고, 서민들의 자녀들은 가정에서 키우도록 하였다.

아테네는 문화적, 정치적으로 자유분망한 분위기를 지니고 있었으며, 놀이와 찬가,

출처: 혹독한 훈련을 한 스파르타(2023). terms.naver.com

이야기를 통해 가문의 명예나 향토애, 조국애, 인류애 등 연대감을 자연스럽게 길러주었다. 아동은 17세까지 관심과 능력에 따라 신화, 옛날이야기, 시, 음악, 미술, 체육을 배우며 영혼의 올바른 형성을 중시하여 교훈적 내용중심 교육을 하였다.

출처: 아테네학당(2022). namu.wiki

2) 로마의 아동관

로마 전기 공화정 시대에는 사회도 가정도 매우 안정되었다. 부모는 가정의 중심이 되어 아이들을 가정과 국가의 미래로 생각하고 가정내의 인간도야에 힘쓰는 것을 국가의 일 못지않은 중요한 일로 여겼다.

로마의 아버지들은 자녀에게 읽고 쓰기를 가르치고, 수영을 함께 하였으며, 목욕을 함께 하며 친절하고 세심하게 돌보며 친밀한 관계를 유지하였다. 로마의 어머니들은 높은 식견과 절대적 존경을 받으며 가정교육을 안정되게 수행하였다. 국력이 높아지고 아버지의 해외 파견이 많아짐에 따라 가정의 안정된 기반이 흔들리기 시작하였고, 퀸틸리아누스와 같은 탁월한 교사가 나와 이 위기를 조금은 극복시켰다.

로마시대 국가체제를 규정하는 헌법인 12동관법에 아버지의 교육적 역할이 명확히 나타나 있다. 제4조는 아버지의 권리를 규정하고 자녀에 대한 아버지의 교육적 권위를 절대적인 것으로 규정한다. 아버지는 자녀의 생사여탈의 권한을 행사할 수 있었다.

모범적인 부친상으로 추앙받는 대(大)카토는[1] 공적인 정치계의 원로로서 책임을 다하는 것만큼 좋은 남편, 좋은 아버지로서 가정을 책임지는 것이 명예로운 일이라 믿었다.

출처:대카토(2022).ko.wikipedia.org

자녀와 함께 농원에서 함께 흙을 만지고 놀이를 하고, 옷을 입혀주며, 읽고 쓰기를 가르쳤다. 또한 국가에 대한 헌신적인 마음가짐을 갖도록 로마의 역사를 중시하였다.

키케로[2]는 '어머니의 슬하에서 교육되어야 함'을 강조하며 어머니의 시야가 좁으면 안될 것이라 하였다. 로마에서는 원로원과 민회에 부인과 아이를 위한 특별석이 마련되어 부인은 국가의 중요한 의제를 심의하는 것을 지켜볼 수 있었다. 이 때문에 부인은 가정에만 있어 시야가 좁아지는 것을 막을 수 있어 올바른 견해와 폭넓은 식견을 가지고 자녀를 양육할 수 있었다.

출처: 마르쿠스 툴리우스 키케로(2022). ko.wikipedia.org.

키케로는 아동은 태어날 때부터 스스로의 목적을 가지고 있으며, 지혜를 가지고 있어 스스로 선을 지향한다고 믿었다. 따라서 아동은 존중을 받아야 하며 질책이 필요한 때에도 명예를 지켜주어야 한다. 상류계층의 자녀 로마시대 대 교사였던 퀸틸리아누스[3]는

---

1   로마의 정치가이자 문인. BCE 234 ~ BCE 149. 풀네임은 Marcus Porcius Cato. 소 카토의 증조부로, 대 (大) 카토라고도 한다. 별명은 현명한 카토(Cato Sapiens), 오래된 카토(Cato Priscus), 감찰관 카토(Cato Censorius).[1] 카르타고에 대한 강경파이자 스키피오 아프리카누스를 견제한 인물로 유명하다.

2   고대 로마 공화정 말기의 정치가, 변호사, 웅변가, 문학가, 철학자이다. Marcus Tullius Cicero. 명실공히 로마 공화정을 대표하는 인물로, 원로원 의원을 역임하였고 집정관에도 선출된 적이 있다.[1] 기원전 106년 1월 3일 ~ 기원전 43년 12월 7일출생.

3   마르쿠스 파비우스 퀸틸리아누스(Marcus Fabius Quintilianus, 35? ~ 100?)는 히스파니아 출신으로 로마 제국의 수사학자이다. 교육 실천가로서당시 로마 황제 베스파시아누스(T. F. Vespasianus, 9-79)의

아동은 무한한 가능성을 가진 존재로 부모는 아이의 개성을 존중하고, 학습과 적절한 놀이로 아동의 자질과 재능을 키워주어야 한다고 하였다. 그러나 자녀들을 사랑한다며 심신이 허약한 사람으로 양육하는 것을 비교육적이라 하여 반성을 촉구하고 자주성을 키워야 함을 주장하였다. 가정의 유약한 양육방식보다 훈련이 가능한 학교가 강인함과 또래의 우정을 통한 연대의식을 키울 수 있어 가정보다 학교에서 훈육하는 것이 아동의 교육에 좋다는 믿음이 있었다. 이러한 퀸틸리아누스의 교육적 견해는 루소를 비롯한 근세, 근대 학자들의 교육적 주장과 일치한다.

출처: 마르쿠스 파비우스 퀸틸리아누스(2022). ko.wikipedia.org

신임을 얻어 웅변술 교수의 칭호를 받고, 국가로부터 봉급을 지급 받는 로마 최초의 공교사(公敎師)가 되었다.

3) 중국의 아동관

■ **공자(B.C. 551~B.C. 479)**

공자는 춘추시대 말엽에 노나라에서 태어났다. 그리스의 소크라테스보다 82년전, 플라톤보다 123년전에 태어났다. 공자의 교육사상은 '인(仁)'의 사상이며, 교육의 목적은 '인'을 실천하는 표준화된 인간 즉 군자(君子)를 양성하는 것이다. 17세기 영국의 로크는 신사, 숙녀 육성을 교육의 목적으로 삼았다. 군자는 '인'을 알고 인을 행하는 인격적으로 완성된 인간, 사람다운 사람이다.

'인'이란 무엇인가? 예(禮)를 알고, 사람을 사랑하고, 말을 삼가고, 공손, 관대, 신의, 민활, 은혜를 실천하는 것이다. 교육의 내용은 도덕교육 중심으로 문(文), 행(行), 충(忠), 신(信)과 예(禮), 악(樂), 사(射), 어(御), 서(書), 수(數)의 육예(六藝)이다. 악(樂)의 음악, 사(射)의 활쏘기, 어(御)의 말타기, 서(書) 글씨쓰기, 수(數)의 셈하기는 전인적 품성 형성을 도야하기 위한 부수적인 것으로 그 비중이 낮다.

공자에게 있어 아동은 타고난 재질의 차이는 있으나 최고의 인격자가 될 가능성을 지닌 존재로 선입견이나 고정관념 없이 성심껏 가르쳐야 할 존재이다. 그러나 개인차에 의한 계발식 교육방법을 강조하여 더 이상 알려하지 않고, 반응하지 않으면 더는 가르치지 말라고 하였다. 교육방법은 교사가 학습자의 배우고자 하는 열정과 학습동기에 맞추어 인내를 가지고 타고난 성품과 재질을 차근차근 잘 이끌어가는 대화식교육이다.

교사는 배우기와 가르치기를 좋아하는 자질과 성실한 자세를 지닌 사람으로 끊임없이 학문을 연구하며 스스로 모범이 되어 학습자를 인도하는 사람이다.

4) 한국의 아동관

■ **원효(617~686)**

원효는 신라 진평왕시기에 태어났다. 617년이면 서양 교육사에서는 중세에 이르나 한국사에서는 고대로 분류하고 있다. 원효 불교의 교육목적은 우주와 인생의 참다운 모습을 투사할 정신과 지혜를 개발하는 데 있다. 인간은 내적 발동과 외적 계기의 인연에 의해 형성된다. 따라서 외적 계기 즉 교육활동이 없으면 선천적으로 지닌 본래의 마음이 드러나지 못한다.

출처: 공자(2023). ko.wikipedia.org

아동은 교육을 통해 선천적으로 부여받은 인간성, 내적 지혜를 단련하고 행동을 수정하게 된다. 교육은 세 가지 지혜에 의해 성립된다. 첫째, 스승의 교훈을 그대로 닦아가는 지혜(聞慧), 둘째, 듣고 배운바를 스스로 생각하여 자기화하는 지혜(思慧), 셋째, 얻어진 지혜를 실천하여 체득시키는 지혜(修慧)가 그것이다. 학습자인 아동은 지혜(聞慧)와 사혜(思慧)를 선천적으로 지니고 태어난다. 따라서 지혜와 사혜의 교육과정에 교사는 아동이 지니고 있는 내면을 드러내도록 지원하는 수동적 자세로 임한다. 수혜(修慧)의 교육과정은 아동이 배우고자하는 정신이 있어야 가능하다. 노력과 실천의 결과로 얻어지므로 교사의 적극적 지원이 필요하다.

아동의 학습력은 아동마다 차이가 있는데 그 까닭은 두 가지이다. 하나는 마음이 두텁고 엷음이 서로 다르고, 둘째로는 만나는 외적 계기가 서로 다르기 때문이다.

원효 불교교육의 내용은 지혜교육(智育), 윤리교육(德育), 체육(體育)이다. 지혜교육은 불교교육의 실천방안으로 인간을 이지적(理知的)으로 교도하는 방법이다. 불교 전문지식 뿐 아니라 생활을 위한 일반교육, 경제생활을 위한 실업교육의 생활화도 강조한다. 윤리교육은 진리에 따라 사는 삶 즉 선한 방향으로 이끄는 덕을 기르는 교육이다. 착한 마음으로 남을 돕는 덕행과 자비, 사랑과 격려의 말을 하는 행위이다. 체육은 정신교육이 주된 불교교육에서 중요하게 여겨지지는 않으나 건강과 관련하여 다루어진다. 적은 음식(小食), 목욕, 선정(禪定)의 정신통일법이다. 선정법에는 들숨, 날숨을 조절하는 호흡체조, 앉은 자리에서 일어나 가볍게 걷기, 열을 지어 걷기 등이 있다.

　교육방법은 비유법(比喩法), 대기법(對機法), 문답법(問答法), 감화법(感化법)이 있다. 비유법은 어떤 사물이나 또는 마음의 의미를 설명키 위해 실례를 들어 비유함으로 깨우치게 유도하는 방법이다. 대기법은 상대방의 지시과 이해력의 정도에 맞춰 교육하는 것이다. 문답법 또는 대화법은 학습자의 의식적인 무지에서 무의식적인 무지까지 이끌어내거나 또는 합리적인 개념을 추론시켜 의식적인 무지에서 합리적인 진리로 인도하는 방법이다. 감화법은 스승이나 지도자가 마음에 감동을 주어 자연적으로 교육되는 방법이다.

출처: 원효(2023). ko.wikipedia.org

2. 중세의 아동관

중세는 400년부터 계몽주의가 시작되는 14세기까지 시기를 말한다.

중세의 교육은 천국에서의 축복을 누릴 수 있는 삶을 기원하는 교회와 수도원의 삶과 기사도, 상업을 위한 실무교육으로 이루어졌다. 아동관은 신성한 생활을 하며 신에 봉사할 인간, 교회와 왕국을 위한 무사로서의 인간, 신앙생활을 가진 전문기술인, 상업교역인으로 필요한 실무적인 인간으로 기능적으로 분화하였다.

신에게 봉사할 아동은 라틴어로 신학, 철학, 문학 학습과 그레고리안 성가 등 가창으로 성직자에 맞는 영혼과 지식을 연마하였다. 교회와 왕국을 위해 자신의 일신을 희생하며 봉사할 아동은 엄격한 무예훈련, 교회를 향한 희생과 용기의 기사도 정신을 익혔다. 또한 가정을 위해 영지를 관리하며 양모, 방직 등 노작활동을 하였다. 상업교역을 본업으로 하는 시민계층은 실학주의 중심으로 거래와 계약을 위한 라틴문의 읽기, 쓰기와 상공업활동을 위한 지방 토속어 읽기, 쓰기, 주판, 산수를 익혔다.

출처: 아우구스티누스(2022). ko.wikipedia.org

중세시대의 대표적 신학자이며 철학자인 아우구스티누스[4]는 아동은 신의 축복이며

---

4   성 히포의 아우렐리우스 아우구스티누스(라틴어: Sanctus Aurelius Augustinus Hipponensis, 354년 11월 13일 ~ 430년 8월 28일)는 4세기 북아프리카인 알제리 및 이탈리아에서 활동한 기독교 보편교회 시기의 신학자이자 성직자, 주교로, 개신교, 로마 가톨릭교회 등 서방 기독교에서 교부로 존경받는 인물이

사랑인 자유로운 호기심과 지적 탐구심을 지닌 존재로 아동의 자유 의지와 욕구는 존중되어야 한다고 하였다. 아동 본성의 뛰어난 점을 이끌어 더 강한 의지로 도약하도록 하는 것이 아동교육의 목적이다.

3. 근세의 아동관

근세는 14세기부터 18세기 산업혁명 이전시기까지를 말한다.

중세의 신에게서 벗어나 고대 그리스, 로마의 인간성 재발굴을 목표로 르네상스 운동이 일어나고 인문주의를 되살렸다. 빗토리노(Vittorino da Feltre), 피콜로미니(Enia Silvio Piccolomini), 루터(Martin Luther), 에라스무스(Desiderius Erasmus), 코메니우스(Johann Amos Comenius), 로크(John Locke), 루소(Jean Jacques Rousseau)를 중심으로 살펴보고자 한다.

(1) 빗토리노

빗토리노(Vittorino da Feltre, 1378~1446)는 르네상스기 가장 저명한 교육실천가로 원 이름은 빗토리노 람발도니(Vittorino Rambaldoni)이다. 빗토리노는 학교를 '즐거운 집'으로 부르고, 체육, 지육, 덕육 즉 건강한 신체와 지혜 그리고 인격형성의 기초를 탄탄히 하는 것을 아동교육의 목적으로 삼았다. 르네상스적 인간형이다. 씨름, 경주, 뜀뛰기, 공놀이를 하고, 신앙으로 아동의 영혼을 경건히 해주며, 아동 개인의 개성과 흥미에 따라 학습내용을 부과하고 놀이형식으로 학습을 수행토록 하였다.

피콜로미니(Enia Silvio Piccolomini, 1405~1464)는 보헤미아 왕을 가르친 교사로 아동은 타고난 천성, 교육, 훈련으로 형성되는 존재이다. 좋은 습관, 검소한 생활, 신체관리와 지식에 관한 올바른 훈련이 필요하다. 비베스(Lean Luis Vives, 1492~1540) 영국 헨리8세 시기에 메어리 공주교육을 담당한 학자이다. 비베스는 아동은 존중되어야 할

다. 축일은 8월 28일. 상징물은 주교관과 목장, 책, 펜이며, 인쇄공과 신학자의 수호 성인이다. 일반적으로 집필에 몰두하는 주교의 모습으로 그려지는데, 15세기의 그림에는 주변에 어린아이를 데리고 있거나 조가비가 있는 경우를 자주 볼 수 있다.

존재이나 응석받이는 안된다고 하였다. 베지오는 밀라노 공국의 귀족으로 <아동교육론>을 저술하였다. 아동은 출산전부터 존중되어야 하며, 교양있는 교사로부터 기초교육과 지육을 받아야 한다고 하였다.

출처: 빗토리노(Vittorino da Feltre)(2023). en.wikipedia.org

(2) 루터(Martin Luther, 1488~1546)

루터는 아동은 교육에 의해 인도되어야 하는 존재로 가정에서 기초 인격을 형성하고, 가난한 가정의 아동도 차별없이 국가 책임하에 교육을 받아야 한다고 생각하였다. 신앙과 언어, 음악과 체육교육으로 심신이 조화로운 인격을 형성해나가야 한다.

출처: 마르틴 루터(2023). namu. wiki.

(3) 에라스무스(Desiderius Erasmus, 1467~1536)

에라스무스는 수도사로서 인간은 인간으로 태어나는 것이 아니라 인간으로 만들어지는 것으로 믿었다. 그러므로 아동 또한 내버려두면 짐승이 될 것이므로 개인의 본능을 신중하게 배려하여 인격을 형성해 나가야 한다. 아동은 교육이 가능하고, 교육받아야 할 존재이다.

출처: 에라스뮈스(2023). namu. wiki.

(4) 코메니우스(Johann Amos Comenius,1592~1670)

체코의 모라비아에서 태어난 코메니우스는 신학자이며 교육 개혁자이다. 코메니우스는 아동은 신을 공경하고 신이 기뻐해야 할 생활을 해야 한다는 생각을 가지고 있었다.

생애 첫 6년은 모친학교로 어머니의 무릎에서 인격형성의 기초를 습득한다. 모친학교는 아동 인격형성의 요람으로 교양, 지식, 덕성, 종교성의 기초를 유아기부터 적절히 함양시켜야 한다. 학습은 세상의 모든 지식을 배워가야 하므로 범지학(汎知學) 즉 모든 지식을 감각을 통해 실물을 경험하며 지식을 익혀간다. 감각적 실학주의이다. 코메니우스는 이런 생각을 그림으로 지식을 익혀가는 시각적 교재인 <세계도회>를 저술하였다.

출처: 요한 아모스 코메니우스(2023). ko.wikipedia.org

(5) 로크(John Locke, 1632~1704)

로크는 아동에 대한 생각에 커다란 변화를 준 사상가이다. 로크 당시 즉 17세기에는 원죄설에 입각한 아동관으로 아동은 불완전하므로 준엄한 질책이나 체벌로 다스려야 한다고 생각했다. 로크는 그의 저서『교육론』을 통해 아동은 이성적 존재이므로 성인이 아동을 존중할 것과 체벌보다 칭찬해줄 것을 주장하였다. 로크의 사상덕택으로 아동은 부모의 비인격적 부속물에서 서로 사랑하고 대화하는 존재가 되었다.

로크는 의사, 교육가, 정치가이다. 1666년 샤프트베리 백작 1세를 만나 백작의 3세를

출처: 존 로크(2023). namu.wiki

가르치는 가정교사로 교육에 종사하게 되었고. 왕정에 반대하는 백작이 사망하자 정치를 떠나 <인간오성론>을 집필하게 되었다. 인간오성론은 인간의 정신이 태어날 당시 백지이나 경험과 반성을 통해 지성을 구축한다는 경험론을 주장한다. 로크의 유아교육사상은 1693년 친구 크라크에게 보낸 교육에 대한 서한집 <교육에 관한 고찰: Some Thought Concerning Education>에 잘 나타나 있다.

아동은 미숙하나 원죄적 존재는 아니며 태어날 때 오염되지 않은 백지의 상태이므로 올바른 양육과 좋은 습관 형성교육을 통해 이성적 존재로 성장하도록 지원해야 한다. 아동은 개인의 소질과 경향을 지니고 있으므로 바른 성장을 위해서 아이의 성질과 소질을 연구해야 한다. 그러나 개인의 특질은 쉽게 고쳐지지 않으므로 교육에는 한계가 있음을 로크는 인정한다.

로크 교육의 첫 번째 목적은 신사·숙녀 양성이다. 지식보다는 지혜와 가치 훈련으로 이성과 욕망의 조화적 통합 즉 덕성교육이다. 신사·숙녀는 명예심과 자존심을 중시하고 자율적으로 행동한다. 신을 공경하고, 신체 건강하며, 언어와 행동에 있어 예의바르고, 허위 없는 참된 지식을 추구한다.

교육의 두 번째 목적은 신체의 단련 즉 체육이다. 정신과 육체는 인간의 삶에 동등하게 중요하다. 냉수욕, 소식 등 일상의 습관에서의 체력증진 뿐 아니라 댄스, 수영, 검술 등 스포츠와 일상의 피로를 풀어주는 음악, 공작, 레크리에이션 등도 체육에 속한다. 신체의 강건함을 바탕으로 지식과 덕을 쌓아가는 것이 로크 교육의 목적이라 할 수 있다.

얇은 옷이나 나체로 바깥 공기를 쏘이기, 규칙적인 식사와 배변으로 일상생활의 리듬을 유지하기, 일찍 자고 일찍 일어나기, 딱딱한 침대 사용, 단순, 소박한 의복 입기 등은 자연성 생활 습관형성으로 과도하게 인위적인 환경에서 아동을 해방시키고 자기 노력을 통해 냉엄한 사회에 적응하고 인내할 힘을 키운다.

자연순응 방법으로 인간의 자연스런 성장발달을 지원하듯 정서적 지원도 무리함과 억압을 자제하고 흥미를 돋우며 천성적 결점을 보강하고 소질을 발휘하도록 도와주어야 한다. 과보호로 자연으로부터 격리하는 것은 좋지 않다.

여행은 추천할 만한 교육방법이다. 다양한 기질과 습관 생활양식을 지닌 사람과의 교류를 통해 지식과 분별력을 향상시키고, 신중하게 사물을 보는 습관과 예의바른 태도를 형성시킨다. 이러한 습관과 태도는 인간 수업의 한 과정으로 여러 사람들과의 교제를 원만하고 안전하게 하여 자립심과 독립심 향상에 도움을 준다.

(6) 루소(Jean Jacques Rousseau, 1712~1778)

루소는 1712년 스위스 제네바에서 시계공의 아들로 태어났다. 생후 9일째 되던 날 어머니를 여의고 아버지와 숙모의 손에 키워졌다. 13세 이후 조판공, 급사 등 다양한 직업을 경험하였으며, 30세에 당대 대학자인 디드로, 달랑베르 등 학자들과 교류하였다. 디드로는 당시 『백과전서』의 편집을 맡고 있었다. 1762년 『에밀』 등 저서로 유럽 사상계에 널리 알려졌다. 프랑스 정부는 『에밀』을 불온한 저서로 여겨 발매금지를 명령하였다. 1778년에 프랑스 파리 근교에서 사망하였다.

루소가 살던 18세기는 교회와 국가의 극단적 권위로 인간본성에 대한 원죄설, 비과학적, 비합리적 사고를 벗어나 인간 이성에 대한 합리적인 사고와 진리 탐구가 강조되는 시기였으며, 자연주의 운동으로 인위적인 압박과 부자유로부터 인간의 생득적 성장, 자연적인 발달을 지지하는 변화가 일어나는 시기였다.

당시에 아동은 '원죄의 씨앗'으로 여겨 귀부인들은 애정표현을 금하고, 유모나 수도원에 위탁하였다. 아동은 엄격한 규율과 철저한 감시속에 키워졌다.

루소는 인간은 여러 단계를 거쳐 발달하며 각 발달단계마다 완성해야 할 과업이 있으며, 각 과정에 존재하는 성숙의 과업을 마쳐야 다음의 단계로 나아가게 된다고 주장하였

출처: 장 자크 루소(2023). namu.wiki

다. 아동은 약하고 우둔하므로 교육으로 이러한 결핍을 보충하여 올바른 어른이 되어간다. 자연이 부여한 능력을 과정마다 발휘시키며 어른이 되어간다. 아동의 의지를 존중하여 그 성장과 발달을 지켜주어야 한다.

인간은 창조주에 의하여 선하게 태어났지만 인간의 사회에 의해 본성이 왜곡되었으며, 인간으로의 형성은 인간만이 아니라 자연과 인간 그리고 사물이 합하여 이루어지는 것이다. 자연속의 모든 생명이 그러하듯이 성장하는 중에 발생하는 아동의 고통과 상처는 자연스런 성장과정의 일부이다. 넘어지거나 작은 상처를 견디어 내는 동안 용기를 배우고 인내를 익혀 더 큰 고통을 감내할 수 있게 되는 것이다.

의지를 지탱하는 것은 신체이다. 약한 신체는 의지를 약화시킨다. 건강한 신체는 건강한 정신을 지탱하고 정신의 균형을 유지시킨다. 건강한 신체를 위해 의복은 편안하게 하여 손발을 자유롭게 움직이게 하고 맨발로 땅을 밟으며, 더위와 추위를 견디게 해야 한다.

민감한 감각은 형이상학적 지혜, 직관을 형성시킨다. 아동은 체력과 이성은 성인보다 약하나 감각능력은 성인과 같다. 예민한 감각은 올바른 판단을 가능하게 하므로 어린시절부터 적극적으로 감각훈련을 받아야 한다. 노동은 인간 형성화가 중요하다.

아동기의 경험은 커서도 지속되어 어린시절부터 두꺼비와 가재를 무서워하지 않으면 커서도 그러하게 되고, 어린시절부터 자기주장만 하는 아이는 12세가 되어도 말을 듣지 않고 20세가 되어도 싸움하기를 좋아하며 전 생애에 걸쳐 참을성 없는 인간이 된다. 이 시기의 잘못된 성장발달은 여러 악의 요인이 되므로 세심한 관심과 애정어린 양육, 자연교육원리에 입각한 교육이 필요하다.

루소는 아동은 본래 선하나 인간사회의 각종 편견이나 권위, 다양한 규칙 속에 있는 강압속에서 본연의 자연성이 왜곡되고 파괴된다고 주장하였다. 교육적으로 적절한 환경에서 인간 본연의 자연성을 되살려야 한다.

아동은 강하고 생명력이 왕성한 존재이다. 매우 활동적으로 항상 무언가를 찾아 헤맨다. 성인과 다른 생활의 질서를 지니고 있으며, 고유한 성숙의 단계, 생각하는 방식을 지니고 있다. 18세기의 루소의 이러한 사상은 현대에는 당연한 것으로 여겨진다.

4. 근대의 아동관

근대의 아동관은 서양의 아동관과 동양의 아동관으로 나누어 서술한다. 서양의 아동관은 페스탈로찌(Johann Heinrich Pestalozzi), 프뢰벨(Friedrich Wilhelm August Fröbel), 오베르랑(Johann Freidrich Oberlin), 오웬(Robert Owen)을 중심으로 살펴본다. 동양의 아동관은 한국의 정약용, 일본의 요시다 쇼인을 중심으로 알아본다.

1) 서양의 근대 아동관

(1) 페스탈로찌(Johann Heinrich Pestalozzi, 1746~1827)

페스탈로찌는 스위스의 아름다운 자연환경과 신앙적인 감화와 사랑이 가득한 가정 속에서 사랑, 감사, 신뢰, 헌신의 분위기에서 자라났다. 페스탈로찌에게 있어 아동은 선하지도 악하지도 않으며, 인간의 모든 능력을 지니고 태어났으나 어느 것도 발달되지 않은 새싹과 같은 존재이다. 또한 아동은 신의 선물이므로 사려깊은 사랑으로 소중하게 대하며, 교육으로 잠재된 능력을 피어나게 해야한다. 아동에 관한 것은 모두 어머니와의 관계에서 비롯된다.

페스탈로찌는 어머니는 신으로부터 아동교육의 과업을 수행할 능력을 선사받았으므로 하늘이 내린 교사이며, 교사의 제1조건은 모성애라고 하였다. 아동은 교육받아야 하는 존재이며, 아동교육은 아동 홀로가 아닌 아동과 창조주, 타인들과의 관계속에서 이루어져야 한다. 교육은 어머니의 가슴과 사랑에 바탕을 두고 있다. 교육은 부모의 마음인 사랑과 자녀의 마음인 신뢰가 상호 호응하여 이루어진다.

페스탈로찌는 유아교육보다는 빈민아동교육, 초등교육에 관심이 많았다. 그러나 1769년 안나슐테와 결혼하여 태어난 세 살된 야곱을 양육하며 영유아교육을 생각하게 되었고 그에 대한 생각을 <육아일기>에 담아 저술하였다.

아동은 창조자에게 봉사하는 마음으로 양심에 따라 살아가고, 사회에 유용한 사람, 개인적으로 내면의 행복을 누리는 사람으로 양육되어야 하며, 교육을 통해 스스로 생활을 영위할 수 있도록 생활의 힘을 갖추어야 한다. 교육의 목적은 생활에 대한 준비이다. 작업과 근로를 통해 실생활에 필요한 기술을 연마하며 인격을 형성해가는 것이다. 도덕교육은 따로 있는 것이 아니라 일을 통해 자아를 통제하는 것이다. 페스탈로찌는 학습과 노동을 결합시키고, 학교와 공장을 연결하여 노작을 통해 가르치려 하였다.

　페스탈로찌의 아동교육은 루소의 자연주의 사상에 영향을 받아 자발적인 교육의 중요성을 강조하였으나 교육에 있어서 '교육적 순종'을 동시에 중요시하였다. '자유'와 '순종'은 서로 분리할 수 없는 개념이다.

출처: 요한 하인리히 페스탈로치(2023). namu.wiki

(2) 프뢰벨(Friedrich Wilhelm August Fröbel, 1782~1852)

　프뢰벨은 생후 9개월쯤 어머니가 세상을 떠났고 계모 슬하에서 불우한 어린시절을 보냈다. 11세에서 15세까지 목사인 외삼촌의 보살핌으로 견고한 믿음과 그리스도 세계관을 형성하게 되었으며, 그리스도교적 세계관은 프뢰벨의 교육의 근간이 되었다.

　프뢰벨은 만물은 신의 창조물이며, 신의 영원한 법칙이 들어있음을 주장하였다. 만물의 하나인 인간은 그 본성에 신의 법칙이 깃들여져 있다(프뢰벨, 2022). 아동은 살아있는 유기적 통일체로 그 중심에 신성이 내재되어 있다. 아동의 본성에 깃들어져 있는 신의 법칙을 자연스럽게 발달시키어 외부로 드러내게 하는 것이 교육의 목적이다. 스스로의 선택과 결정으로 본성을 드러내고 완성시키어 창조주의 영광을 드러내는 것이 인간의 사명이다. 즉 아동은 태생적으로 신에게서 받은 무한한 가능성, 신성을 지녔으나 이

출처:프리드리히 프뢰벨(2023). namu.wiki

무한한 가능성이 발휘 하도록 끊임없이 교육되고 보육되어야 할 존재이다

신성은 창조적 활동을 하도록 정해져 있으므로 아동은 자신의 내면을 방해없이 드러낼 수 있는 환경에서 스스로 활동을 찾는 활동적 인간이 되어야 한다. 발달단계에 맞추어 드러나는 정신과 신체의 요구에 따라야 한다. 아동의 신성, 생명활동은 노작을 통해 드러난다. 그러므로 학교교육은 작업과 노작으로 인간의 무한한 가능성이 발휘 되도록 하고 생산을 통해 창조자인 신과 같은 모습을 가지도록 해야 한다.

프뢰벨은 열심히 조용히 육체적으로 지칠 때까지 놀이에 열중하고 있는 아이는 끈기 있게 타인과 자신의 행복을 위해 노력하는 아이가 될 것이라고 아동의 놀이에서 말하고 있다.

유아기는 주위 사람들, 세계와 관계를 맺는 것을 시작하는 단계이며, 자연의 질서를 파악하기 위한 최초의 출발점이다. 유아기의 아이들은 법칙과 질서에 익숙해져야 하며, 모든 것을 정확하게 인지하고 명확하게 표현해야 한다. 교육활동은 언어·노래·동작·구성적 활동으로 구성되며, 교육방법은 '놀이'이다.

프뢰벨은 1839년 유치원을 창설하였다. 유치원을 창설한 이유는 가정교육을 충실하게 하기 위함이다. 아동의 놀이와 작업에 사용한 '은물'이란 블록은 단순한 적목놀잇감으로 보이나 아동이 놀잇감을 가지고 놀이하는 동안에 자기 발전을 이루게 하는 것으로 '은물(恩物)' 즉 신의 선물로 명명하였다.

(3) 오베르랑(Johann Freidrich Oberlin, 1740~1826)

오베르랑은 프랑스 슈트라스부르에서 태어났다. 슈트라스부르(namu wiki, 2022)는 30년 전쟁에서 승리한 프랑스 왕국이 신성 로마 제국으로부터 이 지역을 전리품으로 획득한 이후 프랑스 땅이었다 독일 땅이기를 반복한 프랑스의 도시이다.

오베르랑은 1767년 스타인타르의 목사로 임명되어 돌이 많고 기후가 나빠 주민들의 생활이 빈곤한 스트라스부르 주민들의 생활여건을 향상시키고자 하였다. 목장을 만들고, 감자 재배법을 보급하며 다리와 도로를 정비하고 방적공장을 만들어 산업발전을 도모하였다. 또한 주민들이 지방 사투리를 사용하고 교양이 없어 경제발전과 선교에 걸림돌이 되므로 학교의 설립을 추진하게 되었다. 방임되고 있는 어린 아동들을 7세부터 교육하는 것은 경제적, 사회적, 문화적 발전에 불충분하므로 1769년 사라반제트 편물교사를 초빙하여 유아보호시설을 개설하고 3세부터 6세 교육을 시작하였다.

출처: 스트라스부르 지도(2022). namu.wiki

오베르랑은 방임된 아동은 나태하고 부도덕해지며 지식이 없고 교양이 없으며, 국가 표준어를 사용하지 못하여 자국에서 소외된다고 생각하였다. 이러한 사고를 바탕으로 유럽 최초로 유아시기부터의 교육을 시작하였다. 교육목적은 신앙과 도덕성 함양, 표준 프랑스어 습득, 미래의 노동자 육성이다. 교육내용으로 신앙교육과 덕성교육을 통해 신에 대한 사랑, 어른과 은혜에 대한 감사, 청결, 예절, 선행, 정직을 익히도록 하며, 지식습득과 불명확한 방언 근절을 위한 표준 프랑스어 문자학습, 계산지도, 수공 노동지 육성을 위한 편물, 뜨개질지도 등이다.

출처: 뜨개질과 편물기계(2022). pixabay.com

(3) 오웬(Robert Owen, 1771~1858)

오웬은 1771년 영국의 중부 웨일즈 뉴타운에서 출생하였으며 20세에 공원 500명을 거느린 공장 경영주이다. 1800년에 뉴라나크에 진출하여 노동자 관리와 노동자 교육 등에 힘써 대기업을 이루었다. 1816년에 공장촌에 '성격형성학원'을 세우고 빈곤과 범죄가 없는 사회, 안정된 즐거운 생활이 가능한 사회를 목표로 하였다.

오웬은 인간은 원래 착하게 태어나는데 환경이 나쁘다 보니 악하게 되어 버렸다고 믿었다. 오웬은 공장 경영상태를 개선하기 위해 노동자의 정신상태와 생활습관을 바꾸어야 하며 그를 위해 노동자의 복지를 획기적으로 바꾸었다. 근무환경, 복지후생제도 등을 만들어 노동자들이 더 열심히 일해 이익을 더 많이 내는 경영 성과를 이루었다.

아동의 품성교육을 위해 노동 시작 연령을 6살에서 12세로 올리고 노동시간을 6시간 이내로 제한하였으며, 일과를 마치고는 학교로 보내 교육을 받게 했다. 성격형성학

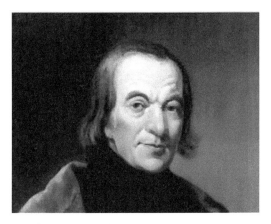

출처: 로버트 오웬(2022). ko.wikipedia.org

원에서는 1 ～ 3세, 4 ～ 5세, 6 ～ 10세의 교육과 11~20세를 위한 야간 정시제 교육이 이루어졌다.

　오웬의 유명한 저서 『신사회관(사회에 관한 새로운 의견, A New View of Society)』에는 '아이들에게 매일 운동을 하게 해야 하고, 중요한 과학 과목, 가정경제, 농업, 공업, 상업을 비롯한 다른 산업에 대한 기본적인 지식을 가르쳐 나중에 아이들이 택하게 될 직업에 대한 기본적인 지식을 습득하게 했다.', '읽고 쓰고 셈하는 것과 문법, 그림을 가르쳐야 한다.', '아이가 걷기 시작하자마자 유아원으로 보내져야 한다. 인간의 행복은 주로 자신의 감정, 품성, 그리고 주위 환경에 의해 정해진다. 유아일 때 이런 좋은 환경이 주어져야 좋은 감정과 품성을 가지게 된다.'라고 했다.

　오웬은 '행복'을 인간의 궁극적 목표로 삼았다. 아동이 건강한 신체를 지니고 자발적으로 집단 속에서 다른 사람들과 행복하게 살아갈 수 있는 인간이 되기를 바랐으며, 인간의 성격은 개선될 수 있을 것으로 믿었다.

　오웬은 페스탈로찌의 계승자로 페스탈로찌의 사상 중 환경이 인간을 만들고, 동시에 인간이 자신의 의지에 따라 환경을 통제하는 힘을 가지고 있다는 신념을 이어나갔다.

2) 동양의 근대 아동관

(1) 정약용(1762~1836)

정약용은 영조 38년 1762년에 경기도 광주에서 태어났으며, 18년 동안의 귀양살이를 끝내고 고향으로 돌아왔으며 1836년에 세상을 떠났다. 조선 후기의 문신이자 유학자로 실학자의 대표격 인물로 알려져 있다. 당시는 정조시대로 정조는 외래문화를 수용하는 태도를 보여 소장 학자들은 중국에서 수입한 서학, 특히 수학, 천문학 등 새로운 과학지식을 접할 수 있었다. 정약용은 천문학, 수학, 지도, 시계, 망원경, 서양풍속기 등 서적과 과학기구를 읽으며 지식을 쌓았다.

인간이 동물과 구별되는 것은 인륜을 가진 것에만 있지 않고 기술을 소유하고 발전시켜나갈 수 있음에 있다고 하였다. 정약용 학문의 목적은 목자(牧子)를 기르는 것이다. 공자는 군자, 맹자는 현자를 키우려 하였으나 정약용은 목자를 목적으로 한다. 목자는 군자나 현자와 달리 도(道)보다는 실천적 행위를 강조하였다. 목자는 엘리트 혹은 지도자로 육경사서(六經四書)와 더불어 한국의 역사, 지리, 문헌으로 이용후생(利用厚生), 경세택민(經世澤民) 실용에 보탬이 되는 내용을 학습한다.

정약용은 『아학편(兒學編)』을 저술하여 어린시절부터 자연개념, 시간개념, 방위개념, 인륜, 천륜, 감각, 인물, 등을 분류하여 이해시키려 한다. 감각을 통한 관찰할 수 있는

출처: 정약용(2022). namu.wiki

방법으로 사물개념을 학습시키고, 눈, 코, 입 등 신체, 구체적 존재를 먼저 부각한 후 인(仁), 의(意), 예(禮), 지(智), 인(人), 물(物), 성(性), 정(情) 등 정신적 덕목을 학습시킨다.

교사는 교육 활동뿐 아니라 학교관리 즉 재원(財源)확보, 건물관리 및 서적수집, 도서관 운영 등도 할 수 있어야 한다고 하였다.

(2) 요시다 쇼인(1830~1836)

요시다 쇼인은 일본 조슈 번(현 야마구치현) 하기 출신의 무사, 사상가, 교육자이다. '쇼인'은 그의 호이고, 본명(諱)은 '노리가타'(矩方, 구방), 통칭은 '토라지로'(寅次郎)이다. 메이지 유신의 중추적 인물이며 오늘날 아베 신조를 비롯한 일본 우익 진영에서 그를 사상적 지주로 삼고 있다. 쇼인의 사상을 알면 일본의 현재를 이해하는데 조금의 실마리를 찾을 수 있을 것이다.

쇼인이 살던 시대는 막부체제가 종말에 이르고, 서구문물과 세력이 밀려들어 미국의 함선이 강제 통상조약을 요구하고, 러시아의 군함이 나가사끼에서 국교를 요구하던 때였다.

쇼인의 교육사상은 국가를 상징하는 군(君)에 대한 신(臣)의 도리를 아는 것으로 천황에 대한 충성이 핵심이다. 그의 교육적 신념은 세 가지로 요약할 수 있다. 첫째, 모든 인간을 경애의 대상으로 본다. 둘째, 기개이다. 플라톤의 용기와 같은 개념이다. 셋째, 개성교육이다.

첫째, 모든 인간을 경애의 대상으로 보는 만민평등 사상이다. 쇼인은 문하생이나 죄수까지도 인간 존중의 마음으로 대했다. 단 군(君)은 제외한 평등사상이다. 신분 차이가 엄격한 봉건사회 제도하에 살았던 쇼인에 있어서 군(君)은 인간의 영역이 아니다.

둘째, 기개(氣槪)이다. 기개는 이성과 욕망의 중간에 위치하며 사람을 살아가게 하는 원동력이다. 나라를 수호하는 수호자, 치안을 유지하는 경찰의 역할을 한다. 사회의 도덕과 규범을 준수하고 이를 위해 죽음도 불사하는 용기, 희생정신을 요구한다. 명예로움이며 인간의 자존심으로 파악한다.

셋째, 개성교육이다. 쇼인의 개성교육은 일반적 개념인 개성교육과 그 내용이 다르다. 쇼인은 개인을 전체를 위한 한 단위로 생각한다. 개성은 타고난 자질인데 학습을 통해 가치적 개성 즉 사회적 가치로 동화시켜 서로 충돌하지 않도록 하는 것이 교육이다. 즉

출처: 요시다 쇼인(2022). namu. wiki.

용어는 개성이나 개성이 인정되지 않는다는 것으로 이해된다. 개별적 특성은 사회에서 인정되는 범위 안에서만 존재하는 것으로 국가나 사회가 필요시 발휘되는 것으로 해석할 수 있다. 개성교육이라기 보다 사회성 전체주의 교육이라 할 수 있다.

쇼인의 생사관은 그의 사상을 이해하는 데 도움이 된다. 쇼인 사상에 있어서 생과 사는 두 개의 개념이 아니다. 삶의 시작과 끝으로 연결되는 하나의 개념이다. 죽음은 육체의 소멸일 뿐 어떻게 죽느냐에 따라 정신의 불멸성이 된다. 죽음은 새로운 생명이라는 개념으로 수많은 추종자를 불러들이고 메이지유신 과업을 성공적으로 이끌었다. 현재도 일본을 지배하는 주된 사상이다.

아동관과 교육은 사회 전반을 이끄는 주된 사상의 영향을 받는다. 따라서 쇼인의 아동관은 천황에 충성하는 공동체의 한 단위로 아동이다. 개인의 개성이 집단적 가치와 상충하지 않으면 틀안에서 벗어나지 않도록 교육하는 것이 교육의 역할이다. 쇼인의 교수방법은 천황을 제외한 만민평등으로 겸손함과 진지함을 가지고 문하생을 대하는 것이다. 교육에 있어서 중요한 것은 환경이 아니라 스승이다. 스승의 사상과 문하생을 자애롭게 대하는 태도이다. 천황을 위해 공동체 모든 사람을 하나로 묶는 장치로서의 교육관이라 할 수 있다.

5. 현대의 아동관

현대의 아동관은 프로이트(Freud, Sigmund), 듀이(John Dewey), 피아제(Jean Piaget), 몬테소리(Maria Tecla Artemisia Montessori), 러시아의 크루프스카야(Nadezhda Konstantinovna Krupskaya), 마카렌코(Makarenko, Anton Semyonovich), 피바디(Elizabeth Palmer Peabody), 비고츠키(Lev Semenovich Vygotsky)를 중심으로 현대의 아동관을 살펴보고자 한다.

(1) 프로이트(Freud, Sigmund, 1856년~1939)

프로이트는 오스트리아의 생리학자, 정신병리학자이며 정신분석의 창시자이다. 체코의 유태계 가정에서 출생했으며, 유년 시절 빈으로 이주하여 오스트리아 국적을 가지고 있다

인간은 정신과 육체로 존재한다. 프로이트는 이 둘은 서로 독립적으로 존재하며(정신물리적 병행론), 의식의 심층에 있는 특수한 심적인 힘이 심적 과정을 지배하고 있다고 보고 있다. 이런 새로운 주장으로 정신분석 이론을 만들어 냈다.

프로이트는 인간을 성악설의 관점에서 이해한다. 개인의 삶은 갈등과 충동의 투쟁사로 무의식적 자아와 사회적 자아간의 끊임없는 투쟁으로 이루어져 있다. 프로이트의 본능적 충동은 성적 충동과 공격적 충동이다. 이러한 인간의 비이성적 개념으로 당대 학자들로부터 무시를 받았다.

아동이 자라 성인이 되기까지 몇 가지 발달단계를 거쳐 인간으로 성장해 간다. 생후 첫 몇 달 동안 아동의 발달은 구강에 집중되어 있어 적절한 수유방식과 이유방식이 중요하다. 어머니와의 정서적 유대가 이루어진다. 만2세경에 이루어지는 두 번째 발달단계는 항문기이다. 이 시기의 과제는 안정적인 대소변 훈련이다. 이 시기에 엄격한 훈련을 통한 억압의 경험은 후일 행동에 영향을 미칠 수 있다고 프로이트는 주장한다. 3세에서 6세경에 이루어지는 세 번째 발달단계는 남근기로 이 시기의 과제는 성적 콤플렉스를 안정적으로 인정하는 것이다. 이러한 프로이트의 견해는 아동기의 중요성에 대한 관심을 불러일으켰으며, 아동의 양육에 관한 태도에 경각심을 주게 되었다.

출처: 프로이트(2022). terms.naver.com

(2) 듀이(John Dewey, 1859~1952)

듀이는 1859년 미국의 버몬트에서 태어났다. 듀이가 태어난 시대는 남북전쟁 이후 미국의 자본주의가 크게 발달하는 시기였다. 듀이는 다윈의 진화론과 콩트의 실증주의를 배우고 제임스와 미드의 영향으로 독일의 관념론을 벗어나 실용주의 철학을 정립하였다. 실용주의는 미국의 자본주의 성장배경과 어우러진 미국의 주류 철학으로 찰스 퍼스에 의해 창시되어 듀이에 의해 체계적으로 발전되었다.

출처: 존 듀이(2022). ko.wikipedia.org.

당시의 학교는 교사와 교과서 중심으로 교사가 외부에서 정립한 교육목표와 교육과정에 아동이 속박되어 있었다. 듀이는 학교의 임무를 아동중심으로 전환해야 할 것으로 생각하여 1896년 시카고대학에 'Dewey School'을 세워 관념적인 학교가 아니라 현실을 반영하는 실험을 하고자 하였다. 듀이는 철학도 문제를 해결하는 도구로써 역할을 해야 한다고 주장하고 있다. 진리도 인간이 추구하는 목적이 아니라 수단으로 봉사의 도구이다. 도구의 지식은 현실성과 가능성을 가지고 성장의 방향으로 이끌어야 하며, 교육은 환경과 상호작용하며 지속적으로 발전하도록 지원하는 것이다.

실험학교는 4~14세까지의 아동 16명과 2명의 교사로 시작하였다. 1898년 가을에는 82명의 아동이 참가하였고 한 학급당 각 교사가 8~10명 아동을 담당하였다. 실험학교는 당시 학교 교육과정과 다른 점이 없었으며 단지 학급당 학생수가 적었을 뿐이다. 다만 학습지도방법에서 억지로 암기나 해석을 하지 않고 재미있게 읽기, 쓰기, 셈하기를 하도록 지도하였다. 아동 스스로가 필요성을 느낄 수 있도록 한 것이다.

그 당시 유치원은 프뢰벨 은물중심의 상징주의를 강조하고, 초등학교는 교과서 중심의 주지주의를 채택하여 서로 간의 연계가 없었다. 듀이는 유치원을 초등학교의 기초과정으로 보며, 생활중심, 아동중심, 경험중심의 새로운 형태의 유치원을 주장하였다.

유치원 교육은 현실생활의 실제를 반영해야 생동감이 있으며 덕육과 사회성 훈련에 중점을 두어야 한다. 교재는 아동의 생활 속에서 일어나는 일을 반영하여 유동적으로 바꿀 수 있으며 배우는 것과 행하는 것이 하나가 되어, 활동을 통해 경험을 넓히고 반드시 익혀야 할 것은 반복하여 습득해야 한다. 유아의 흥미를 존중하여 내면에서 요구하는 힘을 발휘할 수 있게 자유로운 활동을 허용하는 것이 필요하다. 놀이로 표현되는 자유활동은 현실의 사물을 자연스럽게 직접적으로 사용하며 목재, 금속, 가죽, 실 등 다양한 제공과 구체적 작업을 통해 아동이 자신의 작업을 판단하고 스스로 개선하도록 인도한다. 아동의 활동이 자유롭게 이루어지도록 가능한 넓고 다양한 공간을 제공해야 한다.

(3) 피아제(Jean Piaget, 1896년~1980)

장 피아제는 스위스의 철학자, 자연과학자이며 발달심리학자이다. 자연현상에 많은 관심을 가지고 있었으며 1918년 뇌샤텔대학에서 연체동물에 관한 논문으로 박사학위를 받았다. 프로이트와 융의 이론을 접하고 심리학의 필요성을 느껴 파리의 소르본느에서 임상심리학, 논리학, 인식론, 과학철학을 공부하였다.

1920년에 파리의 비네연구소에서 영국의 심리학자 버트의 추리력 검사지 표준화 제작에 참여하여 아동의 사고과정이 성인과 다름을 인식하였다. 아동은 성인과는 다르게 사물현상을 파악하고 있었는데 성인에게는 없는 물활론적 사고와 자기중심성 사고체계를 지니고 있음을 알게 되었다. 이로 인해 피아제는 당시 주류였던 측정심리학과 다른 발생적 인식론을 주창하게 되있으며, 아동의 학습에 대한 인지발달이론과 "발생적 인식론" 으로 잘 알려지게 되었다. 피아제는 생물학, 논리학, 심리학, 철학과 인식론 등을 넘나들며 방대한 학문을 통합하여 독창적인 학문영역인 발생적 인식론을 창출하고, 1956년에 록펠러재단의 후원으로 '발생학적 인식론 연구소'를 창설하였다.

피아제는 인간은 자신의 인지구조와 주어진 환경과 끊임없이 상호작용하며 지능을 조직, 발전해 간다고 보고 있다. 성인과 아동 모두 '이해의 틀' 즉 도식(schema)을 형성하며 살아가며. 도식은 유전적으로 타고나는 것이 아니라 주어진 환경과 접촉해가며 반복적으로 얻어가는 경험에 의해 형성된다. 아동의 사고과정은 네 단계의 순서를 통해 성숙되어 간다. 아동의 사고과정은 일정한 순서로 발달하고, 문화나 학습과 관련없이 순서 단계를 거쳐 발달한다. 발달의 네 단계는 순서에 역행되거나 뛰어넘을 수 없다.

출처: 장 피아제(2022), ko.wikipedia.org.

발달의 네 단계는 감각운동기(0~2세), 전조작기(2~7세), 구체적조작기(7~11세), 형식적 조작기(11세~성인)로 진행된다. 연령은 단지 발달단계를 이해하는 보조 수단이며 범주보다 빠르거나 느릴 수 있다.

피아제는 아동은 나름의 본성과 구조를 지니고, 그 개인의 개성적 성숙으로 사회를 발전시킨다고 주장한다. 인간의 발달은 논리적이며, 생물학적 구조의 법칙에 따라 이루어지기 때문에 이를 무시하고 기존 사회환경에 맹목적으로 적응케하는 것은 불가능하다. 교육자는 복종이나 맹신이 아니라 자율과 협동성이 보장되는 분위기에서 아동의 능력이 창출되도록 교육해야 한다. 아동은 지적이고 창의적인 존재로 기존의 규칙을 단순히 복사하지 않고, 능동적으로 옳고 그름을 따져 나름의 새로운 지식이나 규칙을 구성해 낸다.

(3) 몬테소리(Maria Tecla Artemisia Montessori,1870~1952)

마리아 테클라 아르테미시아 몬테소리는 이탈리아의 교육학자이자 의사로 몬테소리 교육법을 개발하였다. 인간의 생명을 깊이 이해하기 위해서 여러 학문영역에서 학자들의 사상을 받아들여 독특한 과학적 교육사상을 체계화하였다. 과학적 교육사상은 관찰과 측정을 강조하는 것이다. 인간의 행동은 생리적 자극이나 욕구에 의해 동기화되므로

출처: 마리아 몬테소리(2022). .ko.wikipedia.org.

교육에 있어서 생리적, 심리적 분석은 중요하다.

몬테소리는 인간은 왕성한 생명력을 지닌 존재로 태어날 때부터 창조적 활동을 추구하는 잠재력을 가지고 있다고 주장한다. 따라서 아동은 내면에서 강력하게 작용하는 생명의 충동에 의해 끊임없이 스스로 행동하고 창조해간다. 몬테소리 당대에는 아동을 게으르고 무능하며 텅빈 그릇과 같은 존재로 보며 늘 성인이 본보기를 보여야 한다고 여겼으나 몬테소리는 세밀한 과학적 관찰을 통해 아동이 출생부터 내적 생명력을 가시고 스스로 성장하는 힘을 가진 무한한 가능성의 존재로서의 '새로운 아동'을 발견하였다.

아동의 내면적 성장을 돕는 생리적 동력에는 '민감기'와 '흡수정신'이 있다. '민감기'는 특정한 시기에 발현되는 강력한 활동에너지로 아동은 이 시기에 세상의 모든 것을 쉽게 학습하며, 모든 것에 쉽게 적응한다. 4세 아동이 미적분을 쉽게 풀어내 천재로 여겨지는 경우가 이 시기에 해당한다. '흡수정신' 또한 지력활성화 장치로 모든 것을 판단하지도 별다른 반응을 보이지도 않으면서 무엇이든 흡수하여 아동의 성장발달을 돕고, 인격을 형성해 나가게 한다. 태어나서 얼마되지않은 시간 동안에 수많은 소리 중에서 모국어에 반응하고 상황에 맞는 언어로 답하며, 수많은 여성 중에서 어머니를 분별해 낼 수 있는 기적의 연출은 태생적으로 지니고 있는 지적, 창조적, 활동적 에너지에서 비롯된 것이다. 따라서 교육은 아동의 내재된 천부적 가능성을 왜곡됨 없이 충분히 발휘될 수 있도록 도와, 질서안에서 스스로 선택하고, 실행하는 독립적 인격체가 되도록 지원하는 것이다.

성인은 최소한의 노력과 최대한의 시간절약이 효과적인 교육의 법칙으로 생각하나 아동은 합목적성을 추구하지 않으며 활동 그 자체를 목적으로 본다. 그러므로 아동은 천성이 자연스럽게 발달하도록 적합한 환경을 제공해야 한다.

몬테소리는 아동의 독립성을 신장하기 위해 물리적 환경을 마련하였다. 어린이 스스로 정리정돈할 수 있는 크기와 무게로 어린이집 책상과 세면대, 가구와 놀잇감을 제작하였다. 4세 아동 두 명이 쉽게 이동할 수 있도록 가볍게 만든 다양한 형태의 책상과 의자, 3,4세아용 세면대, 칫솔, 타월, 가구와 놀잇감이 그것이다. 심미감과 평안함을 위해 성모자상 그림을 걸어놓고, 청소하기, 손씻기, 코풀기 등 일상에서 스스로의 건강을 돌보고 먼지나 빵부스러기 등을 스스로 판단하여 쓸어내게 가르쳤다.

교구, 교재는 아동심리학을 기초로 제작하여 아동의 흥미를 이끄는 아름다운 색상과 모양을 지향한다. 밝은 색과 얼룩이 생기면 지울 수 있는 광택소재, 가벼워 혼자서도 활동, 이동이 쉬우며, 쉽게 뒤집거나 끌면 소리가 나는 형태를 띤다. 교구, 교재는 단순한 놀잇감이 아닌 교구, 교재인 만큼 교육목적에 맞는 사용법을 학습하고, 자유시간에 흥미있는 교구와 교재를 선택하여 좋아하는 장소에서 시간을 가지고 마음껏 조작해보게 한다.

몬테소리는 아동의 신체의 본능과 정신의 발달이 조화롭게 되며, 아동의 의지에 따라 스스로 놀이와 놀잇감, 활동을 선택하여 집중할 수 있기를 희망하였다.

(5) 크루프스카야(Nadezhda Konstantinovna Krupskaya, 1869~1939)

나데즈다 콘스탄티노브나 크룹스카야(Надéжда Константи́новна Кру́пская)는 러시아 제국의 여성 교육학자이며 소비에트 사회주의 공화국 연방의 교육학자 겸 정치가이자 저술가이고 블라디미르 레닌의 부인이다. 1939년 2월 27일, 소비에트 연방 모스크바주 모스크바에서 70세로 사망하였다.

크루프스카야는 당대의 '주입식 학교'의 교육에서 낮은 점수, 시험이 실패 등으로 아동을 억압하는 주지주의 교육을 비판하며 아동의 모든 재능과 잠재력을 키워주는 교육에 대해 생각하기 시작하였다. 학교는 무엇이어야 하는가? 아동의 마음 속에는 사회적 본능이 있으므로 각 연령의 특성을 반영하여 사회주의 집단교육을 해야한다고 주장하며 아동교육의 목적이 사회주의 건설을 위한 '주체적 인간 육성'이라고 말한다. 현재 소

출처: 나데즈다 크룹스카야(2022). namu.wiki.

련의 교육적 근본을 마련한 사상가이다. 집단교육, 주체적, 비판적 교육 등 사회주의 사상이 배경에 있다.

아동교육의 교수방법은 아동의 생각과 발달 정도를 존중하여 배려해야 하고, 개성도 중요하지만 주위 사람들과 함께하는 활동을 통해 서로 모방하며 넓은 사회로 확대시켜야 한다고 하였다. 아동은 스스로 자신을 돌보고, 아동용 도구를 사용할 수 있어야 하며, 사물을 나눌 수 있어야 한다. 건강을 위하여 운동과 휴식, 낮잠, 복장에 대한 지침을 마련하였다.

(6) 마카렌코(Makarenko, Anton Semyonovich, 1888년~1939년)

안톤 세묘노비치 마카렌코는 우크라이나의 교육자이다. 듀이가 자본주의 자유진영에서 20세기를 대표하는 학자였다면 마카렌코는 구소련의 사회주의 이념을 완성하는데 중추적으로 기여한 사회주의 교육사상가이다. 크루프스카야와 마찬가지로 교육을 인간을 위한 훈육과정으로 보는 것이 아니라 이념이나 정치적 목적을 위한 것으로 보고 있다. 개인의 운명은 집단의 운명에서 벗어날 수 없으므로 개인의 능력은 집단을 최선의 상태로 만드는데 사용되어야 한다고 주장한다.

마카렌코는 교육의 주된 기초는 5세까지 이루어지며, 이 때의 교육적 효과는 90%에 이른다고 하여 유아교육의 중요성을 강조하고 있다.

출처: 마카렌코(2022). ko. wikipedia. org.

마카렌코는 가정교육에 관심을 두고 문제 아동 뒤에는 문제 가정이 있음을 언급하였다. 가정도 사회의 한 집단이므로 집단생활을 잘하는 아동으로 성장시키도록 이기주의를 경계하는 교육을 강조하고 있다. 사회주의 집단교육 중심이다.

아동은 어린시기부터 노동활동에 참가시켜야 하며, 규범과 규칙을 강조하여 질서정연한 가운데 생활리듬을 체득하고, 사회의 아이로 성장해야 한다. 집안일을 돕고, 스스로 역량을 발휘하여 일을 완수하게 하는 것이 중요하다. 놀이의 목적은 일에 필요한 신체적, 심리적 역량을 습득케하는 것이므로, 놀이를 서서히 노동으로 이행시켜 나가야 한다.

아동의 놀이에는 발전단계가 있다. 1단계는 5~6세까지의 놀이로 실내놀이, 놀이기 시기이다. 이 시기의 아동은 혼자놀이를 좋아하므로 혼자 놀이할 자유를 많이 주어야 한다. 억지로 친구와 놀게하면 공격성과 이기심을 키우게 된다. 혼자놀이는 서서히 그룹놀이로 이행해 간다. 이 시기에 부모와 교사는 연상의 또래와 그룹을 구성하여 자연스럽게 집단놀이에 합류되도록 한다. 혼자서 잘 노는 아동이 상상력, 구성능력 등 창의력 역량이 더 높다. 놀이의 2단계는 11~12세로 아동의 놀이는 가정에서 학교와 지역사회로 확대된다. 규율이나 엄격한 통제는 없지만 부모와 교사의 지도가 필요하다. 놀이의 3단계인 13세 이후는 놀이집단이 아니라 학습집단, 작업 집단의 성격을 지니게 된다. 집단적 규율이 필요한 조직적 놀이이다.

놀이 1단계에 필요한 것은 놀잇감이다. 놀잇감은 세 가지 유형으로 나눌 수 있다. 첫째 유형은 완성품 놀잇감이다. 자동차, 배 등이 있다. 두 번째 유형은 절반은 완성되어 있고 나머지는 아동이 완성시켜야 하는 유형이다. 조립식 완구, 분해 조립 모형 등이다. 세 번째 유형은 재료의 놀잇감이다. 점토, 모래, 두꺼운 종이, 나무, 철사 등이다(정금자, 2001). 완성된 놀잇감은 비행기 등 완성된 형태를 통해 비행기에 대한 정보를 주며, 절반 완성된 형태는 완성되지 않은 부분을 스스로 완성해 가는 경험을 갖게 한다. 모래 등 재료의 놀잇감은 알고 있는 정보를 종합하여 다양한 형태를 창출하는 창의성을 발휘할 수 있게 한다.

부모가 아동을 지도함에 있어서 현명치 못한 성인은 아동에게 베풀기만 하여 버릇을 나쁘게 들게 하며, 혹은 화를 내거나 고함을 치는 억압적 방법을 사용한다. 가장 부도덕한 방법은 선물이나 손쉬운 약속을 사용하는 매수에 의한 권위, 아동을 소유물로 여겨 부모의 의사를 따르지 않으면 '아버지를 좋아하지 않는다'며 야단치는 경우이다.

일정한 시간에의 기상과 취침, 정리정돈과 청결, 정해진 식사자리, 정해진 시간의 식사, 목적에 맞는 운동습관과 필요에 따른 정지와 절제로 집단사회의 규율을 형성시켜야 한다. 규칙과 규율에 있어서 가장 중요한 것은 일관성이다. 공동체 속에서 상호존중과 애정, 올바른 규율을 형성시킨다.

마카렌코는 1920년 폴타바 주 국민교육부로부터 법률을 위반한 미성년 부랑아들을 위한 아동 노동 시설을 조직하는 일을 위임받아 8년간 새로운 사회주의적 인간을 양성하는 교육 실천에 골두하였다. 비행소년의 재교육을 위해 기존의 교육학을 연구하였으나 적합한 방법을 찾지못해 독자적인 교육 방법론을 모색하였으며 탁월한 업적을 인정받았다.

(7) 피바디(Elizabeth Palmer Peabody, 1804~1894)

피바디는 미국의 여류 지식인으로 프뢰벨의 『인간의 교육』을 읽고 1860년 보스톤의 핑크니가(Pinlcney Street)에 미국 최초의 영어유치원을 개설하였다. 미국은 1856년 위스콘신주 워터 타운에 칼 슐츠(Carl Schurz)가 미국에 이민온 독일계 아동을 위해 세운 독일어 유치원은 있었으나 주목을 받지못하고 있었다. 피바디는 프뢰벨주의 유치원을 실천하고 1873년에 유치원교사를 위한 『킨더가튼 메신저』를 미국 최초로 발행하였다.

피바디는 아동은 도덕적 존재이며 본성이 선하므로 어머니나 교사는 아동의 기질을 잘 보존하면서 아동의 의지에 따라 활동할 수 있도록 온화함과 다정함으로 인도해야 한

출처: Elizabeth Peabody(2023). en.wikipedia.org

다고 믿었다.아동은 사회적 존재이므로 사회안에서 본능을 펼칠 수 있다. 3세가 되면 동료집단이 필요하며 그 안에서 사회질서를 익히고 신체의 본능과 정신의 발달이 조화롭게 이루어지도록 계획된 지도가 필요하다.

(8) 비고츠키(Lev Semenovich Vygotsky, 1896년~1934년)

레프 세묘노비치 비고츠키는 인지심리학자로, 벨라루스 출신이다. 10년 정도의 짧은 연구 활동 기간 동안, 발달 심리학 분야를 시작으로 폭넓은 분야에서 수많은 실험적·이론적 연구를 하였다.

비고츠키는『고등정신기능의 발달사』,『학령기의 인지발달과 수업의 문제』,『사고와 언어』등 많은 저서를 남겼으며 1980년대부터 미국의 심리학계에서 주목을 받았다.

아동은 사회적 경험과 성인의 영향으로 발달해 가는 존재로 스스로 자신의 세계를 발견해간다는 서구의 입장과는 다른 견해를 보였다. 아동의 교육에 교사와 성인, 사회문화적 환경이 큰 영향을 미친다. 아동의 발달은 어느 한 지점이 아니라 연속적 성숙으로 혼자서 수행할 수 있는 현재의 발달 수준과 주변의 또래나 성인의 도움으로 한 단계 오를 수 있는 잠재적 발달가능영역을 가지고 있다. '근접발달지역'으로 명명된 주변의 도움으로 이룩될 수 있는 발달수준으로 아동은 보다 높은 고등정신에 이를 수 있다.

출처: 레프 비고츠키(2022). ko.wikipedia.org.

비고츠키의 아동관은 아동 혼자보다 주변 사회 속의 도움으로 더 큰 발달을 이룰 수 있는 존재이다. 아동은 아동 자신과 더불어 교사나 부모, 또래나 주변 성인 등 사회의 영향 즉 당대 사회문화 환경에 의해 형성된다. 아동의 교육에 아동 자신의 자질과 더불어 주변 성인과 또래, 사회문화의 영향을 유념해야 한다. 아동은 사회의 구성원이며 사회 속에서 성장한다.

Ⅱ. 교사론

이 장에서는 루소, 프뢰벨, 피바디, 피아제, 몬테소리가 말하는 교사에 대한 견해에 대해 살펴보고자 한다.

1. 루소의 교사론

루소는 최고의 교사는 아버지와 어머니라고 말한다. 아버지는 애정과 분별력을 가지고 인류의 한 구성원으로서의 인간을 키우는 의무, 사회의 올바른 사회인, 국가의 시민으로 키우는 의무를 지닌다. 어머니는 모유를 먹이며 따뜻한 가슴으로 키워주는 일을 담당한다. 프랑스어 에듀카시옹(education)은 고대의 '수유(授乳)의 의미'를 지닌다. 가정교육을 중요하게 생각하여 당시 상류층에서 자녀를 유모에게 맡기는 풍조를 매우 비판하였다. 생기 넘치는 가정은 아동의 결함을 치유하고, 건강한 사회인으로 성숙시킨다.

아동의 교육은 아동의 발달단계에 맞추어 진행되어야 한다. 발달의 각 단계의 완성으로 아동의 잠재력이 발휘되도록 환경을 마련해주는데 중점을 두어야 한다. 신체는 정신의 명령을 따르기 위해 강건해야 한다. 맑은 공기와 갓난 아기때부터의 목욕은 아동을 건강하게 한다. 목욕은 청결뿐 아니라 근육을 유연하게 하여 추위에도 더위에도 적절히 대응하게 하는 효과적인 양생법이다. 의복은 풍성하여 손발이 자유롭게 하여야 하며, 기

후나 다양한 변화, 굶주림이나 갈증, 피로에도 대처하도록 신체를 단련해야 한다. 이것
이 자연의 법칙이다.

2. 프뢰벨의 교사론

프뢰벨 교육의 목적은 신이 주신 신성(神聖) 즉 아동의 내적 본성을 발현토록 하는 것
이다. 인간의 본성은 일정한 방향을 가지고 의도적인 목표와 목적을 가지고 나아가므로
교사는 자연스러운 환경을 조성하여 인간 내부를 끌어내도록 도와야 한다. 인간생활에
지혜롭게 적응하도록 발달에 맞는 훈련을 시켜주어야 한다. 종교교육을 통해 전능하신
신의 아이로서 신이 합당하게 여길 행동과 생활을 하도록 해야 한다. 현실에 존재하는
모든 사물은 내재된 절대적 중심과 통일체를 위한 재결합 능력을 지니고 있으므로 외면
상 나타나는 사물의 현상으로부터 본질과 아동간의 관계를 알기 위하여 사물의 근거를
알아야 하므로 자연과학과 수학교육이 필요하다.

3. 피바디의 교사론

좋은 유치원교사는 초등학교 교사가 될 수 있지만 그 반대는 되지 않는다.
유치원 교사는 풍부한 교양과 높은 자질요구, 초등학교 교사양성 커리큘럼보다 더 높
은 수준 요구, 유치원 교사는 예술적, 지적 제 능력과 도덕성에 있어서 신과함께 일하는
것이라고 서술하였다. 유치원의 발전을 위해서는 수준높은 유치원교사의 양성이 우선
이다. 피바디는 보스톤 유치원 개설과 함께 유치원교사 양성학급을 설치하였다. 미국 최
초의 보모 양성기관이다.

4. 피아제의 교사론

교사는 아동의 인지력을 인식하고 적정수준의 인지적 갈등을 유발시켜 새롭고 도전

적인 학습경험을 제공해주어야 한다. 아동의 활동을 잘 관찰하여 학습자의 개별적 발달 단계를 진단하고 놀이활동이 원활하도록 적절한 응답을 주어야 한다. 시범을 보이기나, 참여자의 한 사람으로 아이디어를 보태거나, 단순히 필요한 교재나 자료를 제공해 줄 수 있다. 지식의 종류에 따라 적절히 필요한 지원을 해준다.

지식에는 물리적 지식, 논리·수학적 지식, 사회적 지식이 있다. 물리적 지식유형은 물의 속성이나 자석의 속성 등을 알기 위한 활동으로 물속에서 사물이 굴절된다거나 물속에서도 자석의 자력은 작동된다는 등을 알기위해 교사의 개입보다 스스로 놀이하면서 알아갈 수 있도록 시간과 장소, 재료를 제공한다. 논리·수학적 지식은 '좁은 유리병 속에 삶은 달걀넣기' 같은 유형으로 교사가 '공기흐름'의 원리를 알려주고 재료를 제공하여 문제를 해결하도록 하여 원리를 이해하게 하는 지식유형이다. 사회적 지식은 상황에 따른 인사유형같은 것으로 선생님에게는 '안녕하세요' 또래 친구들에게는 '안녕' 등 인사말이나 다른 나라의 인사행동 즉 악수, 절 등 상황에 맞는 행동유형으로 교사가 가르치고 아동이 그대로 따라야 하는 지식유형이다. 지식의 유형에 따라 유아놀이중심, 교사주도형 교수방법이 적용된다. 따라서 피아제는 교사도 의사처럼 고도의 높은 교육과 훈련을 쌓아야 한다고 주장하였다.

피아제는 유치원교사나 초등학교교사는 여러관련 기초과목 이수가 필요하므로 별도의 사범대학이 아니라 일반 종합대학에서 교육을 받아야 하며, 학사학위 후 3년간 교직에 대한 전문직 훈련을 받아야 한다고 주장하였다.

피아제 교육의 주된 목적은 다른 세대가 이룩한 것을 단순 반복하지 않고 새로운 것을 창조하거나 발견해 내는 사람을 키우는 것, 비판하고 검증하는 정신을 키우는 것이다. 그러므로 교사는 아동이 성인사회의 가치관과 진리를 자율적으로 서로 협력하여 검증해 볼 수 있는 분위기를 형성하여 단순한 복종이나 맹신이 아닌 가치와 진리를 갖도록 지원해야 한다.

아동은 창의적 존재이며, 발달의 네 단계를 통해 성숙되어 간다. 교사는 아동의 인지발달 단계를 학습하고, 아동의 인지구조와 발달수준에 맞는 교육 내용을 선정하며, 그 수준에 맞는 교수방법으로 가르쳐야 한다. 발달단계의 알맞은 지적구조를 스스로 진단하고, 효과적인 학습환경을 만들어 일정 지식수준과 도전 가능한 수준을 제안할 수 있어야 한다. 인지적 갈등을 일으켜 아동이 자발적으로 학습에 참여하게 학습자의 내부 지적구조를 확장시켜주어야 한다. 교사는 자신의 생각을 명확하게 말하고, 질문하고, 실험하고, 아이디어를 내며 아동의 흥미를 유발하고 지원해주어야 한다.

피아제가 말하는 교사의 역할을 요약하면 아래와 같다.

첫째, 학습자의 발달단계를 잘 진단해야 한다.

둘째, 아동이 스스로 탐구, 발견활동을 통해 만족스러운 해답을 얻도록 인내심을 가지고 기다려야 한다.

셋째, 지식의 종류에 따라 교수법을 달리하여야 한다.

넷째, 아동이 자신의 아이디어를 발전시키도록 도와주어야 한다. 격려하는 방식은 아동과의 상호작용이다.

5. 몬테소리 교사론

일반적으로 몬테소리 철학에서 교사의 지도가 필요하지 않다는 견해들이 있다. 그러나 몬테소리는 교육에 있어서 교사의 중요성과 필요성을 강조하고 있다. 그러나 몬테소리 교사는 당시의 교사와는 다르다. 교사는 '가르치는' 사람이 아니라 아동이 본래 가지고 있는 태생적 에너지를 '이끌어내는' 사람이다. 자발적 활동을 지원함으로 아동의 성장발달을 돕는 것이다. 몬테소리가 설명하는 교사는 아래와 같다.

'진정한 안내인은 예술작품을 간결하고 명확하게 설명하고, 중요한 것을 관찰하게 하며 여행과정 내내 즐겁고 만족하도록 인도한다'

교사는 아동을 학습으로 인도하는 안내자이며 통역자이고, 아동을 대신해 무엇을 해주는 사람이 아니라 아동 스스로 할 수 있도록 돕는 봉사자이다. 아동이 독립적으로 성장발달하도록 돕는 것이 교사의 목적이다.

교사가 갖추어야 할 자질은 겸손과 애정, 인내와 노력, 통찰력과 관찰력, 감수성이다. 교사는 아동을 이해하려는 준비를 하고 실수가 있는 존재임을 겸손하게 인정하고, 모범을 보이는 완전한 존재라는 생각을 버려야 한다. 진리를 따르려는 노력과 아동과 함께 성장하려는 자세를 갖는다. 지식을 쌓으려고 노력하며, 아동을 올바로 이해하기 위해 통찰력과 감수성이 요구된다. 특히 아동의 활동이 순간순간 이루어지는 교실에서 아동을 이해하기 위한 예민한 관찰력이 중요하다. 관찰을 바탕으로 아동에게 필요한 환경을 조성하기 위해 많은 시간과 노력을 기울여야 한다. 이를 '준비된 환경' 조성이라 부른다.

몬테소리 교사는 몬테소리 교육신념과 이론을 습득하고, 체계회된 실천과 교육방법을 습득해야 한다. 체계화된 교사교육 훈련과성을 거쳐야 하며, 국제적으로 승인되는 교사자격증이 있다.

제3장
표준보육과정과 누리과정

Contents

I. 어린이집과 유치원

본 장에서는 어린이집과 유치원에 대한 법적인 근거, 표준보육과정과 누리과정의 성격, 구성방향, 편성·운영에 대해 알아보고 이에 따른 영·유아의 하루 일과는 어떻게 이루어지고 있는지 살펴본다.

1. 어린이집과 유치원에 대한 법적인 근거

우리나라 어린이집에 대한 법적인 근거는 영유아보육법(법률 제 17209호)에 제시되어 있다.

① 국가나 지방자치 단체가 설치·운영하는 국공립어린이집
② 「사회복지사업법」에 따른 사회복지법인이 설치·운영하는 사회복지법인어린이집
③ 각종 법인(사회복지법인을 제외한 비영리법인) 이나 단체 등이 설치·운영하는 어린이집으로서 대통령령으로 정하는 법인·단체등어린이집
④ 사업주가 사업장의 근로자를 위하여 설치·운영하는 직장어린이집(국가나 지방자치단체의 장이 소속 공무원 및 국가나 지방자치단체의 장과 근로계약을 체결한 자로서 공무원이 아닌 자를 위하여 설치·운영하는 어린이집 포함)
⑤ 개인이 가정이나 그에 준하는 곳에 설치·운영하는 가정어린이집
⑥ 보호자 또는 보호자와 보육 교직원이 영리를 목적으로 하지 않는 조합을 결성하여 설치·운영하는 협동어린이집
⑦ 위의 규정에 해당하지 아니하는 민간어린이집으로 구분

반면, 유치원은 유아교육법(법률 제 17080호)에 제시된 내용을 보면 아래와 같다.

국가가 설립·경영하는 국립유치원, 지방자치단체가 설립·경영하는 공립유치원(설립 주체에 따라 사립유치원과 도립유치원으로 구분), 법인 또는 사인(私人)이 설립·경영하는 사립유치원으로 구분

이러한 어린이집과 유치원은 설립 목적과 정부 관할하는 부처가 서로 다르기 때문에 법적 근거와 설립 기준도 각각 다르다. 이를 구체적으로 살펴보면 다음과 같다..

1) 법적 근거

현재 우리나라의 유아교육 기관은 각각 서로 다른 부처의 관할로 운영되고 있다. 다음은 법적 근거가 다른 어린이집과 유치원의 특성을 관련 법령과 대상 유아, 교육과정, 교사자격 등을 중심으로 비교한 내용이다.

〈표 3-1〉 어린이집과 유치원의 비교

구분		어린이집	유치원
관련 법령		영유아보육법	유아교육법
관할부서 및 운영지침		보건복지부 보육정책관 소속 '보건복지부장관, 시·도지사 및 시·군·구청'의 지도, 감독	교육부 유아교육과 소속 관할 '교육감'의 지도, 감독
인가		보건복지부장관, 시·도지사 및 시장, 군수, 구청장	관할 교육감
운영 주체		국·공립 및 사회복지법인, 비영리법인, 단체, 개인	국·공립, 법인, 단체, 사업자, 개인
교사	자격증	보육교사 자격증	유치원 정교사 자격증
	급여 기준	보건복지부 '어린이집 종사자 보수 기준'에서 '보육교사의 봉급표, 수당표'	교육부 '공무원 보수 규정'의 '유치원·초등학교·중학교·고등학교 교원 등의 봉급표, 수당표'
	직급	원장, 보육교사 1급, 보육교사 2급, 보육교사 3급	원장, 원감, 1급 정교사, 2급 정교사
교육 대상		0~12세(방과후 보육 포함)	만3~5세(취학 전)
대상 계층		모든 계층 대상	모든 계층 대상
교육 내용		3~5세 누리과정 (0~2세의 경우 표준보육과정)	3~5세 누리과정

2) 설립 기준

어린이집과 유치원의 설립 기준을 비교해 보면 같거나 유사한 점이 있으나, 다른 점도 찾아볼 수 있다. 기관 유형, 설립방법, 인가 주체 등은 물론 그밖에 교지, 교사의 기준에 따른 면적, 실외놀이터의 면적 등의 차이가 있음을 구분할 수 있다. 따라서 어린이집과 유치원의 설립 기준을 살펴보면 다음과 같다.

⟨표 3-2⟩ 어린이집·유치원의 설립 기준 비교

구분	어린이집	유치원
1. 유형	국·공립어린이집, 사회복지법인어린이집, 법인·단체등어린이집, 직장어린이집, 가정어린이집, 협동어린이집, 민간어린이집	국·공립유치원 사립유치원
2. 설립 방법	특별자치도지사·시장·군수·구청장의 인가(영유아보육법 제13조)	특별시·광역시·특별자치시·도·특별자치도 교육감의 인가(초·중등교육법 제4조, 초·중등교육법 시행령 제3조)
3. 교지	원칙 없음	교사 및 교지는 당해 학교를 설립·경영하는 자(설립주체)의 소유를 원칙으로 함.(고등학교 이하 각급학교 설립·운영 규정 제7조)
4. 교사	1층 원칙, 예외적으로 2, 3층 인정(영유아보육법 시행규칙 제9조, 별표1)	1.2층 원칙 건물전체 사용 경우 3층까지 사용 가능(유아교육법 시행규칙 제5조 1항, 별표2)
5. 교사기준 면적(실내)	전용면적: 1인당 4.29㎡ 이상 보육실(거실, 포복실 및 유희실 포함): 1인당 2.64㎡ 이상 (영유아보육법 시행규칙 제9조, 별표1)	40명 이하: 5N㎡(N은 전체 원아수) 41명 이상: 80+3N㎡ (고등학교 이하 각급학교 설립·운영 규정 제3조 3항, 별표1)
6. 실외놀이터	정원 50명 이상은 1인당 3.5㎡ 이상의 옥외놀이터 설치를 원칙으로 함(12개월 미만의 영아시설 제외) (영유아보육법 시행규칙 제9조, 별표1)	40명 이하: 160㎡ 41명 이상: 120+N㎡ (고등학교 이하 각급학교 설립·운영 규정 제5조 2항, 별표2)

II. 표준보육과정과 2019 개정 누리과정

1. 표준보육과정

영·유아를 위한 보육사업은 복지증진에 바탕을 두고 2020년 제4차 표준보육과정이 제정되기까지 영·유아와 여성의 복지환경 증진을 위해 발전해 왔다. 보육사업 발전을 위해 진행된 관련 법의 역사를 살펴보면 아동복리법 제정 이전(1921~1960), 아동복리법 제정(1961~1981), 유아교육진흥법 제정(1982~1990), 영유아보육법 제정(1991~현재)으로 나눌 수 있다. 특히 2007년에 공포한 제1차 표준보육과정(2007. 1. 3. 여성가족부 고시)은 2004년 개정된 영유아보육법(2005년 1월30일부터 시행)을 근거로 영·유아를 보육하는 어린이집에서 활용할 수 있는 기준을 마련하였다는데 의의가 있다. 이후 2012년 제2차 표준보육과정, 2013년 제3차 표준보육과정, 2020년 제4차 표준보육과정이 제정되었으며 현재는 제4차 표준보육과정이 보급되어 실시하고 있다. 제4차 어린이집 표준보육과정은 2013년부터 시행된 제3차 표준보육과정과 동일하게 구성되었으며, 0~2세는 보건복지부 관할의 보육과정을 근거하여 운영하고 있고, 3~5세는 보건복지부와 교육부 관할의 3~5세 누리과정을 바탕으로 운영하고 있다. 정리하면 표준보육과정은 0~5세 영유아를 위한 국가수준의 보육과정으로서 0~1세 보육과정, 2세 보육과정, 3~5세 보육과정(누리과정)으로 구성되어 있다.

2007년부터 시행된 표준보육과정의 변천과정을 살펴보면 다음과 같다.

〈표 3-3〉 표준보육과정의 변천

구분	제1차 표준보육과정	제2차 표준보육과정	제3차 어린이집 표준보육과정	제4차 어린이집 표준보육과정
시기	2007(여성가족부 고시 제2007-1호)	2012(보건복지부 고시 제2012-28호)	2013(보건복지부 고시 제2013-8호)	2020(보건복지부 고시 제2020-75호)
제(재)정 근거 및 방향	• 보육의 질적 기회 균등을 보장 • 영유아의 연령 및 발달 수준에 적합한 보육 내용에 대한 보육 과정 개	• 사회와 보육 여건의 변화: 5세 누리과정 • 지속 가능한 생태 환경 중요성 강조	• 표준보육과정의 기본 전제로 영유아에 대해 명시 • 0~5세 영유아의 연속적 경험과 연령 간	• 보육 양육에 대한 사회적 책임 강화 • 영아의 놀 권리와 균형적 발달 고려

	발의 요구		발달적 연계 고려	
표준보육 과정 목적	영유아의 전인적인 성장과 발달을 돕고 민주시민으로서의 자질을 길러 영유아가 심신이 건강하고 조화로운 사회구성원으로 자랄 수 있도록 하는데 있음	영유아의 전인적인 성장과 발달을 돕고 민주시민으로서의 자질을 길러 영유아가 심신이 건강하고 조화로운 사회구성원으로 자랄 수 있도록 하는데 있음	영유아의 심신의 건강과 전인적 발달을 도와 행복을 도모하며 민주시민의 기초를 형성하는 것을 목적으로 함	영유아가 놀이를 통해 심신의 건강과 조화로운 발달을 이루고, 바른 인성과 민주 시민의 기초를 형성하는 데 있음
추구하는 인간상	• 자율적인 사람 • 창의적인 사람 • 다양성을 인정하는 사람 • 민주적인 사람 • 우리 문화를 사랑하는 사람	• 자율적인 사람 • 창의적인 사람 • 다양성을 인정하는 사람 • 민주적인 사람 • 자연과 우리 문화를 사랑하는 사람	• 심신이 건강하고 행복한 사람 • 자율적이고 창의적인 사람 • 자신과 타인을 존중하고 배려하는 사람 • 자연과 우리 문화를 사랑하는 사람 • 다양성을 인정하는 민주적인 사람	• 건강한 사람 • 자주적인 사람 • 창의적인 사람 • 감성이 풍부한 사람 • 더불어 사는 사람
보육과정 영역	• 기본생활 • 신체운동 • 사회관계 • 의사소통 • 자연탐구 • 예술경험	• 기본생활 • 신체운동 • 사회관계 • 의사소통 • 자연탐구 • 예술경험	• 0~1세 및 2세 보육과정 기본생활, 신체운동, 의사소통, 사회관계, 자연탐구, 예술경험 • 3~5세 누리과정 신체운동, 의사소통, 사회관계, 자연탐구, 예술경험	
내용 구분 및 수준	2세 미만(1,2,3수준) 2세(1,2수준) 3~5세(1,2,3수준)	2세 미만(1,2,3,4수준) 2세(1,2수준) 3~5세(1,2수준)	• 0~1세 및 2세 보육과정: 발달 수준에 따라 보육 • 3~5세 누리과정: 연령에 따라 보육	연령별 내용 축소 수준별 내용 삭제

출처: 보건복지부 표준보육과정(제1차~제4차 내용 재구성).

1) 제4차 표준보육과정의 성격과 구성 방향

　다음은 2020년 보건복지부 제4차 표준보육과정의 성격과 구성 방향이다. 제4차 표준보육과정의 성격은 「2015 개정 초·중등학교 교육과정」 성격의 구성 체계와 연계하고, 영유아기의 고유한 특징을 반영하여 '영유아 중심 및 놀이중심'을 강조하고 있다.

■ 제 4차 표준보육과정의 성격

가. 국가 수준의 공통성과 지역, 기관 및 개인 수준의 다양성을 동시에 추구한다.

나. 영유아의 전인적 발달과 행복을 추구한다.

다. 영유아 중심과 놀이 중심을 추구한다.

라. 영유아의 자율성과 창의성 신장을 추구한다.

마. 영유아, 교사, 원장, 부모 및 지역사회가 함께 실현해 가는 것을 추구한다.

■ 제 4차 표준보육과정의 구성 방향

추구하는 인간상	영유아가 일상에서 놀이하며 배우는 현재의 모습에서 발견할 수 있으며 영유아가 앞으로 배우며 성장해 가야 할 모습이기도 하다.
	가. 건강한 사람 나. 자주적인 사람 다. 창의적인 사람 라. 감성이 풍부한 사람 마. 더불어 사는 사람
목적과 목표	표준보육과정의 목적은 영유아가 '놀이를 통해' 심신의 건강과 조화로운 발달을 이루고 바른 인성과 민주 시민의 기초를 형성하는데 있다.
	가. 0~2세 보육과정 목표 1) 자신의 소중함을 알고, 건강하고 안전한 환경에서 즐겁게 생활한다. 2) 자신의 일을 스스로 하고자 한다. 3) 호기심을 가지고 탐색하며 상상력을 기른다. 4) 일상에서 아름다움에 관심을 가지고 감성을 기른다. 5) 사람과 자연을 존중하고 소통하는 데 관심을 가진다.
	나. 3~5세 보육과정(누리과정) 목표 1) 자신의 소중함을 알고, 건강하고 안전한 생활 습관을 기른다. 2) 자신의 일을 스스로 해결하는 기초능력을 기른다. 3) 호기심과 탐구심을 가지고 상상력과 창의력을 기른다. 4) 일상에서 아름다움을 느끼고 문화적 감수성을 기른다. 5) 사람과 자연을 존중하고 배려하며 소통하는 태도를 기른다.
구성의 중점	가. 영유아는 개별적인 특성을 지닌 고유한 존재임을 전제로 구성한다. 나. 0~5세 모든 영유아에게 적용할 수 있도록 구성한다. 다. 추구하는 인간상 구현을 위한 지식, 기능, 태도 및 가치를 반영하여 구성한다. 라. 표준보육과정은 다음의 영역을 중심으로 구성한다. 1) 0~1세 보육과정과 2세 보육과정은 기본생활, 신체운동, 의사소통, 사회관계, 예술경험, 자연탐구의 6개 영역을 중심으로 구성한다. 2) 3~5세 보육과정(누리과정)은 신체운동·건강, 의사소통, 사회관계, 예술경험, 자연탐구의 5개 영역을 중심으로 구성한다. 마. 0~5세 영유아가 경험해야 할 내용으로 구성한다. 바. 초등학교 교육과정과의 연계성을 고려하여 구성한다.

2) 제4차 표준보육과정의 운영

다음은 2020년 보건복지부 제4차 표준보육과정의 편성·운영, 교수·학습, 평가에 관한 내용이다.

편성·운영	가. 어린이집의 운영 시간에 맞추어 편성한다. 나. 표준보육과정을 바탕으로 각 기관의 실정에 적합한 계획을 수립하여 운영한다. 다. 하루 일과에서 바깥 놀이를 포함하여 영유아의 놀이가 충분히 이루어지도록 편성하여 운영한다. 라. 성, 신체적 특성, 장애, 종교, 가족 및 문화적 배경 등에 따른 차별이 없도록 편성하여 운영한다. 마. 영유아의 발달과 장애 정도에 따라 조정하여 운영한다. 바. 가정과 지역사회의 협력과 참여에 기반하여 운영한다. 사. 교사 연수를 통해 표준보육과정의 운영을 개선할 수 있도록 한다.
교수·학습	가. 영유아의 의사 표현을 존중하고 민감하게 반응한다. 나. 영유아가 흥미와 관심에 따라 놀이에 자유롭게 참여하고 즐기도록 한다. 다. 영유아가 놀이를 통해 배우도록 한다. 라. 영유아가 다양한 놀이와 활동을 경험할 수 있도록 실내외 환경을 구성한다. 마. 영유아와 영유아, 영유아와 교사, 영유아와 환경 사이에 능동적인 상호작용이 이루어지도록 한다. 바. 각 영역의 내용이 통합적으로 영유아의 경험과 연계되도록 한다. 사. 개별 영유아의 요구에 따라, 휴식과 일상생활이 원활히 이루어지도록 한다. 아. 영유아의 연령, 발달, 장애, 배경 등을 고려하여 개별 특성에 적합한 방식으로 배우도록 한다.
평가	가. 표준보육과정 운영의 질을 진단하고 개선하기 위해 평가를 계획하고 실시한다. 나. 영유아의 특성 및 변화 정도와 표준보육과정의 운영을 평가한다. 다. 평가의 목적에 따라 적합한 방법을 사용하여 평가한다. 라. 평가의 결과는 영유아에 대한 이해와 표준보육과정 운영 개선을 위한 자료로 활용할 수 있다.

제4차 어린이집 표준보육과정은 0~2세와 3~5세로 구분하고 있으며, 0~2세는 6개 영역으로 기본생활, 신체운동, 의사소통, 사회관계, 예술경험, 자연탐구, 3~5세는 5개 영역으로 신체운동·건강, 의사소통, 사회관계, 예술경험, 자연탐구로 구성되어 있다. 제3차 어린이집 표준보육과정에서는 내용체계에 내용범주와 내용을 두고 수준별 세부내용이 제시되었으나, 제4차 어린이집 표준보육과정은 내용범주와 내용만 제시하고, 연령별 세부내용은 삭제되었다. 제4차 어린이집 표준보육과정의 0~2세의 영역별 내용체계는 다음과 같다.

(1) 0~1세 영역별 목표 및 내용

① 기본생활

0~1세 기본생활과 목표	
기본생활	기본생활 영역의 목표는 0~1세 영아가 건강하고 안전한 일상생활을 자연스럽게 경험하는 것이다. 0~1세 영아가 신체의 청결과 위생, 수유 및 이유식 등의 식사, 편안한 휴식과 배변을 통해 건강한 생활을 경험하며 놀이를 하고 교통수단을 이용하는 등 일상에서 안전한 생활을 경험하는 것을 목표로 한다.
목표	건강하고 안전한 일상생활을 경험한다. 1) 건강한 일상생활을 경험한다. 2) 안전한 일상생활을 경험한다.
내용범주	**내용**
건강하게 생활하기	• 도움을 받아 몸을 깨끗이 하다. • 음식을 즐겁게 먹는다. • 하루 일과를 편안하게 경험한다. • 배변 의사를 표현한다.
안전하게 생활하기	• 안전한 상황에서 놀이하고 생활한다. • 안전한 상황에서 교통수단을 이용해 본다. • 위험하다는 말에 주의한다.

② 신체운동

0~1세 신체운동과 목표	
신체운동	0~1세 영아의 신체운동 영역 목표는 주변 자극에 반응하고 감각으로 주변의 사물과 환경을 인식하며 자신의 신체를 즐겁게 탐색해 보는 것에 중점을 둔다. 또한 영아의 기본 운동 능력을 발달시키기 위해 자신의 대소근육을 이용하여 기본 운동을 시도하고 실내외에서 신체를 이용한 활동을 즐기는 것에 중점을 둔다.
목표	감각으로 탐색하고 신체활동을 즐긴다. 1) 감각 탐색을 즐긴다. 2) 신체활동을 즐겁게 경험한다.
내용범주	**내용**
감각과 신체 인식하기	• 감각적 자극에 반응한다. • 감각으로 주변을 탐색한다. • 신체를 탐색한다
신체활동 즐기기	• 대소근육을 조절한다. • 기본 운동을 시도한다. • 실내외 신체활동을 즐긴다.

③ 의사소통

0~1세 의사소통과 목표	
의사소통	의사소통 영역의 목표는 0~1세 영아가 의사소통 능력의 기초를 형성하는 경험을 하는 것이다. 0~1세 영아가 일상생활에서 다른 사람의 말이나 이야기를 듣고 말하기를 즐기며, 주변의 그림과 다양한 상징에 관심을 갖고 자유롭게 끼적이기에 관심을 갖는 것과 다양한 책과 이야기를 접하며 관심을 가지는 것을 목표로 한다.
목표	의사소통 능력의 기초를 형성한다. 1) 일상생활에서 듣기와 말하기를 즐긴다. 2) 읽기와 쓰기에 관련된 관심을 가진다. 3) 책과 이야기에 관심을 가진다.
내용범주	**내용**
듣기와 말하기	• 표정, 몸짓,말과 주변의 소리에 관심을 갖고 듣는다. • 상대방의 이야기를 들으면서 말소리를 낸다. • 표정, 몸짓, 말소리로 의사를 표현한다.
읽기와 쓰기에 관심 가지기	• 주변의 그림과 상징에 관심을 가진다. • 끼적이기에 관심을 가진다.
책과 이야기 즐기기	• 책에 관심을 가진다. • 이야기에 관심을 가진다.

④ 사회관계

0~1세 사회관계와 목표	
사회관계	사회관계 영역의 목표는 0~1세 영아가 자신을 인식하고 주변의 친숙한 사람과 관계를 맺는 경험을 하는 것이다. 0~1세 영아가 다른 사람과 분리된 자신을 고유한 존재로 인식하고 친숙한 성인과 안정적인 애착을 형성하여 어린이집에서 또래, 교사와 편안하게 지내는 것을 목표로 한다.
목표	나를 인식하고, 친숙한 사람과 관계를 맺는다. 1) 나를 고유한 존재로 안다. 2) 안정적인 애착을 형성하고, 또래, 교사와 함께 지낸다.
내용범주	**내용**
나를 알고 존중하기	• 나를 인식한다. • 나의 욕구와 감정을 나타낸다. • 나와 친숙한 것을 안다.
더불어 생활하기	• 안정적인 애착을 형성한다. • 또래에게 관심을 가진다. • 다른 사람의 감정과 행동에 관심을 가진다. • 반에서 편안하게 지낸다.

⑤ 예술경험

0~1세 예술경험과 목표	
예술경험	예술경험 영역의 목표는 0~1세 영아가 자연과 생활에서 아름다움을 느끼고 경험하며 표현하는 과정을 즐기는 것이다. 영아가 아름다움에 관심을 가지고 느끼는 것을 즐기며 자신의 경험과 느낌을 자연스럽게 표현하도록 한다.
목표	아름다움을 느끼고 경험한다. 1) 자연과 생활에서 아름다움에 관심을 가진다. 2) 예술적 경험을 표현한다.
내용범주	**내용**
아름다움 찾아보기	• 자연과 생활에서 아름다움을 느낀다. • 아름다움에 관심을 가진다.
창의적으로 표현하기	• 소리와 리듬, 노래로 표현한다. • 감각을 통해 미술을 경험한다. • 모방 행동을 즐긴다.

⑥ 자연탐구

0~1세 자연탐구와 목표	
자연탐구	자연탐구 영역의 목표는 0~1세 영아가 주변 환경과 자연에 관심을 가지는 경험을 하는 것이다. 0~1세 영아가 자신을 둘러싸고 있는 주변 세계와 자연에 호기심을 가지고 일상에서 탐색하기를 즐기며 주변의 동식물과 날씨의 변화에 관심을 가지는 것을 목표로 한다.
목표	주변 환경과 자연에 관심을 가진다. 1) 일상에서 탐색을 즐긴다. 2) 주변 환경을 탐색한다. 3) 생명과 자연에 관심을 가진다.
내용범주	**내용**
탐구과정 즐기기	• 주변 세계와 자연에 대해 호기심을 가진다. • 사물과 자연 탐색하기를 즐긴다.
생활 속에서 탐구하기	• 친숙한 물체를 감각으로 탐색한다. • 물체의 수량에 관심을 가진다. • 주변 공간과 모양을 탐색한다. • 규칙성을 경험한다.
자연과 더불어 살기	• 주변의 동식물에 관심을 가진다. • 날씨의 변화를 감각으로 느낀다.

(2) 2세 영역별 목표 및 내용

① 기본생활

2세 기본생활과 목표	
기본생활	기본생활 영역의 목표는 2세 영아가 건강하고 안전한 생활습관의 기초를 형성하는 것이다. 2세 영아가 신체의 청결과 위생, 즐거운 식사, 배변습관의 형성, 안전한 놀이와 생활, 위험한 상황에서의 대처 등 일상생활에서 건강하고 안전한 생활습관의 기초를 형성하는 것을 목표로 한다.
목표	건강하고 안전한 생활습관의 기초를 형성한다. 1) 건강한 생활습관의 기초를 형성한다. 2) 안전한 생활습관의 기초를 형성한다.
내용범주	**내용**
건강하게 생활하기	• 자신의 몸을 깨끗이 해 본다. • 음식에 관심을 가지고 즐겁게 먹는다. • 하루 일과를 즐겁게 경험한다. • 건강한 배변 습관을 갖는다.
안전하게 생활하기	• 일상에서 안전하게 놀이하고 생활한다. • 교통수단을 안전하게 이용해 본다. • 위험한 상황에 대처하는 방법을 경험한다.

② 신체운동

2세 신체운동과 목표	
신체운동	신체운동 영역의 목표는 2세 영아가 감각을 활용하고 신체활동을 즐기는 경험을 하는 것이다. 신체운동 영역은 2세 영아가 감각을 활용하여 주변 사물과 환경을 탐색하고 자신의 신체를 인식하며, 대소근육을 조절하고 기본운동과 실내외 신체활동을 즐기도록 하는 데 중점을 둔다.
목표	감각으로 활용하고 신체활동을 즐긴다. 1) 감각을 활용하고, 신체를 인식한다. 2) 신체활동을 즐긴다.
내용범주	**내용**
감각과 신체 인식하기	• 감각 능력을 활용한다. • 신체를 인식하고 움직인다.
신체활동 즐기기	• 대소근육을 조절한다. • 기본 운동을 즐긴다. • 실내외 신체활동을 즐긴다.

③ 의사소통

2세 의사소통과 목표	
의사소통	의사소통 영역의 목표는 2세 영아가 듣기, 말하기, 읽기, 쓰기의 의사소통 방식에 관심을 가지고 활용하며, 책과 이야기에서 상상하는 즐거움을 경험하기이다. 2세 영아가 일상생활에서 듣고 말하기를 즐기고, 그림과 문자 상징을 읽고 쓰기에 관심을 가지는 것과 책과 이야기를 즐길 수 있는 경험을 하는 것을 목표로 한다.
목표	의사소통 능력과 상상력의 기초를 형성한다. 1) 일상생활에서 듣기와 말하기를 즐긴다. 2) 읽기와 쓰기에 관심을 가진다. 3) 책과 이야기에 재미를 느낀다.
내용범주	**내용**
듣기와 말하기	• 표정, 몸짓, 말에 관심을 갖고 듣는다. • 상대방의 이야기를 듣고 말한다. • 표정, 몸짓, 단어로 의사를 표현한다. • 자신의 요구와 느낌을 말한다.
읽기와 쓰기에 관심 가지기	• 주변의 그림과 상징, 글자에 관심을 가진다. • 끼적이며 표현하기를 즐긴다.
책과 이야기 즐기기	• 책에 관심을 가지고 상상한다. • 말놀이와 이야기에 재미를 느낀다.

④ 사회관계

2세 사회관계과 목표	
사회관계	2세 사회관계 영역의 목표는 2세 영아가 자신에 대해 알아가고, 다른 사람과 더불어 생활하는 경험을 통해 사회관계 형성의 기초를 기르는 것이다. 2세 영아가 자신이 다른 사람과 다르다는 것을 알고 자신을 긍정적으로 인식하며, 다른 사람과 생활하며 즐겁게 지내기 위한 태도를 기르는 것을 목표로 한다.
목표	나를 알고, 다른 사람과 더불어 생활하는 경험을 한다. 1) 나를 알고 긍정적으로 여긴다. 2) 다른 사람과 즐겁게 지내기 위한 태도를 기른다.
내용범주	**내용**
나를 알고 존중하기	• 나와 다른 사람을 구별한다. • 나의 감정을 표현한다. • 내가 좋아하는 것을 한다.
더불어 생활하기	• 가족에게 관심을 가진다. • 또래와 함께 놀이한다. • 다른 사람의 감정과 행동에 반응한다. • 반에서의 규칙과 약속을 알고 지킨다.

⑤ 예술경험

2세 예술경험과 목표	
예술경험	예술경험 영역의 목표는 2세 영아가 일상에서 아름다움을 느끼고 즐기는 것이다. 영아가 마주하는 자연과 생활 속 경험에서 아름다움을 느끼고 관심을 가지며, 예술을 통해 자신의 느낌과 생각을 자유롭게 표현하도록 한다.
목표	아름다움을 느끼고 즐긴다. 1) 자연과 생활에서 아름다움을 느끼고 관심을 가진다. 2) 예술을 통해 자유롭게 표현한다.
내용범주	**내용**
아름다움 찾아보기	• 자연과 생활에서 아름다움을 느끼고 즐긴다. • 아름다움에 관심을 갖고 찾아본다.
창의적으로 표현하기	• 익숙한 노래와 리듬을 표현한다. • 움직임과 춤으로 자유롭게 표현한다. • 미술 재료와 도구로 표현해 본다. • 일상생활 경험을 상상놀이로 표현한다.

⑥ 자연탐구

2세 자연탐구와 목표	
자연탐구	자연탐구 영역의 목표는 2세 영아가 주변 환경과 자연에 관심을 가지고 탐색하는 과정을 즐기는데 있다. 2세 영아가 자신을 둘러싸고 있는 주변 세계와 자연에 대해 호기심을 가지고 생활 속에서 주도적으로 탐색하기를 즐기며 주변의 동식물에 관심을 가지고 날씨와 계절의 변화에 관심을 가지는 것을 목표로 한다.
목표	주변 환경과 자연을 탐색하는 과정을 즐긴다. 1) 일상에서 탐색하는 과정을 즐긴다. 2) 주변 환경에 관심을 가지고 탐색한다. 3) 생명과 자연에 관심을 가진다.
내용범주	**내용**
탐구과정 즐기기	• 주변 세계와 자연에 대해 호기심을 가진다. • 사물과 자연을 반복하여 탐색하기를 즐긴다.
생활 속에서 탐구하기	• 친숙한 물체의 특성과 변화를 감각으로 탐색한다. • 물체의 수량에 관심을 가진다. • 주변 공간과 모양을 탐색한다. • 규칙성에 관심을 가진다. • 주변 사물을 같고 다름에 따라 구분한다. • 생활 도구에 관심을 가진다.
자연과 더불어 살기	• 주변의 동식물에 관심을 가진다. • 날씨와 계절의 변화를 감각으로 느낀다.

2. 2019 개정 누리과정

　교육부에서 관할하는 유치원 교육과정을 살펴보면, 유치원이 처음 소개된 1910년대부터 1968년까지 국가수준에서 결정된 유아교육 과정은 없었으나 1969년 12월19일 문교부령 제 207호로 유치원 교육과정이 처음으로 제정·공포되었다. 이후 1979년(제2차 유치원 교육과정), 1981년(제3차 유치원 교육과정), 1987년 (제4차 유치원 교육과정), 1992년(제5차 유치원 교육과정), 1998년(제6차 유치원 교육과정),2007년(2007 개정 유치원 교육과정)까지 유아교육의 본질과 방향, 시대적 변화, 사회적 가치, 내용 등을 반영하여 개정이 이루어졌다. 이어서 2011년 5세 누리과정, 2012년 3~5세 연령별 누리과정이 제정·고시되어 2013년부터 적용되었다. 이후 2019년 개정 누리과정이 고시되어 2000년부터 시행되고 있다.

　다음은 1969년 제1차 유치원 교육과정부터 2019 개정 누리과정까지의 변천내용이다.

〈표 3-4〉 유치원 교육과정의 변천

구분	개(제)정의 중점	교육목적/구성방침	교육 내용	특징
제1차 (1969)	• 최초의 국가수준의 교육과정	건강한 신체와 건전한 정신으로 생활할 수 있는 유능한 한국인 양성	• 5개 생활영역(건강, 사회, 자연, 언어, 예능)	• 최초의 국가수준 유치원 교육과정
제2차 (1979)	• 국가관 인식 강조 • 전인발달 강조	• 자아실현 • 국가발전 • 민주적 가치의 강조	• 4개 발달영역 　사회·정서발달 영역 　인지발달 영역 　언어발달 영역 　신체발달 및 건강 영역	• 인지발달 강조 • 유치원 교사용 지도서 개발·보급
제3차 (1981)	• 유신정책 반영 교육과정 전면 개정 • 초·중등학교 교육과정의 개정에 맞추어 상호 연계성	아동에게 알맞은 교육 환경 속에서 즐겁고 다양한 활동을 통하여 전인적으로 성장할 수 있도록 도와주는 데 목적이 있음	• 5개 발달 영역 　신체발달 영역 　정서발달 영역 　언어발달 영역 　인지발달 영역 　사회성발달 영역	• 평가에 대한 지침 제시 • 유치원 새 교육과정 개요' 발간
제4차 (1987)	• 교육과정의 적정화, 내실화, 지역화	유아를 보육하고 적당한 환경을 주어 심신의 발육을 조장하는 것을 목적으로 함	• 5개 발달 영역 　신체발달 영역 　정서발달 영역 　언어발달 영역 　인지발달 영역 　사회성발달 영역	• 건강한 사람, 자주적인 사람, 창조적인 사람, 도덕적인 사람 등 교육에서 추구하는 인간상 제시 • 영역별 목표만 제시

			5개 생활 영역	
제5차 (1992)	• 지역의 특수성 고려 • 수준별 교육내용	유아를 보육하고 적당한 환경을 주어 심신의 발육을 조장하는 것을 목적으로 함	5개 생활 영역 건강생활 사회생활 표현생활 언어생활 탐구생활	• 수준별 교육과정 제시 (Ⅰ수준, Ⅱ수준, 공통수준으로 구분) • 만3세 취원 및 종일반 운영
제6차 (1998)	• 21세기 신교육 체제 수립 취지로 개정	전인적 성장을 위한 기초교육으로서, 유아의 일상생활에 필요한 기본 능력과 태도를 기르는데 중점을 둠		• 추구하는 인간상 제시
2007 개정 (2007)	• 유아교육법 제정 • 초등교육과의 연계성	유아에게 알맞은 교육환경을 제공하여 유아를 교육하고 심신의 조화로운 발달을 돕는 것을 목적으로 함		• 지역수준 교육과정 • 읽기와 쓰기 기초 교육의 강화 • 초·중등학교 교육과정과의 교육과정 문서 체계의 통일성 강화
3~5세 연령별 누리 과정 (2013)	• 출발점 평등실현 • 3~5세 유치원 및 어린이집 공통과정	유아의 심신의 건강과 조화로운 발달을 도와 민주시민의 기초를 형성하는 것		• 영역별 목표제시 및 연령별 세부 내용 제시 • 「초등학교 교육과정」 및 0~2세「표준보육과정」과의 연계성 고려
2019 개정 누리 과정	• 국가수준 교육과정 구성 체계 확립: 3~5세를 위한 국가 수준의 공통 교육과정 • 유아중심 놀이 중심 교육과정 • 5개 영역 내용의 간략화 • 교사의 자율성 강조	유아가 놀이를 통해 심신의 건강과 조화로운 발달을 이루고 바른 인성과 민주시민의 기초를 형성하는 데 있음	5개 생활 영역 신체운동·건강 의사소통 사회관계 예술경험 자연탐구	• 유아·놀이 중심 교육과정의 재이해 • 5개 영역 59개 내용은 유아가 경험해야 하는 내용 • 교육계획 방법, 흥미 영역 운영, 5개 영역의 다양한 통합, 평가 등 자율성 강조

출처: 교육부 유치원 교육과정(제1차~제4차)의 내용 재구성

1) 2019년 개정 누리과정의 성격과 구성 방향

다음은 2019년 교육부 개정 누리과정의 성격, 구성방향의 추구하는 인간상, 목적과 목표, 구성에 있어서 중점적인 내용이다.

■ **개정 누리과정의 성격**

누리과정은 3~5세 유아를 위한 국가 수준의 공통 교육과정이다.

> 가. 국가 수준의 공통성과 지역, 기관 및 개인 수준의 다양성을 동시에 추구한다.
> 나. 유아의 전인적 발달과 행복을 추구한다.
> 다. 유아 중심과 놀이 중심을 추구한다.
> 라. 유아의 자율성과 창의성 신장을 추구한다.
> 마. 유아, 교사, 원장(감), 학부모 및 지역사회가 함께 실현해가는 것을 추구한다.

■ **개정 누리과정의 구성방향(표 재구성)**

추구하는 인간상	누리과정이 추구하는 인간상은 다음과 같다. 가. 건강한 사람 나. 자주적인 사람 다. 창의적인 사람 라. 감성이 풍부한 사람 마. 더불어 사는 사람
목적과 목표	누리과정의 목적은 유아가 놀이를 통해 심신의 건강과 조화로운 발달을 이루고 바른 인성과 민주 시민의 기초를 형성하는 데에 있다. 이를 실현하기 위한 목표는 다음과 같다. 가. 자신의 소중함을 알고, 건강하고 안전한 생활 습관을 기른다. 나. 자신의 일을 스스로 해결하는 기초능력을 기른다. 다. 호기심과 탐구심을 가지고 상상력과 창의력을 기른다. 라. 일상에서 아름다움을 느끼고 문화적 감수성을 기른다. 마. 사람과 자연을 존중하고 배려하며 소통하는 태도를 기른다.
구성의 중점	누리과정 구성의 중점은 다음과 같다. 가. 3~5세 모든 영유아에게 적용할 수 있도록 구성한다. 나. 추구하는 인간상 구현을 위한 지식, 기능, 태도 및 가치를 반영하여 구성한다. 다. 신체운동・건강, 의사소통, 사회관계, 예술경험, 자연탐구의 5개 영역을 중심으로 구성한다. 라. 3~5세 유아가 경험해야 할 내용으로 구성한다. 마. 0~2세 보육과정 및 초등학교 교육과정과의 연계성을 고려하여 구성한다.

2) 2019년 개정 누리과정의 운영

다음은 2019년 개정 누리과정의 편성·운영, 교수·학습, 평가에 관한 내용이다.

편성·운영	다음의 사항에 따라 누리과정을 편성·운영한다. 가. 1일 4~5시간을 기준으로 편성한다. 나. 일과 운영에 따라 확장하여 편성할 수 있다. 다. 누리과정을 바탕으로 각 기관의 실정에 적합한 계획을 수립하여 운영한다. 라. 하루 일과에서 바깥 놀이를 포함하여 유아의 놀이가 충분히 이루어지도록 편성하여 운영한다. 마. 성, 신체적 특성, 장애, 종교, 가족 및 문화적 배경 등으로 인한 차별이 없도록 편성하여 운영한다. 바. 유아의 발달과 장애 정도에 따라 조정하여 운영한다. 사. 가정과 지역사회와의 협력과 참여에 기반하여 운영한다. 아. 교사 연수를 통해 누리과정의 운영이 개선되도록 한다.
교수·학습	교사는 다음 사항에 따라 유아를 지원한다. 가. 유아가 흥미와 관심에 따라 놀이에 자유롭게 참여하고 즐기도록 한다. 나. 유아가 놀이를 통해 배우도록 한다. 다. 유아가 다양한 놀이와 활동을 경험할 수 있도록 실내외 환경을 구성한다. 라. 유아와 유아, 유아와 교사, 유아와 환경 간에 능동적인 상호작용이 이루어지도록 한다. 마. 5개 영역의 내용이 통합적으로 유아의 경험과 연계되도록 한다. 바. 개별 유아의 요구에 따라 휴식과 일상생활이 원활히 이루어지도록 한다. 사. 유아의 연령, 발달, 장애, 배경 등을 고려하여 개별 특성에 적합한 방식으로 배우도록 한다.
평가	평가는 다음 사항에 중점을 두고 실시한다. 가. 누리과정 운영의 질을 진단하고 개선하기 위해 평가를 계획하고 실시한다. 나. 유아의 특성 및 변화 정도와 누리과정 운영을 평가한다. 다. 평가의 목적에 따라 적합한 방법을 사용하여 평가한다. 라. 평가의 결과는 유아에 대한 이해와 누리과정 운영 개선을 위한 자료로 활용할 수 있다.

(1) 영역별 목표 및 내용

개정 누리과정은 신체운동·건강, 의사소통, 사회관계, 예술경험, 자연탐구의 5개 영역을 유지하였으나, 각 영역에 포함된 범주와 내용을 간략화 하였다. 각 영역은 3개의 내용 범주를 두어 총 15개의 내용 범주로 구성하였다. 각 영역에 포함된 내용은 신체운동·건강 영역 12개, 의사소통 영역 12개, 사회관계 영역 12개, 예술경험 영역 10개, 자연탐구 영역 13개로서 총 59개로 간략화 하였다. 개정 누리과정의 영역별 내용 체계를 살펴보면 다음과 같다.

① 신체운동 · 건강

3~5세 신체운동 · 건강과 목표	
신체운동 · 건강	신체운동 · 건강 영역의 목표 및 내용범주는 유아가 다양한 신체활동에 즐겁게 참여하고, 청결과 위생, 즐거운 식사, 적당한 휴식을 통해 건강한 생활습관을 기르며, 일상에서 안전하게 생활하는 방법을 배우고 실천하는 내용으로 구성하였다.
목표	실내외에서 신체활동을 즐기고, 건강하고 안전한 생활을 한다. 1) 신체활동에 즐겁게 참여한다. 2) 건강한 생활습관을 기른다. 3) 안전한 생활습관을 기른다.
내용범주	**내용**
신체활동 즐기기	• 신체를 인식하고 움직인다. • 신체 움직임을 조절한다. • 기초적인 이동운동, 제자리 운동, 도구를 이용한 운동을 한다. • 실내외 신체활동에 자발적으로 참여한다.
건강하게 생활하기	• 자신의 몸과 주변을 깨끗이 한다. • 몸에 좋은 음식에 관심을 가지고 바른 태도로 즐겁게 먹는다. • 하루 일과에서 적당한 휴식을 취한다. • 질병을 예방하는 방법을 알고 실천한다.
안전하게 생활하기	• 일상에서 안전하게 놀이하고 생활한다. • TV, 컴퓨터, 스마트폰 등을 바르게 사용한다. • 교통안전 규칙을 지킨다. • 안전사고, 화재, 재난, 학대, 유괴 등에 대처하는 방법을 경험한다.

② 의사소통

3~5세 의사소통과 목표	
의사소통	의사소통 영역의 목표와 내용 범주는 유아가 일상생활에서 다른 사람의 말이나 이야기를 듣고 말하기를 즐기며, 주변의 상징을 읽고 글자와 비슷한 형태로 써보기에 관심을 가지며, 다양한 책과 이야기를 통해 상상하기를 즐기는 내용으로 구성하였다.
목표	일상생활에 필요한 의사소통 능력과 상상력을 기른다. 1) 일상생활에서 듣기와 말하기를 즐긴다. 2) 읽기와 쓰기에 관심을 가진다. 3) 책이나 이야기를 통해 상상하기를 즐긴다.
내용범주	**내용**
듣기와 말하기	• 말이나 이야기를 관심 있게 듣는다. • 자신의 경험, 느낌, 생각을 말한다. • 상황에 적절한 단어를 사용하여 말한다. • 상대방이 하는 이야기를 듣고 관련해서 말한다. • 바른 태도로 듣고 말한다.

	• 고운 말을 사용한다.
읽기와 쓰기에 관심 가지기	• 말과 글의 관계에 관심을 가진다. • 주변의 상징, 글자 등의 읽기에 관심을 가진다. • 자신의 생각을 글자와 비슷한 형태로 표현한다.
책과 이야기 즐기기	• 책에 관심을 가지고 상상하기를 즐긴다. • 동화, 동시에서 말의 재미를 느낀다. • 말놀이와 이야기 짓기를 즐긴다.

③ 사회관계

3~5세 사회관계와 목표	
사회관계	사회관계 영역의 목표와 내용범주는 유아가 자신을 이해하고 존중하며, 친구와 가족 또는 다른 사람들과 사이좋게 지내며, 유아가 속한 지역사회와 우리나라, 다양한 문화에 관심을 갖는 내용으로 구성하였다.
목표	자신을 존중하고 더불어 생활하는 태도를 가진다. 1) 자신을 이해하고 존중한다. 2) 다른 사람과 사이좋게 지낸다. 3) 우리가 사는 사회와 다양한 문화에 관심을 가진다.
내용범주	**내용**
나를 알고 존중하기	• 나를 알고 소중히 여긴다. • 나의 감정을 알고 상황에 맞게 표현한다. • 내가 할 수 있는 것을 스스로 한다.
더불어 생활하기	• 가족의 의미를 알고 화목하게 지낸다. • 친구와 서로 도우며 사이좋게 지낸다. • 친구와의 갈등을 긍정적인 방법으로 해결한다. • 서로 다른 감정, 생각, 행동을 존중한다. • 친구와 어른께 예의바르게 행동한다. • 약속과 규칙의 필요성을 알고 지킨다.
사회에 관심 가지기	• 내가 살고 있는 곳에 대해 궁금한 것을 알아본다. • 우리나라에 대해 자부심을 가진다. • 다양한 문화에 관심을 가진다.

④ 예술경험

3~5세 예술경험과 목표	
예술경험	예술경험 영역의 목표와 내용범주는 유아가 자연, 생활, 예술에서 아름다움을 느끼고, 음악, 움직임과 춤, 미술, 극놀이 등의 예술에서 자신의 느낌과 생각을 창의적으로 표현하는 과정을 즐기며, 다양한 예술 작품을 감상하며 다른 사람의 예술 표현을 존중하는 내용으로 구성하였다.

목표	아름다움과 예술에 관심을 가지고 창의적 표현을 즐긴다. 1) 자연과 생활 및 예술에서 아름다움을 느낀다. 2) 예술을 통해 창의적으로 표현하는 과정을 즐긴다. 3) 다양한 예술 표현을 존중한다.
내용범주	**내용**
아름다움 찾아보기	• 자연과 생활에서 아름다움을 느끼고 즐긴다. • 예술적 요소에 관심을 갖고 찾아본다.
창의적으로 표현하기	• 노래를 즐겨 부른다. • 신체, 사물, 악기로 간단한 소리와 리듬을 만들어 본다. • 신체나 도구를 활용하여 움직임과 춤으로 자유롭게 표현한다 • 다양한 미술 재료와 도구로 자신의 생각과 느낌을 표현한다. • 극놀이로 경험이나 이야기를 표현한다.
예술 감상하기	• 다양한 예술을 감상하며 상상하기를 즐긴다. • 서로 다른 예술 표현을 존중한다. • 우리나라 전통 예술에 관심을 갖고 친숙해진다.

⑤ 자연탐구

3~5세 자연참구와 목표	
자연탐구	자연탐구 영역의 목표와 내용범주는 유아가 호기심을 가지고 궁금한 것을 적극적으로 탐구하는 과정을 즐기며, 생활 속의 문제를 수학적, 과학적으로 탐구해 보면서, 생명과 자연환경을 존중하는 내용으로 구성하였다.
목표	탐구하는 과정을 즐기고, 자연과 더불어 살아가는 태도를 가진다. 1) 일상에서 호기심을 가지고 탐구하는 과정을 즐긴다. 2) 생활 속의 문제를 수학적, 과학적으로 탐구한다. 3) 생명과 자연을 존중한다.
내용범주	**내용**
탐구과정 즐기기	• 주변 세계와 자연에 대해 지속적으로 호기심을 가진다. • 궁금한 것을 탐구하는 과정에 즐겁게 참여한다. • 탐구과정에서 서로 다른 생각에 관심을 가진다.
생활 속에서 탐구하기	• 물체의 특성과 변화를 여러 가지 방법으로 탐색한다. • 물체를 세어 수량을 알아본다. • 물체의 위치와 방향, 모양을 알고 구별한다. • 일상에서 길이, 무게 등의 속성을 비교한다. • 주변에서 반복되는 규칙을 찾는다. • 일상에서 모은 자료를 기준에 따라 분류한다. • 도구와 기계에 대해 관심을 가진다.
자연과 더불어 살기	• 주변의 동식물에 관심을 가진다. • 생명과 자연환경을 소중히 여긴다. • 날씨와 계절의 변화를 생활과 관련짓는다.

3. 영·유아의 일과 운영

1) 어린이집의 하루 일과

어린이집의 하루 일과 시간을 살펴보면 오전 7시 30분에 시작하여 오후 7시 30분까지 하루 12시간 운영을 기본으로 하고 있다. 영유아의 등·하원 시간은 일정하게 정해져 있지 않으며 부모님의 요구도에 따라 영유아의 등·하원 시간이 각각 다르다. 그러므로 기관에서는 운영계획을 수립하기 위해 영·유아가 기관에 입소 하기 전 등·하원에 대한 보육 수요조사를 실시하고 있다. 보육수립을 위한 보육수요조사 결과 9시 이전에 등원하는 영·유아가 있을 경우 기관에서는 당직 보육교사를 배치하여 통합보육을 실시한다. 이는 기관마다 다소 차이가 있을 수는 있지만 대략 오전 9시부터 오후 4시까지는 담임교사와 함께 하루 일과를 지내고 있으며 오전 9시 이전과 오후 4시 이후에는 통합보육 시간으로 전환되어 연장반 담임교사 또는 당직 보육교사와 함께 일과를 마무리 한다.

〈표 3-5〉 만 2세 어린이집의 하루일과

시간	일과	주요내용
07:30~09:00	등원 및 통합보육	• 부모와 함께 등원하는 영유아를 반갑게 맞이하기 • 영아의 기분과 건강상태를 확인한다. • 영아가 관심 있어 하는 영역에서 놀이와 활동을 한다.
09:00~09:50	화장실(손씻기) 다녀오기 및 오전간식	• 손을 씻으면서 자연스런 위생교육을 한다. • 기저귀 상태를 살피고, 쾌적한 느낌을 갖도록 한다. • 즐거운 분위기에서 간식을 먹을 수 있도록 환경 마련하기
09:50~10:50	자유놀이	• 영아가 흥미와 관심에 따라 놀이에 자유롭게 참여하고 즐기 도록 한다. • 영아가 활발한 놀이에 참여할 수 있도록 교사는 적절한 상호 작용을 한다.
10:50~11:00	정리정돈	• 놀이감을 정리정돈 한다. • 바깥놀이를 알리고, 바깥놀이를 위한 준비를 한다. • 주변세계와 자연에 관심을 갖고 탐구한다.
11:00~12:00	바깥놀이	• 관찰과 탐색이 활발히 이루어지도록 충분한 시간 제공하기 • 바깥놀이를 하면서 날씨의 변화를 느낄수 있도록 한다.
12:00~13:00	점심식사 및 이 닦기	• 영아가 숟가락을 이용하여 먹을 수 있도록 격려한다. • 자연스럽게 영양교육을 한다.

		• 식사량은 영아의 개별 특성 및 식습관에 맞추어 적당량을 제 공한다. • 점심식사 후 환기를 시키고 양치를 한다.
13:00~15:00	낮잠 및 휴식	• 영아의 침구를 준비하고, 수면에 편안한 조명을 만들어 준다. • 개별수면 습관을 고려하여 편안히 잠을 잘 수 있도록 배려한 다. (예: 등 긁어주기, 머리쓰다듬어주기, 토닥여주기 등)
15:00~16:00	오후간식 실내놀이 및 귀가	• 오전에 경험한 놀이가 연장되도록 충분한 시간 제공하기
16:00~19:30	연장보육 및 실내· 외놀이	• 오후 연장보육실로 이동시키기 • 장시간 어린이집에 머무는 영아의 정서적 안정을 위해 따뜻한 분위기 지원하기

(1) 세부 일과 운영

영유아의 하루 일과는 등원 및 통합보육, 화장실(손씻기) 다녀오기 및 오전 간식, 실내 놀이, 정리정돈 및 바깥놀이 준비, 바깥놀이, 점심 식사 및 이 닦기, 낮잠 및 휴식, 오후 간식 실내놀이 및 귀가, 연장보육 및 실내외놀이 등으로 구성된다. 하루 일과에 따른 주요 내용을 살펴보면 다음과 같다.

① 등원 및 통합보육
'등원 및 통합보육' 시간은 시차별로 등원하는 영유아를 각 교실로 들어가기 전 일정한 공간(교실)을 정하여 오전 교사가 보육하는 시간을 말한다.

■ 예시 : '등원 및 통합보육'의 주요 내용
• 각 교실 및 어린이집 전체 환기하기
• 실내·외 놀이시설의 안전 점검하기
• 통합 보육실에 경쾌한 음악 틀어 놓기
• 등원하는 영유아 맞이하기
• 전자출결 체크하기
• 시진하기

- 부모와 인사하기
- 영유아의 개별 상태에 따른 물리적·정서적 환경 지원하기
- 담임교사에게 전달할 사항 기록하기
- 당직일지 작성하기

| 어린이집 전체 환기하기 | 전자출결 체크하기 | 등원하는 영유아 맞이하기 |

〈그림 3-1〉 '등원 및 통합보육'의 주요 내용

② 화장실(손씻기) 다녀오기 및 오전 간식

'화장실(손씻기) 다녀오기 및 오전 간식' 시간은 영유아가 아침 일찍 등원하느라 놓치거나 부실한 식사, 또는 식사를 하지 못한 원아에게 대신할 음식을 섭취하는 시간이다. 즐거운 분위기에서 간식을 먹을 수 있도록 교실 환경을 제공하여야 하며, 자연스런 분위기에서 개별적으로 위생 교육을 실시한다.

■ **예시: '화장실(손씻기)다녀오기 및 오전 간식'의 주요 내용**

- 컵과 마실 물 준비하기
- 간식 자유롭게 먹을 수 있는 환경 제공하기
- 개인 수건 걸기
- 개별 욕구에 따라 자유롭게 화장실 다녀오기
- 기저귀를 착용하는 영아는 상태를 확인한 후 쾌적한 느낌을 유지한다.
- 관찰을 통해 개별 특성 파악하기
- 자연스런 위생 교육하기

| 개인 수건 걸기 | 컵과 마실 물 준비하기 | 자연스러운 위생 교육하기 |

〈그림 3-2〉 '화장실(손씻기)다녀오기 및 오전간식'의 주요 내용

③ 실내놀이

실내놀이 시간은 영아의 개별적인 관심과 흥미를 고려하여 놀이에 몰입할 수 있도록 환경을 제공해야 한다. 영아의 발달 특성을 고려하여 대집단 활동은 지양해야 하며, 소그룹 또는 개별적인 놀이가 활발히 이루어질 수 있도록 교사는 놀이 지원자로서의 역할을 수행해야 한다.

■ **예시 : '실내놀이'의 주요 내용**
- 발달과 흥미를 고려한 다양한 놀이감 비치하기
- 개별 및 소집단 활동으로 적절한 상호작용 하기
- 소외되는 영아가 있는지 주의깊게 관찰하기
- 충분한 활동 공간 마련하기
- 개별 영아에게 자율권 부여하기

| 다양한 놀이감 비치하기 | 적절한 상호작용 하기 | 놀이의 형태에 따라 공간 활용하기 |

〈그림 3-3〉 '실내놀이'의 주요 내용

④ 정리정돈

정리정돈 시간은 다음 일과를 하기 위한 전이 활동으로서 영아 스스로 정리정돈을 잘
수행할 수도 있지만 그렇지 않게 교사 또는 또래의 도움을 받아 정리정돈을 하는 경우도
있다. 영아가 기본생활 습관인 정리정돈을 잘 할 수 있도록 격려해야 하며, 어려워하는
영아를 위하여 교사는 모델링을 보여야 한다.

■ **예시 : '정리정돈'의 주요 내용**
• 자신이 놀이한 놀이감 정리해 보기
• 교사의 도움을 받아 정리하기
• 교사는 모델링을 보인다.
• 정리정돈 후 바깥놀이를 위한 준비하기

| 놀이한 놀이감 정리하기 | 교사의 도움을 받아 정리하기 | 바깥놀이 준비하기 |

〈그림 3-4〉 '정리정돈'의 주요 내용

⑤ 바깥놀이

바깥놀이 시간은 실내놀이 시간처럼 영유아의 관심과 흥미에 따른 놀이가 자유롭게,
자발적으로 이루어지는 인기 많은 시간이다. 실내놀이보다 활동성이 많고 놀이도 넓게
이루어져 안전에 세심한 주의가 필요하다.

■ **예시 : '바깥놀이'의 주요 내용**
• 비상약품 챙기기
• 사전에 바깥놀이 경로를 얘기해 주거나 영유아가 바깥놀이 정하기
• 안전하게 이동하기

- 탐색과 관찰을 충분히 하도록 기다리기
- 바깥놀이 시 채집한 물건 교실에 가져오도록 허용하기
- 물 준비하기
- 바깥놀이 또는 산책 후 손 씻기

비상약 챙기기	안전하게 이동하기	탐색과 관찰을 충분히 하도록 기다리기

〈그림 3-5〉 '바깥놀이'의 주요 내용

⑥ 점심 식사 및 이닦기

점심 식사 및 이 닦기 시간에는 영유아가 즐거운 분위기에서 식사를 할 수 있도록 잔잔한 음악을 들려 주거나 쾌적한 환경을 위하여 환기를 시켜야 하며, 개별 영유아의 식사 선호도, 소요 시간, 식사하는 태도 등을 고려하여야 한다. 즉, 교사는 영유아의 개별적인 선호도와 특성을 잘 수용하는 자세로 운영하여야 한다.

■ 예시 : '점심 식사 및 이 닦기'의 주요 내용
- 식사 메뉴에 대한 기대감 높이기
- 식품 알레르기가 있는 영유아 확인하기
- 자연스럽게 영양교육하기
- 유아의 선호도 반영한 식사량 정하기
- 식판, 식사 자리 등 정리하기
- 투약 의뢰에 의한 투약하기
- 이 닦기

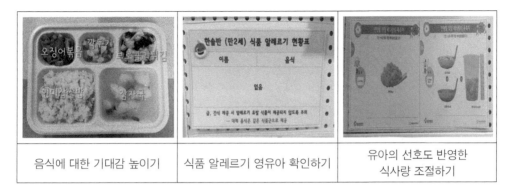

음식에 대한 기대감 높이기	식품 알레르기 영유아 확인하기	유아의 선호도 반영한 식사량 조절하기

〈그림 3-6〉 '점심식사 및 이닦기'의 주요 내용

⑦ 낮잠 및 휴식

낮잠 시간 및 휴식 시간은 하루 종일 어린이집에 머물러야 하는 영유아가 건강한 생활을 유지할 수 있는 회복의 시간이다. 어린이집에서의 낮잠 및 휴식 시간이 가정에서와 같이 포근하고 안락한 분위기가 되도록 조도를 맞추고 영유아의 개별 수면 욕구를 충족해 주기 위한 가정과의 소통이 필요할 것이다. 낮잠을 자지 않는 유아는 오전 활동을 고려하여 정적인 활동 및 휴식을 취할 수 있도록 분위기를 마련한다.

■ 예시 : '낮잠 및 휴식 시간'의 주요 내용

• 세수하기
• 잠자리 정하기
• 개별 이불과 요 제공하기
• 교실 적정 온도 맞추기
• 조용한 음악 들려주기
• 낮잠을 위한 옷 갈아 입히기
• 개인적 잠자리 스타일 존중하기
• 낮잠 깨우기
• 잠자리 정리하기
• 개별적인 상호작용의 기회 포착하기

| 잠자리 정하기 | 세수하기 | 개인적 잠자리 스타일 존중하기 |

〈그림 3-7〉 '낮잠 및 휴식'의 주요 내용

⑧ 오후 간식, 실내놀이 및 귀가

오후 간식, 실내놀이 및 귀가 시간은 어린이집의 하루를 마무리하기 전 시간이다. 성인에 비하여 활동량이 많은 영유아의 생리적 요구를 해소하고, 귀가하기 전에 실내놀이를 하면서 부모를 기다린다. 귀가 지도는 원에 방문하는 부모님의 순서로 자유롭게 이루어지며, 하루 일과를 회상하고, 다음날 영유아가 어린이집 등원을 기다리는 마음을 가질 수 있도록 운영한다.

■ **예시 : '오후 간식, 실내놀이 및 귀가'의 주요 내용**
- 오후 간식 제공하기
- 오후 실내놀이 시간 제공하기
- 단정한 복장하기
- 일과 평가하기
- 귀가하기

| 오후 간식 제공하기 | 오후 실내놀이 제공하기 | 단정한 복장하기 |

〈그림 3-8〉 '오후 간식, 실내놀이 및 귀가'의 주요 내용

⑨ 연장보육 및 실내외 놀이

연장보육 및 실내외 놀이 시간은 늦게 귀가하는 영유아가 보내야 하는 시간이다.

담임교사는 연장보육 교사에게 영유아의 상태를 전하여 영유아의 개별 특성을 존중하는 시간이 되도록 선로 연계가 필요하다.

■ **예시 : '연장보육 및 실내외 놀이'의 주요 내용**

- 연장보육실로 이동하기
- 연장보육 및 실내놀이
- 잠금장치 등 전기 등 확인하기

연장보육실로 이동하기	연장보육 및 실내놀이	잠금장치 및 전기 등 확인하기

〈그림 3-9〉 '연장보육 및 실내외 놀이'의 주요 내용

제 2 부
보육교사의 성장

제 4 장
영유아기 발달 특성

Contents

본 장에서는 영유아를 위한 교육과정을 구성하기 위하여 출생에서 2세 영아기와 3세에서 5세 유아기의 발달 특성을 살펴보겠다.

I. 영아기 발달 특성

출생에서 2세의 영아기는 급격한 발달이 이루어지는 시기로써 개인과 월령에 따라 발달의 차이가 큰 시기이다. 영아의 보육을 담당하는 성인이 적극적으로 발달에 도움을 주어야 하는 시기로 성인의 역할이 중요하며 출생에서 5개월을 수유기, 6~14개월을 이유기, 15~23개월을 걸음마기, 24~35개월을 자립기로 나눌 수 있다. 본서에서는 수유기, 이유기, 걸음마기를 포괄하는 1세 미만의 영아기와 1세~2세 미만의 영아기로 나누어 신체·운동 발달, 언어 발달, 사회·정서 발달, 인지 발달을 살펴보고자 한다.

1. 1세 미만 영아기

1) 신체 · 운동 발달

출생 시 영아는 스스로의 통제나 지시없이 일어나는 눈 깜박임, 재채기, 빨기반사, 모로반사 등 자기를 보호하기 위한 반사운동을 나타내다 점차 감각기관의 발달, 성장과 학습 등에 따라 자신의 신체에 대한 통제적이고 협응적인 신체·운동능력을 갖게된다. 영아는 출생 직후부터 보고, 듣고, 맛보고, 냄새맡고, 만지고 느끼는 오감각을 사용할 수 있으며 시간의 흐름과 함께 감각발달이 급격하게 이루어진다. 신생아 때 소리가 나는 방향을 따라 고개를 돌리거나, 어둡고 밝은 것을 구분하며 움직이는 빛을 따라 시선을 옮길 수 있었다면 5개월 정도가 되면 성인 수준으로 들을 수 있으며, 시야가 넓어지며 눈앞의 물건을 손으로 잡으려는 신체협응을 활용한 행동이 나타난다. 생후 6개월이 되면 몸은 흔들리나 머리는 흔들리지 않을 정도로 목을 가누며 앉아있을 수 있게 되며, 7개월이 되면 네발기기, 배밀이 등이 나타난다. 9개월이 되면 능숙해진 몸놀림으로 기어다니

다 앉거나, 앉아있다 기는 등 자유롭게 몸을 움직이고 성인의 도움을 받아 서기가 가능
해진다. 11~12개월이 되면 혼자서 걷기가 가능해져 걸음마를 시작할 수 있는데 영아의
개인차에 따라 돌 2~3개월 후에 첫걸음마를 시작하기도 한다.

[사진 4-1] 네 발로 기는 7개월 영아

2) 언어 발달

영아는 배가 고프거나 아플 때 등 자신의 욕구를 울음으로 표현하며 생후 1개월 후 부
터 '아, 우, 오' 등의 소리를 내기 시작한다. 2~3개월부터 배고픔, 아픔, 놀이 등 원하는
것에 따라 음색과 강도가 다른 분화된 울음이 나타나며 옹알이를 하기 시작한다. 옹알이
를 하면서 자신의 목소리를 듣기 좋아하며 성인이 옹알이에 반응하며 다양한 언어적 상
호작용을 해줄 때 더 많은 소리를 내려는 시도가 나타난다. 9개월에는 위험한 행동 등을
제재하기 위한 성인의 '안 돼'와 같은 언어 표현에 반응하며, 10개월에는 성인의 '맘마
먹자, 아빠가 놀아줄까?'와 같은 성인의 언어적 상호작용 중 '맘마, 아빠, 엄마' 등과 같
은 소리의 발음, 억양, 톤 등을 모방하고 한 개의 단어를 사용하여 의사소통하려는 시도
가 나타난다. 따라서 성인은 영아가 성인의 소리를 모방하고 성인이 다시 영아의 모방에
반응해주는 자극 반복을 통해 영아의 언어발달이 원활하게 이루어질 수 있도록 도움을
주어야 한다.

하나의 단어로 자신의 의사를 표현할 때 신체적인 언어기제도 사용하게 되는데 '빠
빠'와 같이 헤어질 때 인사하는 성인의 언어표현과 행동을 듣고 자신의 손을 흔들며 인
사할 수 있다.

[사진 4-2] 손을 흔들며 인사하는 11개월 영아

3) 사회·정서 발달

출생 후 영아는 2개월 무렵까지 성인을 향해 빙그레 웃는 배냇웃음을 나타낸다. 이 웃음은 타인과 사회·정서적인 상호작용을 하는 웃음이 아니라 무의식적으로 반응하는 형태의 웃음이다. 2~3개월이 지나며 주변 타인과의 상호작용 속에서 즐거움, 고통과 같은 좋고 싫음에 대한 정서적 표현이 나타나기 시작한다. 엄마와 눈을 맞추며 웃거나, 배가 고프거나 아플 때 우는 것과 같은 정서표현으로 성인은 영아의 욕구를 민감하게 알아채고 적절하게 대응해줌으로써 영아가 자신을 돌봐주는 성인과 애착을 형성하고 자신을 둘러싼 환경에 대한 신뢰감과 안전감을 발달시킬 수 있도록 도와야 한다. 4개월부터는 영아의 활동성 수준에 따라 개인적인 기질을 파악할 수 있게 된다. 성인이 주는 새로운 장난감이나 환경의 변화에도 적은 칭얼거림과 긍정적인 정서 상태를 보이는 순한 기질, 변화에 대한 반응이 길고 강한 울음 등으로 나타나며 불규칙적인 수면 패턴과 낯선 사람에 대한 경계가 심한 까다로운 기질, 변화에 대해 천천히 반응하는 기질 등으로 나뉠 수 있다. 성인은 영아의 기질에 따라 상호작용을 해줌으로써 영아가 안정감을 가질 수 있도록 도와주어야 한다.

5개월경이 지나면서 영아는 낯가림이 시작되며 8개월에 최고조에 이른다. 낯선 사람에 대한 불안을 느끼며 울거나 몸을 움츠리는 등의 반응을 보이는데 성인이 영아의 반응을 살펴보며 낯선 사람이나 환경에 적응할 수 있도록 돕는다. 6개월부터 갑작스럽고 큰 소리나 강한 불빛, 어두움 등에 두려움을 느끼고 표현할 수 있으며, 7개월경에는 노여움을 표현한다. 8~12개월에는 주양육자인 성인과 애착 관계에 따라 격리 불안을 느낄 수 있으므로 영아가 주양육자와 다양한 사람과 적절한 애착을 형성할 수 있도록 도와주어야 한다.

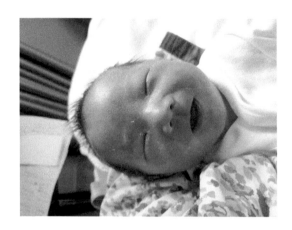

[사진 4-3] 배냇웃음을 짓는 영아

4) 인지발달

영아는 보고, 듣고, 맛보고, 냄새맡고, 만지고 느끼는 오감각을 활용해서 자신을 둘러싼 환경을 적극적으로 탐색하며 인지를 발달시켜 나간다. 1개월경 까지는 반사행동으로 빨기와 잡기가 이루어졌다면 2개월경부터는 엄마의 젖꼭지나 젖병의 꼭지를 찾아 목과 머리를 가누고 입을 갖다 대는 것과 같이 신체를 적절하게 통제하고 움직이려는 모습이 나타난다. 2~3개월에 장난감 딸랑이를 주며 소리를 들려주면 딸랑이를 쳐다보고 손으로 잡으려고 하며, 손에 주어진 장난감을 입으로 가져가 탐색한다. 시각의 발달과 함께 눈앞의 사물을 보고 자신의 몸을 움직여 물건을 잡으려고 다가갈 수 있으며 모빌을 움직이기 위해 손을 뻗어 줄을 잡아당기는 것과 같은 의식적인 행동을 반복할 수 있다. 5~6개월에 영아의 눈앞에서 장난감을 감추면 장난감을 찾으려는 모습이 나타나며, 8~12개월에는 눈앞에서 장난감이 사라져도 어딘가에 계속 존재한다는 대상 영속성 개념을 이해하며 성인이 숨겨놓은 장난감을 찾을 수 있게 된다.

[사진 4-4] 입으로 딸랑이를 탐색하는 영아

2. 1세~2세 미만 영아기의 발달 특성

1) 신체 · 운동 발달

돌을 전후하여 첫 걸음마를 띄게되면 신체를 활용한 활동범위가 넓어지며 주변 환경을 적극적으로 탐색하기 시작한다. 앞, 뒤, 옆 등 다양한 방향으로 자신의 신체를 움직이며, 걷기가 원활해지면 점차 뛰기를 시도하고 뛰다가 방향을 바꾸려는 등의 시도가 나타난다. 평지와 언덕, 계단 등 다양한 형태의 지면을 만나서 신체를 조절하며 움직이는 방법을 경험하고 배우게 된다. 18개월~24개월이 되면 몸을 웅크려서 앉고, 앉았다가 흔들림 없이 일어설 수 있으며, 난간이나 도움을 주는 타인의 손을 잡고 계단을 오르고 내릴 수 있다. 두 발을 동시에 움직여 점프를 할 수 있으며 공을 찰 수 있다.

손을 활용한 움직임도 능숙해져서 13개월~15개월이 되면 물건을 바구니에서 꺼냈다가 다시 넣을 수 있고, 블록을 위로 쌓을 수 있게 된다. 이유식을 먹을 때 수저를 쥐어주면 음식을 흘리긴 하지만 수저로 음식을 떠보려고 하며 입으로 가져가는 시늉을 할 수 있다. 연필을 쥐어주면 손바닥 전체를 활용하여 연필을 주먹 뒤듯이 쥐고 종이에 휘갈긴다. 16~18개월이 되면 소근육이 발달하며 숟가락과 포크를 사용해 음식을 먹을 수 있게 되고, 손잡이가 없는 컵을 두 손으로 잡고 물을 마신다.

발달이 빠른 영아의 경우 15개월 전후로 기저귀를 불편해하는 모습이 나타나기 시작하며 18개월경이 되면 대소변이 나오려는 느낌을 알아차려 성인에게 표현할 수 있다. 이 시기가 되면 성인은 대소변을 가릴 준비를 시작해주고 배변훈련에 흥미를 느끼며 기저귀를 뗄 수 있도록 도움을 준다.

[사진 4-5] 변기에 관심을 보이며 앉아서 놀이하는 영아

2) 언어 발달

12개월 이후의 영아들은 자신에게 익숙한 물건의 이름을 말하면 이해하고 가지고 올 수 있다. 20개 내외의 물건 이름을 말할 수 있으며 성인의 언어 표현을 듣고 모방하는 모습이 반복된다. 16개월에는 '싫어, 아니야'와 같이 자신이 원하지 않는 것에 대해 언어로 의사소통을 하는 시기로 자아에 대한 의식이 시작되며 좋고 싫음을 표현한다. 18개월이 지나면서 영아가 이해하는 어휘, 사용하는 어휘가 급격히 증가하며 점차 두 개의 단어를 조합하여 문장을 만드는 모습이 나타난다. '엄마 물'과 같이 명사와 명사, '아빠, 가자'와 같은 명사와 동사를 결합하는 관사, 전치사, 형용사 등 기능어가 제외된 '전보식 언어'형태를 나타낸다. 성인은 영아의 어휘력을 증진시키고 영아가 책과 친숙해질 수 있도록 그림만 있는 책, 동요나 시가 있는 책, 간단한 이야기책, 다양한 크기의 책 등을 제공해준다.

19개월이 되면 주변의 다양한 사물과 환경 등에 관심이 폭발적으로 증가하며 질문이 많아진다. 질문을 통해 사물의 이름을 익히고 타인과 의사소통하는 방법을 배우는 것으로 성인은 발음이 부정확 하더라도 영아의 질문을 끝까지 듣고 이해하여 답해주려고 노력해야 한다. 영아의 말을 반복하며 정확한 발음과 단어, 문장으로 표현해 주어 언어 발달을 촉진해준다.

[사진 4-6] 책으로 놀이 중인 영아

3) 사회·정서 발달

12개월이 지나면서 영아는 다른 영아에게 관심을 보이며 함께 놀이하고 싶어한다. 그러나 영아와 영아 간의 상호작용이 이루어지는 놀이의 형태보다는 각자의 놀이를 하면서 옆에 있는 영아에게 관심을 보이는 수준이다.

걸음마를 시작하면서 활동 반경이 넓어진 영아는 자신의 신체·운동 능력에 자신감을 가지며 무엇이든 시도해 보려고 하지만 자신의 의지대로 조절이 되지 않으면서 행동이나 목소리가 커지며 공격적인 모습을 보이기도 한다. '안 돼'와 같은 제지를 당하면 '싫어, 아니야'와 같은 말을 사용하며 고집을 피우기도 한다. 성인은 안전을 확보한 상태에서 영아가 시도해볼 수 있도록 기회를 제공하는 것과 단호하게 안되는 상황을 경험하게 하는 것을 반복함으로써 영아가 자신의 욕구가 이루어지는 성취감을 느낄 수 있는 상황과 안되는 상황을 경험하며 사회적인 규칙과 자신의 욕구를 균형있게 맞춰나갈 수 있도록 도와준다. 이 과정을 반복하다 보면 영아는 긍정적인 자아개념을 발달시키며, 옳고 그름의 개념을 배울 수 있게 된다.

24개월이 가까워지면 정서가 많이 분화되고 인지능력이 발달해 자아의식이 뚜렷해진다. 자신과 타인을 구별할 수 있게 되면서 '내 것'에 대한 소유 의식이 강해진다. 다른 영아가 자신의 장난감을 만지려고 하면 '안돼'와 같은 표현을 하며 공격적인 행동을 할 수 있다. 성인은 영아가 공격적인 행동으로 다른 영아를 때리거나 깨무는 등의 행동을 시도하면 손을 잡고 '그러면 안돼' 와 같이 낮고 단호한 어조로 안되는 행동에 대해 명확하게 짚어준다.

[사진 4-7] 자신이 타고 있는 자동차에 관심을 보이는 다른 영아들에게 반응하는 23개월 영아

4) 인지 발달

13개월이 되면 기억력이 발달해서 까꿍놀이를 할 수 있다. 두 손으로 얼굴을 가렸다가 '까꿍'하면 까르르 웃기도 하고, 병원에서 주사 맞았던 경험을 떠올릴 수 있어 병원 입구에 가면 울음을 터뜨린다.

시도했다 실패하거나 성공하는 시행착오의 경험을 축적시키면서 자신이 원하는 것을 생각하고 그것을 이루기 위해 행동할 수 있는 시기로 엄마와 영아 사이에 장애물을 주고 그 뒤에 장난감을 놔두면 장난감을 가지기 위해 장애물을 치우는 행동이 나타난다. 점차 자신이 원하는 것을 이루기 위해서만 행동을 하는 것이 아니라 발견한 결과가 왜 일어나는 것인지 탐색하기 위한 행동도 나타난다. 예를 들면 노란색 버튼을 누르면 소리가 나는 장난감을 우연히 만졌다가 노래 소리가 나는 것을 깨달으면 여러 개의 버튼을 누르는 시도를 한다. 노란색 버튼을 눌렀을 때 노래 소리가 난다는 것을 알고 노란색 버튼을 반복해서 누르는 행동을 한다.

　19개월이 되면 동물이나 사람 모형 등의 인형을 안고 귀여워하고 성인이 자신에게 음식을 주고, 옷을 입히고 놀아주는 것처럼 인형에게 음식을 먹이고, 옷을 입혀주며 놀아주는 것과 같은 모방행동을 한다. 실제로 음식이 눈에 보이지 않아도 있는 것처럼 상징적 사고를 하면 가상놀이를 할 수 있다.

[사진 4-8] 인형에게 음식을 먹이는 19개월 영아

II. 유아기의 발달 특성

1. 신체 · 운동 발달

　유아기는 3세에서 5세의 시기로 신체를 자유롭고 능숙하게 움직일 수 있게 되면서 활동력이 급격하게 증가한다. 영아기 보다는 더디지만 꾸준히 신체적 성장과 운동 능력 발달이 이루어지는 시기로 3세 유아는 두 발을 번갈아 가면 계단을 오르고 내릴 수 있으며, 평균대 위에서 균형을 잡고 걸어갈 수 있다. 두 발로 점프하기에서 한 발로 점프하기를 할 수 있다. 소근육의 발달과 함께 크레파스, 연필, 싸인펜 등과 같은 다양한 도구를 활용하여 스케치북 등과 같은 종이에 끄적이기를 할 수 있고, 간단한 퍼즐 맞추기 등을 할 수 있다.

4세가 되면 소근육과 대근육이 점차 정교하게 발달하고 협응력이 높아지며 간단한 규칙을 정해놓고 신체 게임을 할 수 있다. 다양한 도구를 활용하여 자신이 의도하는 그림을 그릴 수 있으며, 선을 따라 가위질하기, 네모 모양으로 종이접기, 손가락 한 마디 정도의 구슬을 끈에 꿰기, 단추 채우기 등 정교한 소근육 활동을 할 수 있다.

5세가 되면 신체·운동 능력을 통한 성취감을 즐기며 도전적인 활동을 시도한다. 성인의 눈에서 다소 위험할 수 있는 높은 곳에서 뛰어내리기, 달리기의 속도 겨루기, 장애물 뛰어넘기 등 도전적인 신체 활동을 즐긴다. 성인은 안전규칙을 철저하게 인식한 상태에서 자신의 신체를 적절히 조절하며 활동에 참여할 수 있도록 주의 깊게 지도한다. 눈과 손의 협응능력이 발달하여 작은 단추도 혼자 채우고 풀 수 있으며, 스스로 배변처리를 할 수도 있다. 다양한 형태의 종이접기 활동을 즐겨 종이접기 책 등을 보고 혼자 따라하며 작품을 완성할 수 있다.

[사진 4-9] 가위질을 하는 4세 유아

2. 언어 발달

유아기에는 어휘수가 폭발적으로 증가하는 시기로 3세가 되면 약 1,000개~4,000개 정도의 어휘를 사용할 수 있다. 자신이 알고 있는 단어를 경험하는 여러 상황에서 다양한 의미로 사용하는 과잉 일반화 현상이 나타나기도 한다. 예를 들어 강아지의 울음소리 '멍멍'을 강아지뿐만 아니라 사자, 호랑이, 고양이 등에도 적용해본다. 3세는 24개월에 이어 자신과 자신을 둘러 싼 사물과 환경에 대한 질문이 끊임없이 이어지는 시기로 '왜, 무엇'과 같은 의문사를 많이 사용한다. 진짜 호기심을 가지고 질문을 하는 경우도 있지만 그 자체를 즐겨 놀이처럼 질문을 한다. 발음이 어눌할 수 있으며 타인과 하나의 주제에 대해 대화를 하다가 호기심이나 흥미가 생긴 단어가 나오면 대화의 주제가 해당 단어로 넘어가 버린다.

4세는 5~6개의 어휘로 이루어진 문장으로 대화를 나눌 수 있으며, 4,000개~6,000개 정도의 어휘를 사용하고, 하나의 주제에 대해 이야기를 할 수 있다. 주말을 지낸 이야기와 같이 자신의 경험에 대해 시간의 순서를 고려하며 대화할 수 있으며, 글자에 관심을 가지고 써보려는 시도를 한다. 친숙한 글자는 읽거나 따라쓰기 등을 할 수 있다.

5세는 발음이 점차 정교해지고 완전한 문장으로 대화를 나눌 수 있다. 자신의 경험을 다양한 언어와 문장으로 표현할 수 있으며 타인과 대화할 때 말하는 순서를 지키며 이야

[사진 4-10] 비행기 그림을 보며 비행기라고 말하는 3세 유아

기 할 수 있다. 여러 가지 가상놀이를 즐기며 각각의 역할에 맞는 대사를 만들어 활용할 수 있으며 동극놀이, 반복되는 이야기와 시, 노래 등을 즐긴다. 타인을 웃기기 위해 유머 스러운 어휘나 이야기 등을 만들어서 사용할 수 있다. 자신의 생각을 글로 표현하기 위해 성인의 도움을 받을 수 있으며 초대장, 편지, 일기 등과 같은 다양한 형식으로 글을 읽거나 쓸 수 있다.

3. 사회·정서 발달

　3세는 자기중심적 사고가 강해 혼자놀기를 즐기지만 사회적 상호작용이 활발해 지면서 또래들과의 놀이가 발달한다. 예를 들어 학기 초에는 자신이 좋아하는 소방차놀이를 혼자하다가 옆의 친구가 하는 경찰차 놀이에 관심을 가지고 방관하듯이 지켜본다. 시간이 흐르며 친구의 경찰차놀이를 따라 옆에서 비슷하게 놀이를 하다가 친구와 친밀감이 생기면 각자의 경찰차를 가지고 함께 놀이한다. 또래와 놀이할 때 자신의 장난감을 나누어 놀이하거나 양보하는 데는 한계가 있어 놀잇감을 둘러싼 다툼이 빈번한 시기이다. 자신의 감정을 솔직하게 표현하며 변덕을 부리기도 한다. 3세는 독립심이 발달하며 어떤 일을 스스로 하기 위해 시도하고 성공하면 성취감을 느끼며 즐거워하는 시기이기도 하다. 자신의 옷을 스스로 개고 사물함에 넣는 활동을 할 수 있으며, 성인이나 친구가 도움을 주려할 때 거부하기도 한다.

　4세는 또래에 대한 관심이 증가하며 또래관계를 중요하게 생각하기 시작한다. 친구와 함께 상상력을 발휘하여 가상놀이를 하는 것을 좋아하며 친구를 즐겁게 하려고 노력하기도 한다. 자신이 좋아하는 물건을 친구에게 주거나 친구의 옷에 대해 칭찬을 한다. 그러나 때때로 자신의 생각처럼 놀이가 진행이 되지 않을 때 친구에게 화를 내며 '너랑 안 놀아'와 같이 언어표현으로 친구의 기분을 상하게 하기도 한다. 성인이 타인과의 사회적 상호작용 안에서 긍정적이거나 부정적인 언어표현이나 행동이 무엇인지 인식하고 구별하여 사용할 수 있도록 지도한다.

　5세는 협동하여 놀이하는 것을 즐기는 시기로 의미있는 우정을 형성할 수 있다. 친구의 관심을 끌기 위해 농담이나 유머스러운 말과 행동을 할 수 있으며, 감정이 상했을 때 행동보다는 언어로 표현하려고 한다. 친구와의 관계에서 단짝과 같은 지속적인 우정이 나타나며 상대방의 감정에 자신의 감정이 이입할 수 있다. 타인의 슬픔이나 분노 등과 같은 정서에 대해 관심을 가지고 이해할 수 있다. 따라서 친구 등의 타인과 정서적인 갈등이 있을 때 이를 해결하기 위한 다양한 방법을 모색하는 모습이 나타나기도 한다.

[사진 4-11] 유머러스한 행동을 즐기는 3, 5세 유아

4. 인지 발달

3세는 구체적인 사물과 자신의 경험을 통해 개념이 발달하는 시기이다. 예를 들어 실제로 있는 인형 3개를 가지고 '하나, 둘, 셋'과 같이 말하면서 손가락으로 인형을 가리키는 경험을 통해 수에 대한 개념을 익힐 수 있다. 색에 대한 관심이 많으며 자신이 좋아하는 색깔에 대한 선호가 뚜렷해 한 가지 색깔의 옷만 입으려는 경향이 나타나기도 한다.

4세는 주의집중력이 점차 발달하며 상징적 사고가 발달한다. 감각이나 행동에 의존하지 않고 정신적인 표상으로 어떤 것에 대한 개념을 형성해 나갈 수 있다. 색깔을 구별하고 물체를 대응시키거나 분류할 수 있으며, '첫째, 둘째, 셋째'와 같은 수의 서열화 개념을 이해한다. 과거와 미래의 사건을 이해하기 시작할 수 있으며 지난 일을 회상하여 이야기 하기와 같은 '주말 지낸 이야기' 활동을 할 수 있다.

5세는 자신의 관심과 호기심을 해결하기 위해 다양한 방법을 사용할 수 있다는 것을 알고 행동으로 옮길 수 있다. 예를 들어 길을 가다 발견한 꽃에 대해 알아보기 위해 '선생님, 저 꽃은 이름이 뭐예요?'와 같이 성인에게 묻거나, 꽃에 대한 책을 찾아 꽃의 이름을 알아볼 수 있다는 것을 알고 행동할 수 있다. '내가 아기 때는~ 같은 말을 했데'와 같이 자신의 어렸을 때 이야기를 친구나 성인 등 타인과 하는 것을 즐기고 없었던 일을 상상력을 활용해 지어내서 꾸며낸 이야기를 들려줄 수 있다.

[사진 4-12] 5세 유아가 꾸며낸 이야기 책

〈표 4-1〉 시기 및 영역별 발달 내용

영역 \ 시기	1세 미만	1~2세 미만	유아기
신체·운동 발달		• 첫 걸음마 이후 활동범위 확장 • 다양한 방향으로 신체 움직임 • 걷기, 뛰기, 뛰다가 방향 바꾸기 등으로 점차 움직임 발달 • 13~15개월 물건을 바구니에 넣었다 빼기, 블록 위로 쌓기, 수저로 음식 뜨기 시도, 연필쥐고 휘갈기기, 발달이 빠른 영아 기저귀 불편함 표현 • 16~18개월 숟가락과 포크 사용, 손잡이 없는 컵을 두 손으로 잡고 물 마시기, 대소변 가릴 준비 시작 • 18~24개월 몸을 웅크리고 앉았다가 흔들림없이 일어남, 타인의 손을 잡고 계단 오르내리기, 두 발 점프, 공차기	• 3세 두 발을 번갈아 계단 오르내리기, 평균대 균형 잡기, 한 발 점프, 종이에 끄적이기, 간단한 퍼즐맞추기 • 4세 협응력 증진, 의도하는 그림 그리기, 선따라 가위질, 네모 모양 종이 접기 등 • 5세 성취감을 즐기며 도전적인 활동 시도, 달리기의 속도 겨루기, 장애물 뛰어넘기, 작은 단추 혼자 끼우기, 스스로 배변처리, 종이접기 책 보고 혼자 접기
언어 발달	• 1개월 의미없는 소리 • 2~3개월 원하는 것에 따라 음색과 강도가 다른 분화된 울음과 옹알이 • 9개월 성인의 '안 돼'와 같은 언어 표현에 반응 • 10개월 성인의 '맘마, 아빠, 엄마' 등의 발음, 억양, 톤 등을 모방	• 12개월 익숙한 물건 이름 이해, 20개 내외의 물건 이름 말하기, 성인의 언어표현 모방 • 16개월 '싫어, 아니야' 표현 • 18개월 이해어휘, 표현어휘 급증, 두 개의 단어 조합 '엄마 물'과 같은 전보식 언어 나타남 • 19개월 질문 폭발	• 3세 약 1,000개~4,000개 어휘 사용, 과잉일반화 현상 발현 • 4세 5~6개의 어휘로 이루어진 문장 대화, 약 4,000개~6,000개 어휘사용, 자신의 경험에 대해 시간의 순서를 고려한 대화 가능, 글자에 관심갖고 쓰기 시도, 친숙한 글자 읽기나 따라쓰기 가능 • 5세 발음의 정교화, 완전한 문장 대화 가능, 타인과 대화시 순서 지키기, 가상놀이 즐기기, 유머 즐기기, 생각을 글로 표현 가능

사회·정서 발달	• 2개월 배냇웃음 • 3개월 성서석 표현의 발현 • 4개월 개인적인 기질 발현 • 5개월 낯가림 시작 • 6개월 두려움에 대한 반응 • 7개월 노여움 표현 • 8~12개월 애착관계 형성	• 12개월 타인에 대한 관심 시작, 신체 조절이 원하는대로 되지 않을 경우 공격적인 모습 발현, 행동을 제지당할 경우 고집 발현 • 24개월 정서 분화와 인지능력 발달로 자아의식 뚜렷해짐, '내 것'에 대한 소유의식	• 3세 자기중심적 사고, 혼자놀기, 사회적 상호작용 점차 증진, 독립심 발달 • 4세 또래에 대한 관심 증가. 친구와 가상놀이, 친구 관계에서 유머 사용, 좋고 싫음을 표현 • 5세 협동놀이가 나타남. 의미있는 우정 형성, 감정이입 가능. 갈등 시 해결방법 모색
인지 발달	• 2개월 신체를 통제하려는 모습 발현, 의식적인 행동 반복 • 5~6개월 감춘 장난감을 찾으려는 시도 • 8~12개월 대상영속성 개념 이해	• 13개월 기억력 발달, 까꿍놀이, 반복행동 발현 • 19개월 상징적 사고가 가능하여 가상놀이	• 3세 구체적인 사물과 경험을 통해 개념 발달 • 4세 주의집중력 발달. 상징적 사고 발달. • 5세 관심과 호기심을 가지고 무엇을 탐구하기 위해 다양한 방법을 모색. 이야기 꾸미기 가능

제 5 장
영유아기 보육

Contents

본 장에서는 영유아기 보육에 대한 전반적인 사항을 알아본다. 영유아기 보육의 목적과 기본적인 보육 내용, 보육을 하는 방법, 영유아에게 적절한 보육환경은 어떻게 구성되어야 하는지에 대해 살펴보겠다.

I. 영유아의 보육

1. 보육 목적

영유아기 보육은 프랑스에서 1799년 취업모의 자녀를 돌보기 위해 탁아소를 개설할 것을 발단으로 시작되었으며 우리나라의 영유아보육법 제1조(목적)에서 보육의 목적을 아래와 같이 제시하고 있다.

> 이 법은 영유아(嬰幼兒)의 심신을 보호하고 건전하게 교육하여 건강한 사회 구성원으로 육성함과 아울러 보호자의 경제적·사회적 활동이 원활하게 이루어지도록 함으로써 영유아 및 가정의 복지 증진에 이바지함을 목적으로 한다.

산업화와 함께 취업모의 증가로 영유아 보육의 책임이 부모에서 국가, 사회, 직장으로까지 확대되며 보육의 목적이 영유아 및 가정의 복지 증진으로 넓어진 것이다.

2. 보육 내용

영유아보육법에서는 제29조(보육과정)에서 보육 내용으로 다루어야 할 사항에 대해 아래와 같이 제시하고 있다.

① 보육과정은 영유아의 신체·정서·언어·사회성 및 인지적 발달을 도모할 수 있는 내용을 포함하여야 한다.
② 보건복지부장관은 표준보육과정을 개발·보급하여야 하며 필요하면 그 내용을 검토하여 수정·보완하여야 한다.
③ 어린이집의 원장은 제2항의 표준보육과정에 따라 영유아를 보육하도록 노력하여야 한다.
④ 어린이집의 원장은 보호자의 동의를 받아 일정 연령 이상의 영유아에게 보건복지부령으로 정하는 특정한 시간대에 한정하여 보육과정 외에 어린이집 내외에서 이루어지는 특별활동 프로그램(이하 "특별활동"이라 한다)을 실시할 수 있다. 이 경우 어린이집의 원장은 특별활동에 참여하지 아니하는 영유아를 위하여 특별활동을 대체할 수 있는 프로그램을 함께 마련하여야 한다.
⑤ 제1항에 따른 보육과정, 제4항에 따른 특별활동 대상 영유아의 연령 및 특별활동의 내용 등에 필요한 사항은 보건복지부령으로 정한다.

3. 보육 방법

보육의 방법은 운영주체, 장소, 시간, 대상에 따라 다음과 같이 나누어질 수 있다.

첫째, 운영주체에 따라 국공립 보육시설, 법인 및 민간 보육시설, 직장보육시설, 가정 보육시설, 부모협동 보육 시설이 있다. 국공립 보육시설은 국가 또는 지방자치단체가 설치하고 운영하는 시설로 영유아 정원의 50% 이상을 지역주민 자녀로 구성해야 한다. 법인 보육시설은 사회복지사업 법에 의한 사회복지법인이 설치하고 운영하는 시설이며, 민간 보육시설은 비영리법인, 단체 또는 개인이 설치하고 운영하는 시설이다. 직장 보육시설은 사업주가 사업장의 근로자를 위해 단독이나 공동으로 근로자 밀집 거주지역에 설치하고 운영하는 시설로 영유아보육법 시행령 제20조(직장어린이집의 설치) 제1항은 상시 여성근로자 300명 이상 또는 상시근로자 500명 이상을 고용하고 있는 사업장은 직장 보육 시설을 설치해야 한다고 명시하고 있다. 가정 보육 시설은 개인이 가정 또는 그에 준하는 곳에 설치하고 운영하는 시설로 영유아 5인 이상 20인 이하를 보육한다. 부모협동 보육 시설은 보육을 할 아동을 둔 보호자 15인 이상이 공동으로 보육하기 위해 보육시설을 설치하고 운영하는 시설로 영유아 11인 이상을 상시 보육한다.

둘째, 장소에 따라 가정 보육과 시설 보육이 있다. 가정 보육은 영유아가 자신의 집에서 보육을 받는 형태와 가정형 보육시설의 형태가 있다. 즉, 영유아 자신의 집에서 자신의 부모나 친인척 등 대리양육자에 의해 보육을 받는 형태와 친인척인 대리양육자의 집에서 보육을 받거나 보육 시설 허가를 받고 운영하는 가정형 보육시설에서 보육을 받는 형태이다. 시설보육은 영유아가 자신의 집 외의 보육시설에서 집단 보육을 받는 것이다. 시설보육은 다수의 영유아를 대상으로 운영되므로 대체로 체계적인 보육과정과 환경 안에서 보육시설과 관련된 전문가에 의해 프로그램 형태로 운영된다.

셋째, 시간에 따라 반일제, 종일제, 시간제, 방과 후, 야간 및 24시간, 계절제, 휴일 보육이 있다. 영유아보육법 제24조2(보육시간의 구분)와 영유아보육법 시행규칙은 어린이집을 이용하는 모든 영유아에게 필수적으로 제공되는 7시간의 기본 보육과 기본 보육을 초과하여 보호자의 욕구 등에 따라 제공되는 보육시간을 구분하여 제시하고 있다. 보통 오전 8시 30분이나 9시부터 오후 1시나 2시까지 운영되는 반일제, 주 6일 평일 12시간 이상(월~금 07:30~19:30, 토 07:30~15:30) 운영되는 종일제, 부모가 필요한 시간만큼 제공되는 시간제, 초등학교 아동들을 대상으로 학교 등교 전후 4시간 이상 보육서비스를 제공하는 방과후, 잠자리와 식사를 포함하는 야간 및 24시간, 계절과 지역적 특성에 따라 농번기나 스키장 내에서 겨울에만 운영하는 것과 같은 계절제, 일요일이나 공휴일에 보육서비스를 제공하는 휴일 보육이 있다.

넷째, 대상에 따라 영아, 유아, 장애아 보육이 있다. 0~2세 사이의 영아를 대상으로는 수유, 이유, 배변처리 등 영아의 기본 적인 의식주를 보호하는 보육이 이루어진다. 이 시기 영아만을 대상으로 보육이 이루어지는 영아전담 보육시설이 있다. 3~5세 사이의 유아를 대상으로는 보통 반일제의 신체·운동, 언어, 사회·정서, 인지 발달을 위한 보육과정 프로그램과 종일제 유아를 대상으로 하는 발달과 보호가 통합적으로 이루어지는 프로그램이 제공된다. 장애아 대상 보육은 장애아 전담 보육과 통합보육으로 나뉘어 이루어질 수 있다. 장애아 전담 보육은 장애인복지법 제2조(장애인의 정의 등)에 의하여 장애인으로 등록된 영유아를 대상으로 보육서비스를 제공한다. 장애아 통합 보육은 장애를 가지고 있지 않은 일반 영유아와 장애를 가지고 있는 영유아를 같은 보육시설에서 함께 보육하는 것으로 모든 시간과 활동을 함께하는 완전 통합과 일정 시간과 활동 동안 부분적으로 통합하는 부분 통합의 형태가 있다.

4. 환경구성

　　영유아기는 발달 특성상 자기 자신과 자신을 둘러싼 주변의 모든 것을 적극적으로 탐색하고 반응하는 시기이므로 자신을 돌봐주는 인적 환경과 더불어 물리적 환경에 민감하다. 따라서 영유아가 보육을 받는 물리적인 공간의 환경은 영유아의 집처럼 편안하고 안정감 있게 구성 되어야 한다. 최미현 등[5]은 영유아기 보육기관이 갖추어야 할 물리적 환경의 원리를 다음과 같이 제시하였다.

- 보육시설은 가능한 한 독립된 단층 건물로서 활동하기 충분한 실내·외 공간이 있어야 한다. 또 영유아들이 능동적이며 자발적으로 활동할 수 있도록 배려된 실내·외 공간 구성과 풍부한 놀잇감 및 교구, 그리고 벽면 구성 등을 고려해야 한다.
- 영유아의 성장과 발달의 기초 원리를 고려하여 영유아의 전체 발달을 증진시키는 환경이어야 한다. 영유아의 발달특징, 성숙도, 흥미, 개인차 등을 고려하여 영유아들이 쉽게 사용하고 정리할 수 있도록 구성되어야 한다.
- 안전하고 청결하고 매력적이며 충분히 넓어야 한다. 보육시설의 시설·설비 및 교구는 영유아의 건강과 안전을 고려해야 한다. 충분하고 다양한 공간은 영유아들이 자유롭게 주위 환경을 탐색할 수 있게 한다. 또한 이동이 가능한 설비와 가구를 배치하여 다양한 구성과 융통성 있는 환경이어야 한다.
- 보육시설의 목적, 프로그램의 목적에 기초한 환경으로 보육시설의 보육목표, 보육내용 등을 달성할 수 있도록 구성하여야 한다.
- 보육시설의 모든 시설은 공간 배열에 특히 유념하여 설치하여 전반적인 보육의 효과를 달성하여야 한다. 또 채광, 통풍, 소음, 습기, 냄새, 색채, 전망, 바닥과 벽, 위치 등 여러 가지 요인을 고려하여 적절한 시설로서 보육의 효과를 높일 수 있는 환경이어야 한다.
- 보육시설 중에서 보육실은 연령에 따라 활동영역(흥미영역)으로 구분하여 구성하여야 한다. 영유아를 보육하는 보육시설의 보육실은 그 연령에 따라 활동영역의 특성과 수가 달라지므로, 연령을 고려하여 보육실을 구성하여야 한다. 예를 들면, 기저귀 가는 영역은 만2세 미만의 영아반에는 배치되나 그 이상의 연령에서는 배치되지 않는 영역이다.
- 영유아들이 혼자 있을 수 있는 실내·외 사적인 영역이 제공되어야 한다. 오랜 시간 동안 집단생활을 하는 영유아들은 개인적으로 혼자 있는 기회가 필요하므로 실내·외 환경 배치와 계획에 의해서 사적인 공간이 제공되는데, 교실 내부의 둘러싸여 있는 작은 공간, 터널, 말 놀잇감 등과 같은 설비들이 사용될 수 있다. 그러나 이러한 영역은 성인들에 의해 쉽게 감독될 수 있어야 한다.

5　최미현 외(1996). 영유아보육론. 서울: 창지사

이와 같은 지침에 의거하여 구성되는 보육시설의 환경은 크게 실내와 실외로 구분하여 살펴볼 수 있다. 각 공간이 갖는 목적이나 영유아시기에 따른 발달 특성을 고려하여 구성하여야 영유아의 균형있고 조화로운 성장·발달을 도울 수 있으므로 영유아기별 실내와 실외 환경으로 나뉘어 살펴보겠다.

1) 보육시설 실내 환경

보육시설 실내 환경은 크게 실내 환경으로 진입하는 공간과 보육이 주로 이루어지는 보육 공간, 서비스 공간으로 구분된다. 진입 공간과 서비스 공간은 영유아의 시기와 상관없이 공통적으로 조성되어 있는 공간으로 현관과 원장실과 교사실, 양호실, 조리실, 화장실, 자료실 등이 있다.

첫째, 현관은 영유아가 부모와 헤어지며 보육시설 안으로 들어가는 진입 공간으로 영유아가 부모와의 격리로 인해 불안감을 가지지 않도록 안정적이며, 부모가 보육시설의 각종 정보를 수집할 수 있는 공간으로 구성한다. 예를 들어, 영유아가 부모와 헤어지기 힘들어 하며 보챌 경우에 부모가 아이와 대화를 나누며 아이의 상태를 살피고 교사와 간단한 상호작용을 할 수 있도록 대기 의자를 비치해 둔다. 등·하원 시간에 영유아 다

[사진 5-1] 현관

수가 동시에 몰리는 것을 고려하여 6~10명 정도의 영유아가 신발을 신고 벗기에 충분한 공간이 구비되어야 하며, 신발을 정리할 수 있는 신발장이 영유아의 신장에 맞게 비치되어 있어야 한다. 교사나 부모, 방문객 등이 보육시설에 들어갈 때 신발을 정리할 수 있는 성인용 신발장도 함께 구비한다.

둘째, 보육시설 실내·외 환경의 전반적인 움직임과 활동을 파악할 수 있는 위치에 원장실과 교사실 공간을 구성한다. 보육시설의 규모가 커서 원장실과 교사실을 구분할 수 있는 경우에는 공간을 분리하여 둘 수 있으나, 보육시설의 규모 상 두 개의 공간으로 분리할 수 없다면 한 공간에 구성할 수 있다. 교사가 영유아의 보육활동을 위한 교재·교구를 개발하거나 활동을 계획하고, 보육일지 등을 작성할 수 있도록 테이블, 의자, 컴퓨터, 프린트기, 복사기 등을 구비하고, 학부모와 상담을 할 수 있도록 휴식용 소파나 응접 테이블을 구비한다.

[사진 5-2] 원장실과 교사실

셋째, 대·소근육이 발달하는 과정인 영유아가 건강 상태가 좋지 않거나 다쳤을 경우 간단히 치료를 받고 안정과 휴식을 취할 수 있는 양호실 공간을 구성한다. 보육시설의 어느 교실에서도 출입이 용이하며 영유아가 컨디션이 나쁜 상태에서도 화장실을 쉽게 이용할 수 있도록 화장실과 인접한 위치에 구성한다. 또한 영유아가 안정과 휴식을 취하기 위해 아늑하고 따뜻한 분위기로 조성하며, 다른 영유아와 격리되어 있는 상황에서도 즐거움과 편안함을 느끼도록 간단한 장난감을 구비해 놓는다. 응급처치에 필요한 구급약품(감기약, 소화제, 해열제, 외상 연고, 체온계, 일회용 밴드, 붕대 등)을 구비하되 영유아의 연령과 몸무게 등을 고려하여 처치할 수 있도록 매뉴얼을 구성하고, 학부모의 동의하에 구급약품을 사용할 수 있도록 응급처치 동의서를 사전에 받아놓는다.

[사진 5-3] 양호실

넷째, 보육시설은 영유아보육법 제33조(급식관리)에 의거하여 영유아의 식사 및 간식을 준비하는 조리실을 구성한다. 영유아보육법 시행규칙 별표8는 보육시설의 급식과 관련하여 다음과 같은 내용을 명시하고 있다.

나. 급식관리
1) 어린이집의 원장 및 어린이집에서는 급식을 조리·제공하는 보육교직원(이하 이 목에서 "원장 등"이라 한다)은 어린이집에서 식중독 환자가 발생하지 않도록 위생관리를 철저히 하여야 한다.
2) 원장 등은 영유아가 필요한 영양을 섭취할 수 있도록 영양사가 작성한 식단에 따라 급식을 공급하여야 한다. 이 경우 영양사(2개 이내의 어린이집이 공동으로 두는 영양사를 포함한다)를 두고 있지 아니한 100명 미만의 영유아를 보육하고 있는 어린이집은 육아종합지원센터, 보건소 및 어린이 식생활안전관리 특별법 제21조에 따른 어린이집 급식관리지원센터 등에서 근무하는 영양사의 지도를 받아 식단을 작성하여야 한다.

3) 원장 등은 영유아에 대한 급식을 어린이집에서 직접 조리하여 제공하여야 한다. 다만, 공공기관이나 사회복지관 안에 설치된 어린이집의 경우에는 같은 건물에 있는 조리실을 사용하여 급식을 제공할 수 있고, 현장학습 등의 사유로 어린이집에서 직접 조리하여 제공하기 어려운 경우에는 학부모의 동의를 거치는 등 보건복지부장관이 정하는 절차에 따라 직접 조리하여 제공하지 않을 수 있다.

4) 원장 등은 식기, 도마, 칼, 행주, 그 밖에 주방용구를 정기적으로 세척·살균 및 소독하는 등 항상 청결하게 유지·관리하여야 하며, 어류·육류·채소류를 취급하는 칼·도마는 각각 구분하여 사용하여야 한다.

5) 원장 등은 상하거나 유통기한이 지난 원료 또는 완제품을 음식물의 조리에 사용하거나 보관해서는 안 되며, 이미 급식에 제공되었던 음식물을 재사용해서는 안 된다.

6) 원장 등은 식품등의 원료 및 제품 중 부패·변질이 되기 쉬운 것은 냉동·냉장시설에 보관·관리하여야 한다.

7) 원장 등은 식품위생법 제88조 제2항 제2호에서 정하는 바에 따라 조리·제공한 식품의 매회 1인분 분량을 144시간 이상 보관해야 한다. 다만, 20명 이하를 보육하는 어린이집의 경우에는 보관하지 않을 수 있다.

8) 조리원 등 음식물의 조리에 직접 종사하는 보육교직원은 위생복·앞치마·위생모를 착용하는 등 개인위생관리를 철저히 하여야 한다.

[사진 5-4] 조리실

조리실은 식재료를 보관할 수 있는 냉장고와 조리를 위한 싱크대, 조리대, 환풍기를 설치하여 구성하며, 세척기, 소독기를 활용하여 조리기구와 식기류를 청결하고 위생적으로 관리할 수 있도록 한다.

다섯째, 보육시설의 화장실은 영유아가 대소변을 처리하고 손이나 몸 등의 신체를 깨끗하게 씻을 수 있도록 영유아의 신체크기에 맞게 적절하게 구성한다. 모든 교실에서 이용하기 용이한 위치에 마련하도록 하며 영유아가 배변에 긍정적인 감정을 가지고 이용할 수 있도록 밝고 매력적이며 청결하게 구성한다. 가능하면 교실 2개 당 1개의 화장실을 구비하는 것이 좋다. 화장실을 이용하는 영유아가 바닥에서 미끄러지지 않도록 미끄럼방지 매트를 깔거나 영유아용 신발을 구비하며 세면대에서 손을 씻을 때 너무 차갑거나 뜨거운 온도의 물을 사용하지 않도록 냉온수의 온도를 조정 및 고정할 수 있어야 한다. 영유아기부터 남녀에 대한 성 존중 태도를 기를 수 있게 남녀용 화장실은 분리하여 설치해주되 필요한 경우 성인이 도움을 줄 수 있도록 칸막이를 낮게 설치한다.

[사진 5-5] 화장실

여섯째, 영유아의 보육활동을 위해 구비하는 교재·교구를 보관할 수 있는 자료실을 구성하여야 한다. 보육시설의 규모가 큰 경우에는 별도의 자료실을 구비하여 재료, 주제, 크기 등의 기준에 맞게 체계적으로 교재·교구를 진열하여 효율적으로 사용할 수 있도록 한다. 보육시설의 규모 상 별도의 자료실 구비가 어려운 경우에는 교실이나 복도, 교사실 등의 장소에 수납할 수 있는 장을 마련하여 교재·교구를 보관할 수 있도록 구성한다.

[사진 5-6] 자료실

(1) 영아를 위한 실내 환경

2세 미만의 영아는 오감각을 이용하여 자기 자신과 자신을 둘러싼 환경을 탐색하며 보육을 하는 성인이 영아의 기본적인 의식주를 해결해주는 시기이므로 영아를 위한 환경은 청결하고 안전하게 구성되어야 한다. 특히 이 시기는 세상에 대한 안정감을 통해 애착을 형성하는 시기이므로 가정과 같이 아늑하고 따뜻하며 편안하게 활동할 수 있도록 안정적으로 구성해주는 것이 중요하다.

첫째, 다양한 대근육을 발달시킬 수 있도록 넓은 공간을 마련한다. 2세 미만의 영아기는 머리 들기, 뒤집기, 앉기, 기기, 걷기 등 대근육을 움직이고 훈련하는 시기이므로 안전한 공간에서 자유롭게 움직일 수 있도록 넓은 공간을 제공해준다. 낮은 오르기 기구나 미끄럼틀, 실내용 자동차, 흔들 말 등을 제공할 수 있으며, 안전사고를 예방하기 위해 가구의 모서리 등에는 안전 보호대를 설치하고, 서랍과 같은 것은 안전 클립을 설치하여 영아가 함부로 만지지 않도록 관리한다.

[사진 5-7] 대근육 활동 영역

둘째, 기저귀를 착용하는 영아의 용변을 볼 때와 상황에 맞게 처리해줄 수 있도록 기저귀 갈이 영역을 구성한다. 영아가 기저귀를 갈 때 편안하고 즐거운 느낌을 받을 수 있도록 아늑하게 구성하며 필요시 영아를 청결하게 씻길 수 있도록 물 사용이 용이한 곳에 구성한다. 기저귀를 갈 때 필요한 물티슈, 로션, 수건, 파우더 등은 영아의 손에 쉽게 닿지 않으면서 성인의 손에 닿을 수 있는 곳에 두어야 한다.

셋째, 영아가 분유나 우유, 이유식 등을 수유하는 영역을 구성한다. 음식을 준비할 수 있는 낮은 테이블과 전자레인지 등과 음식 보관을 위한 냉장고 등을 배치하며 기저귀 갈이 영역과 같이 청결을 신경써야 하는 영역과는 분리하여 배치한다. 영아기 수유 양과 시간은 영아의 건강상태 파악을 위해 매우 중요하므로 영아 개인별 수유 시간표를 체크할 수 있도록 벽면에 표지판을 설치해두면 좋다.

넷째, 영아기는 충분한 휴식과 수면이 필요한 시기이므로 휴식과 낮잠을 위한 공간을 놀이 공간과 별도로 마련한다. 영아의 신체 크기에 맞는 크기의 낮은 높이의 침구를 구비하고 놀이 공간의 소음과 채광에 방해받지 않도록 커튼이나 전등으로 환경을 조절해 준다. 영아가 쉴 때 포근함을 느낄 수 있도록 작은 소파, 빈백, 쿠션, 봉제 인형 등을 비치해줄 수 있다.

[사진 5-8] 휴식 및 낮잠 영역 이불장

다섯째, 영아의 발달 특성, 관심과 흥미에 맞는 놀이 공간인 탐색 영역을 구성한다. 영아가 호기심과 관심, 흥미 등을 가지고 탐색할 수 있도록 다양한 크기, 모양, 재질, 색깔 등으로 이루어진 놀잇감을 배치해준다. 영아기의 특성상 입으로 물거나 빨 수 있으므로 영아 간의 침이 섞이지 않도록 보육교직원이 수시로 청결하게 관리하며, 영아의 안전을 위해 지속적으로 관찰하도록 한다. 예를 들어 딸랑이, 치아발육기, 모빌, 구르면서 소리가 나는 공, 버튼을 누르면 다양한 소리가 나는 블록, 열고 닫을 수 있는 상자, 커다란 구슬 꿰기 등을 비치해 줄 수 있다.

[사진 5-9] 탐색 영역

여섯째, 영아의 언어 발달을 지원할 수 있는 언어 영역을 구성한다. 12개월 전후로 어휘가 급격히 발달하는 영아의 발달 특성을 고려하여 햇빛이 잘 드는 조용한 곳에 헝겊책, 놀잇감 형태로 구성된 그림책, 학급 친구들의 사진 등을 비치해준다.

(2) 유아를 위한 실내 환경관리

유아기는 스스로 무엇을 시도하고, 실패나 성공의 경험을 해보며 자아를 발달 시키고, 주변 환경을 적극적으로 탐색하고 탐구하며 친구와의 상호작용에 관심을 갖는 시기이므로 유아가 주도적으로 환경을 탐색할 수 있으면서도 친구와 함께 다양하게 상호작용할 수 있는 안전하고 편안한 환경을 구성해 주어야 한다.

첫째, 유아의 관심이나 흥미에 따라 여러 가지의 물체를 자유롭게 탐색해볼 수 있는 과학 영역을 구성한다. 예를 들면 어항 속 물고기, 다양한 종류의 식물, 자연물 표본(돌, 나뭇잎, 솔방울 등), 구슬, 여러 길이의 막대 등을 마련하여 교구장에 비치하고 돋보기, 자석, 거울, 저울 등을 가지고 교구들을 보고, 듣고, 만지는 등 오감각을 활용해 탐색해볼 수 있도록 한다.

[사진 5-10] 과학 영역

둘째, 수세기, 서열, 비교, 분류, 일대일 대응 등 다양한 수와 관련된 활동을 할 수 있는 수·조작 영역을 구성한다. 예를 들면 여러 가지 기하 도형, 구슬 끼우기, 퍼즐, 지퍼올리기, 패턴 만들기 등을 할 수 있는 교구나 게임판 등을 비치하여 수와 관련된 활동을 해 볼 수 있도록 한다.

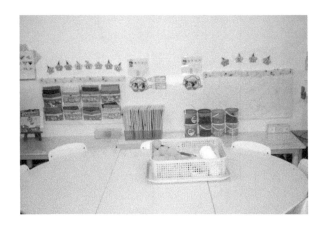

[사진 5-11] 수·조작 영역

셋째, 24개월 이후에는 가작화 놀이가 시작되므로 유아가 상상놀이를 할 수 있도록 역할놀이 영역을 구성한다. 드레스, 턱시도, 베트맨 등의 역할을 표시할 수 있는 다양한 의상과 소꿉놀이를 할 수 있는 소품(그릇, 냉장고, 가스레인지, 음식 모형 등), 병원놀이를 할 수 있는 소품(의사가운, 청진기, 약통, 약봉지 등) 등 일상생활에서 유아가 경험할 수 있는 사회적인 역할과 관련된 소품을 마련해 준다.

[사진 5-12] 역할놀이 영역

넷째, 유아가 대·소근육을 활용하여 창의적으로 작품을 구성할 수 있는 쌓기놀이 영역을 구성한다. 종이, 우레탄, 자석, 원목 등 다양한 재료로 만들어진 블록, 유아의 손가락 크기에서부터 A4용지 크기 등의 여러 가지 크기로 만들어진 블록, 블록으로 만들 구성물 안에서 가지고 놀이할 수 있는 공룡, 사람, 해양동물 등과 같은 피규어 인형 등을 구비하여 준다.

[사진 5-13] 쌓기놀이 영역

다섯째, 말하기, 듣기, 읽기, 쓰기 등 언어 발달이 활발하게 이루어질 수 있도록 언어 영역을 구성한다. 글자가 없는 그림책, 문장이 짧은 그림책, 문장이 긴 그림책 등 다양한 내용의 그림책과 동물, 공룡에서부터 백설공주, 신데렐라 등과 같은 세계 명작, 곶감과 호랑이 등과 같은 전래동화 등 여러 주제의 책 등을 비치하여 유아가 각자의 흥미와 발달 수준 등에 따라 그림책을 선택하여 읽을 수 있도록 구성한다. 책장은 책을 비치하였을 때 표지의 그림과 글자가 다 보일 수 있는 전면 책장을 구비하여 시기나 주제 등에 따라 달라지는 책을 보고 유아가 관심을 가질 수 있도록 한다. 유아가 책을 읽는 공간은 소파, 빈 백, 쿠션, 인형 등 아늑하고 편안한 분위기를 조성할 수 있는 소품을 비치하여 따뜻한 느낌이 나도록 하고, CD플레이어, 녹음기 등과 같은 디지털 기기를 비치하여 유아가 원하는 동화를 듣거나 자신의 목소리로 이야기를 녹음하고 들어볼 수 있는 환경을 조성해 준다.

[사진 5-14] 언어 영역

여섯째, 유아가 자신의 생각, 느낌, 경험 등을 그리기나 만들기 등으로 표현할 수 있는 미술 영역을 구성한다. 얇은 종이, 두꺼운 종이, 골판지, 색종이 등 다양한 재질과 형태의 종이나 스티커, 모양 펀치, 가위, 풀, 색연필, 싸인펜, 물감, 클레이, 지점토, 찰흙, 폐품 등 여러 가지 종류의 미술 재료와 도구를 제공한다. 그리고 제공된 재료와 도구를 가지고 유아가 완성한 작품을 전시할 수 있는 벽면 전시대나 입체물 전시대 등을 마련하여 유아가 자신의 작품을 친구들과 공유할 수 있도록 조성해 준다.

[사진 5-15] 미술 영역

    일곱째, 음악적 감수성을 향상시킬 수 있는 음악 영역을 구성한다. 유아가 악기의 소리를 탐색할 수 있도록 트라이앵글, 작은 북, 탬버린, 피아노 등과 같은 악기를 제공 해 주거나 노래를 부르며 춤을 출 수 있도록 마이크, CD플레이어, 다양한 종류의 천 등을 제공한다. 유아가 악기를 연주하거나 노래 부르기, 춤추기 등의 활동을 할 경우 다른 놀이를 하는 유아가 방해를 받을 수 있으므로 조용하게 집중해야 하는 놀이 공간과는 거리를 두어 배치한다.

[사진 5-16] 음악 영역

2) 보육시설 실외 환경

실외 환경은 영유아의 실내 활동을 확장시킬 수 있는 공간이 될 수 있으며 실내에서 경험할 수 없는 자연 그대로의 모습을 온 몸으로 느끼며 활동할 수 있는 공간이다. 실내의 공간이 각 영역의 특징에 따라 구분되어 있다면 실외의 공간은 넓고 개방적이므로 영유아에게 자유로움과 해방감, 도전정신, 적극성 등을 불러일으킬 수 있다. 보육시설은 영유아의 안전을 고려하면서도 대·소근육을 자유롭게 움직일 수 있으며 주변을 충분히 탐색하고 탐구할 수 있는 실외 놀이 공간을 제공해야 한다. 유구종 등[6]은 훌륭한 실외 놀이 공간을 제공하기 위해 고려해야 할 점을 다음과 같이 제시하였다.

- 유아들이 놀이할 수 있는 충분한 공간을 제공해야 한다. 좁은 공간에 놀이시설이나 기구 등이 제한되어 있을 때 유아 간의 갈등과 공격적인 행동이 많이 나타난다.
- 실내 활동 영역을 배치하는 것처럼 실외 영역도 다양한 활동 영역이 배치되어야 한다. 유아에게는 대근육활동, 구성놀이활동, 극화놀이활동, 물·모래 놀이활동, 여러 가지 탐구활동 등을 위한 놀이 영역이 필요하며 특히 5세를 위해서는 규칙있는 게임이나 쫓기놀이를 하기 위한 평평하고 넓은 개방 영역이 필요하다. 그러나 이러한 활동영역은 고정적인 공간을 의미하기보다는 교사의 교육 계획에 따라 이동 가능하고 가변적으로 설치 가능한 영역을 의미한다.
- 실외 놀이터의 놀이기구 및 시설물은 안전하고 유아의 발달 수준에 적합해야 한다. 유아를 위한 시설물의 가장 기본적인 조건은 안전이다. 실외에서 유아들은 움직임이 커지고 모험적인 행동을 많이 하게 되므로 놀이시설물 설치 시에 안전기준을 준수하여 사고에 미리 대비해야 한다.
- 다양한 바닥 표면을 경험할 수 있도록 구성해야 한다. 자전거나 탈것을 탈 수 있는 딱딱한 땅이나 표면, 잔디, 모래와 같이 부드러운 표면 등을 경험할 수 있게 구성한다.
- 놀이 영역 내의 이동, 놀이 영역 같의 이동 및 입구와 출구로의 이동이 용이하도록 공간을 구성하여야 한다. 한 장소에서 다른 장소로의 이동 시 통로가 확실하게 구분되어 다른 유아의 놀이를 방해하지 않도록 한다.

---

6 유구종, 조희정(2007). 영유아보육학개론. 고양: 공동체

이와 같은 점에 비추어 보육시설의 실외 놀이 환경은 다음과 같이 구성해준다.

첫째, 아무것도 없는 빈 공간을 구성한다. 영유아가 자신의 욕구에 따라 자유롭게 공간을 활용할 수 있는 빈 공간을 제공하는 것이다. 이곳에서는 공놀이, 땅따먹기, 술래잡기, 달리기, 바닥에 그림 그리기 등 영유아가 무엇을 하고 싶은가에 따라 자유로운 활동이 이루어질 수 있게 구성한다.

[사진 5-17] 아무것도 없는 빈 공간

둘째, 바퀴 달린 놀잇감을 탈 수 있는 공간을 구성한다. 자전거, 킥보드, 유모차, 장난감, 왜건 등 영유아가 끌 수 있는 바퀴 달린 놀잇감을 탈 수 있는 공간을 마련한다. 바퀴 달린 놀잇감은 다른 실외 놀이 환경과 구분해 주지 않을 경우엔 놀잇감을 이용하고 있는 영유아와 맨 몸으로 놀이하는 영유아간의 충돌로 안전사고가 일어날 수 있는 놀잇감이다. 따라서 다른 실외 놀이 환경과 구분할 수 있는 한 쪽 영역에 공간을 구성하여 방향을 정해두고 안전하게 바퀴 달린 놀잇감을 이용할 수 있도록 한다.

[사진 5-18] 바퀴달린 놀잇감을 탈 수 있는 공간

셋째, 물과 모래를 가지고 다양한 놀이를 구성할 수 있는 물·모래놀이 공간을 구성한다. 모래는 물에 젖었을 때와 말랐을 때의 촉감을 영유아가 오감으로 직접 느끼고 활용할 수 있는 자연 재료이다. 삽, 그릇, 조리개 등의 교구와 물을 쓸 수 있게 공간을 마련해 주어 영유아가 물과 모래의 성질을 경험하며 창의적으로 놀이를 확장할 수 있도록 한다. 모래에 물을 부었을 때 배수가 잘 되도록 모래놀이 바닥은 배수시설을 철저하게 조성하며 강아지, 고양이 등의 동물 배설물이 쌓이지 않도록 덮개를 구비하여 청결하게 관리한다.

[사진 5-19] 물·모래놀이 공간

넷째, 대근육을 활용할 수 있는 조합놀이 공간이나 모래 언덕 등을 구성한다. 영유아가 떨어졌을 때도 안전할 수 있도록 바닥을 모래나 고무로 처리하고 놀이집과 미끄럼틀, 그물사다리 등으로 조성된 조합놀이 공간이나 높낮이를 느끼며 대근육활동을 할 수 있는 모래 언덕 공간 등을 구성한다. 영유아의 신체 크기를 고려하여 영아와 유아의 조합 놀이대를 구분하여 설치할 수 있으며, 영유아의 움직임 동선을 고려하여 시설물 간의 간격을 일정 간격으로 유지하여 영유아가 충돌하는 것을 대비하도록 한다.

[사진 5-20] 조합놀이 또는 모래 언덕 공간

제 6 장
보육교사의 자격

Contents

I. 보육교사의 자격

1. 자격기준

보육교직원의 자격제도는 「영유아보육법」 제21조 및 「장애아동복지지원법」에 근거하고 있으며 보육교직원의 자격은 다음과 같다.

〈표 6-1〉 원장의 자격

보육교직원 자격	
'어린이집 원장', '보육교사' 국가자격증	• 어린이집 원장과 보육교사로 근무하기 위해서는 보건복지부장관이 검정·수여하는 국가자격증을 취득하여야 함 • 어린이집 원장 자격증(장애아전문, 일반, 가정, 영아전담, 40인 미만) • 보육교사 자격증(보육교사 1급, 2급, 3급)
'장애영유아를 위한 보육교사' 자격확인서	• 「장애아동복지지원법」 시행으로 2016년 3월1일부터 장애영유아를 위한 어린이집에서는 특수교사 및 장애영유아를 위한 보육교사를 순차적으로 배치해야 함, 이를 위해 장애 영유아를 위한 보육 교사 자격확인서 제도가 도입되어 2015년 7월부터 시행됨 *취학하지 아니한 만 5세 이상의 장애영유아부터 순차적으로 배치

「영유아보육법」 제2조 제5항에 의하면, 보육교사는 영유아의 보육 및 보호자의 상담, 그 밖에 어린이집의 관리운영 등의 업무를 담당하고 자격은 보육교사 1급, 2급, 3급으로 나뉘어지는데 각각의 자격기준은 다음과 같다.

〈표 6-2〉 보육교직원 자격

구분	자격기준
보육교사 1급	1. 보육교사 2급 자격을 취득한 후 3년 이상의 보육업무 경력이 있는 사람으로서 보건복지부장관이 정하는 승급교육을 받은 사람 2. 보육교사 2급 자격을 취득한 후 보육 관련 대학원에서 석사학위 이상을 취득하고 1년 이상의 보육업무 경력이 있는 사람으로서 보건복지부장관이 정하는 승급교육을 받은 사람
보육교사 2급	1. 전문대학 또는 이와 같은 수준 이상의 학교에서 보건복지부령으로 정하는 보육관련 교과목 및 학점을 이수하고 졸업한 사람

	2. 보육교사 3급 자격을 취득한 후 2년 이상의 보육업무 경력이 있는 사람으로서 보건복지부장관이 정하는 승급교육을 받은 사람
보육교사 3급	고등학교 또는 이와 같은 수준 이상의 학교를 졸업한 사람으로서 보건복지부령으로 정하는 교육훈련시설에서 정해진 교육과정을 수료한 사람

*보육관련 대학원이라 함은
① 학과(전공) 및 학위명에 '보육, (영)유아, 아동'의 단어가 포함된 대학원
② ①의 경우가 해당되지 않을 경우 보육관련 교과목 이수기준으로 인정
　(보육관련 교과목 최소 15학점 이상 이수 여부를 확인하여 인정)

2. 자격 검정 및 교부 절차

　어린이집 원장 및 보육교사의 자격증은 영유아보육법에 의한 자격기준에 따라 무시험 서류 검정으로 이루어지며, 자격 검정 및 자격증 교부와 관련된 중요사항은 보육시설 종사자 자격검증위원회에서 심의·의결하여 결정한다. 한국보육진흥원 보육인력개발국은 보육교직원 전문성 향상을 위한 정책지원사업과 「영유아보육법」 제22조에 근거하여 자격검정 및 자격증 교부에 관한 업무를 수행한다.

　자격증을 발급받기 위해서는 보육인력 국가자격증 홈페이지에 회원가입 후 '자격증 신청' 페이지에서 신청(신규, 승급, 재교부) 및 발급 수수료를 납부하고 발급신청서와 구비서류는 별도로 등기우편으로 발송한다.

　자격 검정 교부 절차는 다음과 같다.

신청절차	내용	주체

| 회원가입 | • 보육교직원 통합정보 홈페이지 회원가입 및 로그인 | 신청인 |

| 발급신청서 작성 | • 자격종류(보육교사/어린이집 원장/장애영유아를 위한 보육교사) 선택
• 학력 등 세부사항 입력
• 신청자 증명사진 파일(jpg, gif) 등록 | 신청인 |

| 수수료 결제 | • 수수료 10,000원
• 신용카드, 실시간 계좌이체, 가상계좌 중 선택하여 납부
• 서류접수 이후에는 자격증 신청 취소 및 수수료 환불 불가 | 신청인 |

| 서류 제출 | • 자격종류 및 자격기준 별 제출서류 확인
• '자격기준 및 제출서류' 메뉴에서 확인 가능
• 자격 신청 구비서류를 한국보육진흥원으로 등기우편 제출 | 신청인 |

| 자격검정 | • (처리기한) 수수료결제 및 서류 도착 일로부터 14일이내
• 단 공휴일, 서류보완에 소요되는 기간 및 특수사례 심의기간은 처리 기간에 미포함
• 제출서류를 통한 자격요건 충족여부 확인 | 진흥원 |

자격요건		내용
충족	인정	자격요건 충족으로 자격 인정됨
불충족	보류	보완서류 제출을 통해 재검정 진행
	특수사례	검정위원회 의견을 통해 검정 진행
	불인정	자격요건 불충족으로 자격 인정불가

• '보류'로 검정된 날로부터 3일 이내에 보완서류 미제출시 불인정 대상

| 자격증(자격확인서) 발급 | • 자격 인정 건의 자격증/자격확인서 제작 및 발송 | 진흥원 |

[그림 6-1] 자격 검정 및 교부 절차

*출처: 보육교직원 통합정보. https://chrd.childcare.go.kr

보육교사 1급, 보육교사의 2급, 보육교사 3급, 원장의 자격기준 및 제출서류는 다음과 같다.

1) 보육교사 1급

〈표 6-3〉 보육교사 1급 자격기준과 제출서류

자격기준	제출서류
1. 보육교사 2급 자격을 취득한 후 3년 이상의 보육업무 경력이 있는 사람으로서 보건복지부장관이 정하는 승급교육을 받은 사람	① 보육교사 2급 자격증 사본 ② 경력증명서 원본 ③ 사진파일(인터넷 신청 시 사진 등록) ④ 자격증 발급신청서(인터넷 신청 후 출력)
2. 보육교사 2급 자격을 취득한 후 보육 관련 대학원에서 석사학위 이상을 취득하고 1년 이상의 보육업무 경력이 있는 사람으로서 보건복지부장관이 정하는 승급교육을 받은 사람 ※ 보육교사2급 자격을 취득한 후 보육관련 대학원 입학전에 1년 이상의 보육업무 경력도 인정. 단, 대학원 재학기준 중 보육업무 경력 인정 불가	① 보육교사 2급 자격증 사본 ② 석사학위증명서 원본 ③ 석사성적증명서 원본 ④ 경력증명서 원본 ⑤ 사진파일(인터넷 신청 시 사진 등록) ⑥ 자격증 발급신청서(인터넷 신청 후 출력)

*보육관련 대학원
가. 학과(전공) 및 학위명에 '보육, (영)유아, 아동'의 단어가 포함된 대학원
나. 가의 경우가 해당되지 않을 경우 보육관련 교과목 이수기준으로 인정
　　(보육관련 교과목 최소 15학점 이상 이수하고 석사 학위를 취득한 경우 인정)

2) 보육교사 2급

〈표 6-4〉 보육교사 2급 자격기준과 제출서류

자격기준	제출서류
1. 전문대학 또는 이와 같은 수준 이상의 학교에서 보건복지부령으로 정하는 보육 관련 교과목 및 학점을 이수하고 졸업한 사람	① 보육관련 교과목 및 학점을 이수하고 졸업한 학교의 졸업증명서 원본 ② 보육관련 교과목 및 학점을 이수하고 졸업한 학교의 성적증명서 원본 ③ 보육실습확인서 원본(☑상세보기) ④ 사진파일(인터넷 신청 시 사진등록) ⑤ 자격증 발급신청서(인터넷 신청 후 출력)
2. 보육교사 3급 자격을 취득한 후 2년 이상의 보육업무 경력이 있는 사람으로서 보건복지부장관이 정하는 승급교육을 받은 사람	① 보육교사 3급 자격증 사본 ② 경력증명서 원본 ③ 사진파일(인터넷 신청 시 사진 등록) ④ 자격증 발급신청서(인터넷 신청 후 출력)

*학점은행제로 보육관련 교과목 및 학점(17과목 51학점-보육실습포함)을 이수하여 학위를 취득하시는 경우, 반드시 학위취득 이후에 보육교사 자격증을 신청해야 함.
*전문대학 또는 이와 같은 수준 이상의 학교에서 보육관련 교과목과 학점 중 일부를 이수하고 전문학사학위 이상을 취득한 경우, 이후 대학(교) 또는 학점은행제에서 나머지 교과목과 학점을 이수하고 반드시 전문학사학위 이상을 다시 취득해야 함

3) 보육교사 3급

〈표 6-5〉 보육교사 3급 자격기준과 제출서류

자격기준	제출서류
고등학교 또는 이와 같은 수준 이싱의 학교를 졸업한 사람으로서 보건복지부령으로 정하는 교육훈련시설에서 정해진 교육과정을 수료한 사람	① 졸업증명서 원본(양성교육과정 수료이전) ② 교육훈련시설 성적증명서 원본 ③ 보육실습확인서 원본(☑상세보기) ④ 사진파일(인터넷 신청 시 사진 등록) ⑤ 자격증 발급신청서(인터넷 신청 후 출력)

보육업무의 경력

가. 다음의 어느 하나에 해당하는 경력
   1) 어린이집에서 어린이집의 원장, 보육교사, 특수교사 또는 치료사로 근무한 경력
   2) 육아종합지원센터에서 육아종합지원센터의 장, 보육전문요원, 특수교사, 대체교사 또는 시간제 보육 담당 보육교사로 근무한 경력
   3) 법 제26조의2제2항에 따른 시간제보육 서비스지정기관에서 기관의 장 또는 시간제보육 담당 보육교사로 근무한 경력

나. 『유아교육법』에 따른 유치원에서 원장, 원감, 수석교사 또는 교사로 근무한 경력
   * 『유아교육법』제20조 규정에 따라 유치원에서 교원(원장, 원감, 수석교사, 교사)으로 근무한 경력 및 같은법 제23조에 의해 유치원에서 기간제 교사(「교육공무원법」 제32조 제1-5호에 따라 기간제 교원)로 근무한 경력은 인정하되, 강사·명예교사 등으로 근무한 경력은 해당하지 않음.
   * 자격취득 및 승급을 위한 경력으로, 호봉인정 근무경력과는 다른 개념임.
   * 「남녀고용평등과 일·가정 양립 지원에 관한 법률」에 따른 육아휴직 기간 및 육아기 근로시간 단축의 사용으로 실제 근무하지 않은 시간, 「근로기준법」 및 「산업재해보상보험법」에 따른 업무상 재해로 인한 병가기간(1개월 이상)은 보육업무 경력에서 제외.

4) 어린이집 원장

〈표 6-6〉 원장의 자격기준

구분	자격 조건
일반기준	300명 이하의 영유아를 보육하는 어린이집의 원장
	• 보육교사 1급 자격을 취득한 후 3년 이상의 보육 등 아동복지업무 경력이 있는 사람 • 「유아교육법」에 따른 유치원 정교사 1급 자격 또는 같은 법에 따른 특수학교(유치원 과정을 말한다)의 정교사 자격을 취득한 후 3년 이상의 보육 등 아동복지업무 경력이 있는 사람 • 유치원 원장의 자격을 가진 사람 • 「초·중등교육법」에 따른 초등학교 정교사 자격 또는 같은 법에 따른 특수학교(초등학교 과정을 말한다)의 정교사 자격을 취득한 후 5년 이상의 보육 등 아동복지업무 경력이 있는 사람 • 「사회복지사업법」에 따른 사회복지사 1급 자격을 취득한 후 5년 이상의 보육 등 아동복지업무 경력이 있는 사람 • 「의료법」에 따른 간호사 면허를 취득한 후 7년 이상의 보육 등 아동복지업무 경력이 있는 사람 • 국가 또는 지방자치단체에서 7급 이상의 공무원으로 보육 등 아동복지업무에 5년 이상 근무한 경력이 있는 사람
가정 어린이집	5명 이상 20명 이하의 영유아를 보육하는 어린이집의 원장
	• 일반기준에서 정한 자격을 갖춘 사람 • 보육교사 1급 이상의 자격을 취득한 후 1년 이상의 보육업무 경력이 있는 사람
영아전담 어린이집	만 3세미만의 영아만을 20명이상 보육하는 어린이집의 원장
	• 일반기준에서 정한 자격을 갖춘 사람 • 간호사 면허를 취득한 후 5년 이상의 아동간호업무 경력이 있는 사람
장애아 전문 어린이집	12명 이상의 장애영유아를 보육할 수 있는 시설을 갖춘 어린이집의 원장
	• 일반기준에서 정한 자격을 갖춘 사람으로서 다음의 어느 하나에 해당하는 사람 • 대학(전문대학을 포함한다)에서 장애인 복지 및 재활 관련 학과를 전공한 사람 • 장애아 어린이집에서 2년 이상의 보육업무 경력이 있는 사람

　보육교사 및 원장의 자격증을 발급받기 위해 필요한 서류 외 채용 되고 난 후 필요한 서류는 건강검진, 보건증, 성범죄 동의서 및 신청서, 등본, 가족관계증명서 등이 있다.

5) 자격취소

(1) 보육교직원 자격취소 기준

〈표 6-7〉 자격취소 기준

구분	자격취소 사유(법 제48조)
원장 자격취소 기준	• 거짓 또는 그 밖의 부정한 방법으로 자격증을 취득한 경우 • 자격취득자가 업무 수행 중 당해 자격과 관련하여 고의 또는 중대한 과실로 손해를 가하고 금고 이상의 형의 선고를 받은 경우 • 「아동복지법」 제3조 제7호의 2에 따른 아동학대 관련 범죄로 처벌을 받은 경우 ※ 보육교사와 어린이집 원장 둘 다 취득한 경우에는 두 자격 모두 취소 (법제처 법령해석 총괄과 −1310, '08. 8. 22)
보육교사 자격취소 기준	• 다른 사람에게 자기의 성명이나 어린이집의 명칭을 사용하여 어린이집의 원장 또는 보육교사의 업무를 수행하게 하거나 자격증을 대여한 경우(법 제22조의2 위반) • 자격정지처분기간 종료 후 3년 이내에 자격정지처분에 해당하는 행위를 한 경우 • 자격정지처분을 받고도 동기간 이내에 자격증을 사용하여 자격관련 업무를 행한 경우 • 자격정지처분을 3회 이상 받은 경우 • 거짓이나 그 밖의 부정한 방법으로 보조금을 교부받거나 보조금을 유용하여 금고 이상의 형을 선고받은 경우

(2) 보육교직원 자격취소 절차

• 원장 및 보육교사의 자격취소 사유 발생(법 제48조 위반)

⬇ 사실여부 확인(시·군·구)

• 시·군·구 보육담당자는 어린이집 지도·점검 등을 통하여 사실 여부를 확인하고 필요할 경우 관련자의 확인서 등을 확보

⬇ 청문 통지 및 실시(시·군·구)

• 청문 실시 10일 전 당사자에게 청문 출석 통지
• 행정절차법의 규정을 준수하여 청문 실시

⬇ 자격취소 처분(시·군·구)

• 자격취소 사유, 청문실시 결과를 근거로 자격취소 여부 결정 및 처분

⬇ 자격취소 처분 통지 및 사후조치

• 당사자에게 자격취소 처분 결정 통지

- 보육통합정보시스템에 자격취소 처분시항 입력
- 전국 시·도지사 및 시·군·구청장에게 자격취소 결정사항 통보, 자격취소자가 채용되는 사례가 없도록 관리
- 한국보육진흥원에 자격취소 결정사항 통보, 사후관리 철저 지시(성명, 생년월일, 자격취소일, 처분근거 법조문 반드시 포함)

3. 보육실습

보육실습의 목적은 실습을 통해 보육교사로서 갖추어야 할 지식, 기술, 태도 등을 실제 보육현장에서 직접 배우고, 연마하며 보육교사의 전문성을 향상 시키고자 함이다. 이는 보육교사의 역할을 수행하기 위한 필수 학습과정이며, 「영유아보육법」 시행령 제21조에 따라 보육교사 자격증 취득을 하고자 하는 사람은 반드시 보육실습을 이수해야 한다.

「영유아보육법」 시행규칙 개정(16.2.12 개정, 16.8.1 시행)으로 보육교사 자격 취득을 위한 보육 관련 교과목 및 보육실습 기준이 변경되었는데, 변경된 보육실습 기준은 다음과 같다.

〈표 6-8〉 보육실습 기준

구분	기준
실습운영	이론수업과 보육현장실습으로 운영
실습기간	6주 240시간(2회에 나누어 실시 가능)
실습기관	• 실습 시작 당시 정원이 15명 이상이고 평가인증 유지(또는 평가제 평가결과 A, B등급) 어린이집 • 방과 후 과정을 운영하는 유치원
실습 지도교사	• 보육교사 1급 또는 유치원 정교사 1급 • 실습 지도교사 1명당 보육실습생 3명 이내 지도
실습 인정시간	• 평일(월요일~금요일) 오전 9시 ~ 오후 7시 • 실습시간은 하루에 8시간으로 함 　부득이한 사유*로 1일 8시간의 실습시간을 충족하지 못한 경우, 증빙서류를 제출하고 1일 6시간 실습한 경우에 한하여 실제로 실습한 시간을 인정함 * 부득이한 사유의 인정여부는 어린이집 보육교직원 자격검정위원회에서 심의·의결
실습의 평가	• 보육실습일지와 실습평가서 작성 • 평가점수 80점 이상

■ **실습관리 시스템을 통한 보육실습 관리**

• 2013. 3. 1.이후 어린이집에서 보육실습을 이수하는 경우, 어린이집지원시스템에 보육실습
  내용을 등록 · 제출하여야 함

☞ **보육실습 내용 등록 · 제출 방법**
① 보육실습 내용 등록방법 : 어린이집 지원 시스템 → [교육관리] → [보육실습생관리] → [등록]
  에서 보육실습생 정보와 실습지도교사 정보를 입력 → [저장]하여 등록 완료
② 보육실습 내용 제출방법 : 어린이집 지원 시스템 → [교육관리] → [보육실습생관리] →
  대상자 조회 후 [선택] → [제출](메세지 창 확인) → [확인]하여 제출 완료
  ※ 주의 : 2회로 나누어서 실습한 경우에는 보육실습생 등록 및 제출을 각각 해야 함. 제출된
    내용은 자격취득을 위한 정보로 전송되므로 제출 이후에는 수정 불가

☞ **어린이집 지원 시스템에서 등록 · 제출하지 않은 경우 보육실습확인서류 제출 방법**
① 자료실 → 서식자료 → 보육실습확인서('17.1.1 이후) 양식*에 실습내용 빠짐없이 작성
  * 해당 양식의 실습 지도교사 1인당 3인 이내의 보육실습생 지도확인 또한 체크 필수
② 인가증 사본* 실습 지도교사 1급 자격증 사본 함께 제출
  * 실습기관의 최초인가 일 및 정원 확인을 위한 서류로 인가일자 및 보육정원이 확인 불가한
    서류나 고유번호증, 사업자등록증은 인정 불가함.

보육실습의 개정내용의 적용대상은 2017년 1월 1일 이후 대학 등에 입학한 사람으로
단, 2017년 1월 1일 전 입학한 사람이라도 2017년 1월 1일 이후 보육실습 이수를 시작
하는 경우, 개정 기준을 따라야 한다.

II. 보육교사의 보수교육

보육교사의 전문성은 보육교사를 배출하는 교사 양성과정에서의 교육도 중요하지만,
보육교사 자격 취득 후 보육현장에 근무하는 교사들에 대한 지속적인 보수교육 또한 매
우 중요하다.

1. 보수교육

보육교직원의 자질향상을 위해 실시하는 교육으로 보육에 필요한 지식과 능력을 유지·개발하기 위하여 보육교직원이 정기적으로 받는 직무교육과 보육교사가 상위 등급의 자격(3급 → 2급, 2급 → 1급)을 취득하기 위해 받아야 하는 승급교육 및 어린이집 원장의 자격을 갖추기 위하여 받아야 하는 사전 직무교육을 말한다.

※ 근거: 「영유아보육법」 제23조, 제23조의2, 시행규칙 제11조의2[시행일: 2014. 3. 1.], 제20조, 제39조의4

1) 보수교육의 종류

(1) 어린이집 원장의 보수교육

직무교육					사전직무교육
일반직무교육		특별직무교육			어린이집 원장 사전직무교육
기본교육/ 심화교육	장기 미종사자 교육	영아보육 직무교육	장애아보육 직무교육	방과후보육 직무교육	

(2) 보육교사 등의 보수교육

직무교육					승급교육	
일반직무교육		특별직무교육			2급 보육교사 승급교육	1급 보육교사 승급교육
기본교육/ 심화교육	장기 미종사자 교육	영아보육 직무교육	장애아보육 직무교육	방과후보육 직무교육		

원장 및 보육교사 일반직무교육에서 기본 및 심화교육과정은 보육업무경력 등을 감안하여 교육대상자가 선택하여 이수할 수 있다.

〈표 6-9〉 교육 구분별 보수교육 대상자

교육 구분			교육 대상	교육시간	비 고
직무 교육	일반 직무 교육	보육 교사	현직에 종사하고 있는 보육교사로서 보육업무 경력이 만 2년을 경과한 자와 보육교사 직무교육(승급교육 포함)을 받은 해부터 만 2년이 경과한 자	40시간	매 3년마다
		원장	어린이집 원장의 직무를 담당한 때부터 만 2년이 지난 경우	40시간	매 3년마다
		장기 미 종사자	만 2년 이상 보육업무를 수행하지 아니하다가 다시 보육업무를 수행하고자 하는 보육교사 또는 원장 자격 취득자	40시간	이수하고자 하는 자
	특별 직무 교육	영아 보육	영아보육을 담당하고 있는 일반직무교육 대상자와 영아보육을 담당하고자 하는 보육교사 및 어린이집 원장	40시간	이수하고자 하는 자
		장애아 보육	장애아보육을 담당하고 있는 일반직무교육 대상자와 장애아보육을 담당하고자 하는 보육교사 및 어린이집 원장	40시간	이수하고자 하는 자
		방과후 보육	방과 후 보육을 담당하고 있는 일반직무교육 대상자와 방과 후 보육을 담당하고자 하는 보육교사 및 어린이집 원장	40시간	이수하고자 하는 자
승급 교육	2급 승급 교육		보육교사 3급의 자격을 취득한 후 보육업무 경력이 만 1년이 경과한 자	80시간	이수하고자 하는 자
	1급 승급 교육		보육교사 2급의 자격을 취득한 후 보육업무 경력이 만 2년이 경과한 자 및 보육교사 2급의 자격을 취득한 후 보육 관련 대학원에서 석사 학위를 취득한 경우 보육업무 경력이 만 6개월이 경과한 자	80시간	이수하고자 하는 자
원장사전 직무교육	–		「영유아보육법」 시행령 [별표1] 제1호의 가목부터 라목(일반, 가정, 영아전담, 장애아전담 어린이집 원장)까지 어느 하나의 자격을 취득하고자 하는 자	80시간	이수하고자 하는 자

※ 어린이집에서 특수교사나 치료사로 근무하는 자도 일반·특별직무교육대상으로서 보수교육을 이수해야 한다.(일반직무교육이나 특별직무교육 중 선택적으로 이수할 수 있음)

※ 보수교육을 연속하여 3회 이상 받지 아니하는 경우 어린이집 원장 또는 보육교사 자격이 정지 될 수 있으므로 보수교육 대상자는 필히 보수교육을 이수해야 함.

예 : 2018년에 직무교육을 이수한 어린이집 원장 및 보육교사의 경우 만 2년이 경과한 2020년에 직무교육을 이수해야 하며 그해에 교육을 받지 못한 경우, 다음 해인 2021년 12월까지 받아야 함. 2021년에도 받지 않았다면 1회 위반, 2022년에도 받지 않았다면 2회 위반, 2023년도에도 받지 않았다면 3회 위반에 해당함.

2) 보수교육 대상자

(1) 일반원칙

① 보조교사 및 연장보육교사 등 시간제로 근무하는 직종의 승급교육은 실제 근무한 시간을 기준으로 산정하되,
  – 직무교육은 보육교직원의 자질 향상을 위해 정기적으로 이수해야 하는 교육이므로 근무시간과 무관하게 만 2년의 근무기간이 경과하면 3년내에 교육을 이수해야 함
② 보수교육은 현직 보육교직원을 대상으로 실시하므로 어린이집 원장, 보육교사 등의 자격을 소지한 자라도 교육 개시 당시 어린이집에 근무하지 않는 자는 보수교육을 받을 수 없음
  ※ 어린이집 원장 사전 직무교육은 어린이집에 근무하지 않는 경우라도 신청 및 이수 가능
③ 다만, 교육비 전액 자비 부담을 전제로 비현직 보육교직원도 보수교육 이수 가능
④ 보수교육 대상자 선정 기준으로 '보육업무 경력'은 「영유아보육법」 시행령[별표 1]의 비고 2. "보육업무경력" 참고
  ※ 「남녀고용평등과 일·가정 양립 지원에 관한 법률」에 따른 육아휴직 기간 및 육아기 근로시간 단축의 사용으로 실제 근무하지 않은 시간, 「근로기준법」 및 「산업재해보상보험법」에 따른 업무상 재해로 인한 병가기간(1개월 이상)은 보육업무 경력에서 제외
  ※ 주당 30시간 미만 근무하는 보육교사로 합산한 근로시간이 8시간인 경우 1일, 209시간인 경우 1개월의 경력으로 인정
⑤ 보수교육은 집합교육이 원칙, 특별직무교육에 한해 온라인 교육 이수 인정
  ※ 단, 직전 보수교육을 온라인교육으로 이수한 자는 당해 연도 보수교육은 집합교육을 우선적으로 이수(19년 온라인 교육 이수자부터 적용)

3) 보수교육의 자격과 조건

(1) 일반직무교육

① 보육교사 직무교육: 현직에 종사하고 있는 보육교사로서 보육업무 경력이 만 2년이 지난 사람과 보육교사 직무교육(승급교육을 포함)을 받은 해부터 만 2년이 지난 사람
  * 보조교사, 연장전담교사, 대체교사 등 동일 적용(근무시간과 무관하게 2년의 근무기간으로 함)

② 어린이집 원장 직무교육: 현직에 종사하고 있는 어린이집 원장으로서 어린이집 원장의
직무를 담당한 때부터 만 2년이 지난 사람과 어린이집 원장 직무교육을 받은 해부터
만 2년이 지난 사람
  – 현직 어린이집 원장 및 보육교사가 직무교육을 받아야 하는 연도에 직무교육을 받지
   못한 경우에는 다음연도 12월 31일까지 받아야 함
③ 장기 미종사사 직무교육: 어린이집 원장의 자격 또는 보육교사 자격을 가진 사람으로서
만 2년 이상 보육업무를 수행하지 아니하다가 다시 보육업무를 수행하려는 사람
※ 취업 전 만 2년 이내에 「영유아보육법 시행령」 [별표 1] 비고의 제2호에 해당하는
   경력이 없는 사람
  – 장기 미종사자 교육 대상자는 반드시 다시 보육업무를 수행하기 이전(채용 이전)까지
   교육을 받아야 함
  – 다만, 장기 미종사자가 다시 보육업무를 수행하기 이전 만 2년 이내의 기간 동안,
   집합 보수교육을 이수한 사람은 장기 미종사자 교육을 이수한 것으로 봄

보육교사의 일반직무교육 세부내용은 다음과 같다.

〈표 6-10〉 보육교사의 일반직무교육

영역	일반직무교육(기본 과정)		일반직무교육(심화 과정)	
	교과목	시간	교과목	시간
계	15과목	40	15과목	40
인성·소양 (8시간)	보육교사와 인권 • 인권에 대한 이해(성인지 교육내용 포함) • 교사와 아동의 인권 존중 이해	3	보육교사의 인문적 소양 • 행복한 교사되기(성인지 교육내용 포함)	3
	보육교사의 직무역량 강화 • 보육교사 직무 이해 • 보육교사 의사소통기법 훈련	3	보육교사의 직무역량 강화 • 보육교사 리더십 키우기 • 기관 구성원간 멘토링 실행	3
	보육교사의 건강관리 • 보육교사의 신체·정신건강 이해·관리	2	보육교사의 건강관리 • 보육교사의 신체·정신건강 이해·관리	2
건강·안전 (9시간)	안전사고 예방교육 • 재난대비, 교통안전, 응급처치	3	안전사고 예방교육 • 재난대비, 교통안전, 응급처치	3
	보건위생관리 • 감염병 및 약물오남용, 응급처치	3	보건위생관리 • 감염병 및 약물오남용, 응급처치	3
	• 아동학대, 성폭력, 실종 예방 및 사후관리	3	• 아동학대, 성폭력, 실종 예방 및 사후관리	3

		아동학대의 이해 • 성폭력 및 실종 예방 교육 • 어린이집 성문제 대응교육		아동학대의 이해 • 성폭력 및 실종 예방 교육 • 어린이집 성문제 대응교육	
전문 지식· 기술 (23시간)	장애 및 다문화 실제 (4시간)	다문화교육 이해와 실제 • 현장사례 중심 분석	2	다문화교육 과정 심화 • 다문화프로그램 개발	2
		장애통합보육 운영 실제 • 개별화 프로그램 이해, 개발	2	장애통합보육 운영 실제 • 개별화 프로그램 적용 및 부모 협력 강화	2
	보육활동 운영의 실제 (16시간)	영유아 관찰 및 기록 실제 • 신체·인지·언어·정서 등 발달 관찰 및 사례 분석	3	영유아 관찰 기록의 활용 • 관찰 기록 분석 및 영유아 발달 평가와 상담 활용능력 키우기	3
		영유아 부적응 행동의 이해 • 부적응 행동 유형의 이해(불안, 위축, 공격, 주의산만 등)	2	영유아 행동 유형별 발달지원 • 부적응 행동 예방과 지도	2
		보육정보 탐색의 적용과 사례 • 인터넷 등 정보활용방법, 보육통합정보시스템 이해	2	보육교사의 놀이참여 및 확장·연계 • 영유아 놀이 관찰, 개입을 통한 확장 및 연계 교수학습방법	2
		디지털시대의 교수매체 활용 및 적용 • 인터넷, 스마트기기 등의 교수매체로서의 활용 방법 이해 및 실습	3	영유아 프로그램 계획 및 운영 • 보육대상 및 철학에 따른 보육 프로그램 운영	3
		영유아 인성교육의 실제 • 기본생활습관 지도 및 활동에 따른 인성교육 실제 사례	3	영유아 인성교육의 심화 • 기관 및 영유아의 발달특성에 인성교육 계획 실습	3
		영아교사의 상호작용 전략 (선택) • 영아 발달, 흥미, 놀이에 따른 교수방법 학습	3	어린이집시설·설비관리(선택) • 어린이집 시설·설비 관리 능력 학습	3
		유아교사의 상호작용 전략 (선택) • 유아 발달, 흥미, 놀이에 따른 교수방법 학습	3	동료 수업 멘토링(선택) • 동료교사간 수업지원능력 학습	3
		보수교육기관 자체개발 교과목 (선택)	3	보수교육기관 자체개발 교과목 (선택)	3
	가족 및 지역 사회 협력 (3시간)	부모-교사 의사 소통의 이해와 실제(선택) • 부모-교사간 의사소통이해 및 갈등상황 시 소통능력 함양	3	열린 어린이집 계획 및 운영(선택) • 열린어린이집 개념과 환경구성 • 열린어린이집 계획과 운영 실제	3
		부모 개별 면담 기법(선택) • 성공적인 부모 면담 위한 대화법	3	지역사회 연계 프로그램 사례 분석(선택) • 지역내 육아인프라 활용능력 함양	3

(2) 특별직무교육

① 영아·장애아·방과후 보육을 담당하고 있는 일반직무교육 대상자
② 영아·장애아·방과후 보육을 담당하고자 하는 보육교사 및 어린이집 원장
③ 영아·장애아·방과후 담당 보육교사로 근무하고자 하는 자는 사전에 특별직무교육을 받아야 하는 것이 원칙이나, 불가피하게 받지 못한 경우에는 채용 후 6개월 이내에 받아야 함
④ 특별직무교육을 받은 사람은 일반직무교육을 이수한 것으로 봄

보육교사의 특별직무교육 세부내용은 다음과 같다.

〈표 6-11〉 보육교사의 특별직무교육

영역		영아보육	장애아 보육	방과 후 보육
계		20과목, 40시간(과목당 2시간)	20과목, 40시간(과목당 2시간)	20과목, 40시간(과목당 2시간)
인성·소양 영역		• 보육교사의 건강관리 • 영아보육교사의 역할과 윤리 • 아동권리와 영아학대예방	• 장애아동 복지와 장애인식 개선 • 장애아 보육교사의 역할과 윤리 • 아동권리와 장애아 학대 예방	• 현대사회 변화와 방과 후 보육의 이해 • 방과 후 보육교사의 역할과 윤리 • 아동권리와 아동학대 예방
건강·안전 영역		• 영아 건강교육 • 영아 안전사고 예방교육 • 보건위생관리	• 장애아급식 및 영양관리 • 장애아 안전사고 예방 및 대응 • 장애아 보건위생관리	• 초등학생의 보건·위생관리 • 초등학생의 안전사고 예방 및 대응
전문 지식·기술	보육 활동 운영의 실체	• 영아 일상생활지도 I • 영아 일상생활지도 II • 표준보육과정 운영의 실제 • 영아 놀이지도 • 감각 탐색활동 영역 • 역활·쌓기 영역 • 신체활동 영역 • 언어 영역 • 예술(음률,미술) 활동 • 실외놀이 활동 • 영아 적응프로그램 • 영아행동관찰과 평가 • 영아와의 상호작용 실제	• 장애아의 이해 I • 장애아의 이해 II • 일반보육과정에 기반한 장애영유아 교수방법 I • 일반보육과정에 기반한 장애영유아 교수방법 II • 운동발달 교수방법 • 의사소통 발달 교수방법 • 사회성 발달 교수방법 • 인지발달 교수방법 • 자조기술 발달 교수방법 • 개별화 교육프로그램 작성 • 개별화 교육프로그램 실행 및 평가 • 긍정적 행동 지원	• 초등학생의 발달적 특성 • 초등학교 교육과정의 이해 • 초등학생을 위한 교수-학습방법 • 학습지도 • 숙제 및 과제 지도 • 놀이지도 • 방과 후 교육 프로그램에 대한 이해 I • 방과 후 교육 프로그램에 대한 이해 II • 방과 후 교육 프로그램에 대한 이해 III • 초등학생 생활지도 • 초등학생 문제행동 지원

가족 및 지역사회 협력	• 영아 부모 상담 실제	• 장애 영유아 가족지원 • 지역사회 연계	• 초등학생 부모와의 상담 및 연계 • 방과 후 아동을 위한 지역사회연계
장애 및 다문화 연계			• 학령기 장애아동의 이해와 교사지원 • 다문화 사회와 아동

(3) 승급교육

① 2급 보육교사 승급교육: 3급 보육교사 자격 취득 후 보육업무 경력이 만 1년이 지난 사람
② 1급 보육교사 승급교육: 2급 보육교사 자격 취득 후 보육업무 경력이 만 2년 이상이 경과한 사람
   – 다만, 보육교사 2급 자격을 취득한 후 보육관련 대학원에서 석사 학위 이상을 취득한 자는 보육업무경력이 만 6개월 이상 경과한 경우 1급 승급교육을 받을 수 있음
   ※ 승급을 위한 보육교사 경력은 자격증 상의 자격인정일 이후 어린이집 임면일을 기준으로 산정
③ 승급교육을 받은 사람은 일반직무교육을 이수한 것으로 봄

보육교사의 승급교육 세부내용은 다음과 같다.

〈표 6-12〉 보육교사의 승급교육

영역	2급 승급교육		1급 승급교육	
	교과목	시간	교과목	시간
계	21과목+평가시험	80	21과목+평가시험	80
인성·소양 (11시간)	아동복지와 인권의 이해 • 사례중심 아동권리에 대한 민감성 증진	4	아동복지와 인권의 실제 • 사례중심 아동권리에 대한 민감성 증진	4
	보육교사의 역할과 윤리 • 보육교사 2급의 역할 및 직업윤리	4	보육교사의 역할과 윤리 • 보육교사 1급의 역할 및 직업윤리	4
	보육교사의 건강관리와 힐링 • 보육교사의 신체 및 정신건강 이해 • 실습중심 질환 예방법 및 대처법	3	보육교사의 건강관리와 힐링 • 보육교사의 신체 및 정신건강 이해 • 실습중심 질환 예방법 및 대처법	3

건강·안선 (12시간)		영유아 건강안전교육 계획 및 실행 • 건강안전교육 계획 및 실행 실습	3	영유아 건강안전교육 계획 및 실행 • 건강안전교육 계획 및 실행 실습	3
		안전사고 예방교육 • 재난대비, 교통안전, 응급처치	3	안전사고 예방교육 • 재난대비, 교통안전, 응급처치	3
		보건위생관리 • 감염병 및 약물 오남용, 응급처치	3	보건위생관리 • 감염병 및 약물 오남용, 응급처치	3
		아동학대, 성폭력, 실종 예방 및 사후 관리 • 아동학대 예방 기초, 개입과정 • 성폭력, 실종 예방 교육 • 어린이집 성문제 대응교육	3	아동학대, 성폭력, 실종 예방 및 사후관리 • 아동학대 이해 및 어린이집에서의 아동학대 • 성폭력, 실종 예방 교육 • 어린이집 성문제 대응교육	3
전문 지식·기술 (55시간)	장애 및 다문화 실제 (8시간)	다양한 가정의 영유아 이해 • 다양한 가정의 이해 • 다양한 가정 영유아의 특성에 따른 발달적 지원 방법	4	다문화 가정의 영유아 지원 • 다문화 가정 영유아의 생활 및 발달지원, 보육 지원 등 사례 중심	4
		장애영유아의 이해 • 발달기 영유아의 다양성 이해 • 영유아 선별, 장애진단, 중재의 중요성	4	장애영유아의 이해 및 지원 • 특수 영유아 특성별 지도 • 기관 내 장애영유아 지원 관리 방안	4
	보육활동 운영의 실제 (39시간)	영유아 관찰 사례 이해 및 실제 • 관찰의 기초, 관찰 기록 이해 • 일상생활 및 놀이행동, 상호작용 관찰 실습	4	영유아 관찰 및 평가 • 관찰도구의 활용 • 관찰 기록을 평가에 활용하는 방안	4
		대소집단활동 운영 • 대소집단활동 운영을 위한 교수학습방법	4	대소집단활동 운영의 실제 • 대소집단활동 운영 실습	4
		신체·예술(음률)활동 운영 • 신체·예술영역 발달의 이해 • 신체·예술활동 운영 방법	4	신체·예술(음률)활동 운영의 실제 • 신체·예술(음률)활동 운영 실습	4
		언어·수과학활동 운영 • 언어·수과학영역 발달의 이해 • 언어·수과학활동 운영 방법	4	언어·수과학활동 운영의 실제 • 언어·수과학활동 운영 실습	4
		역할·쌓기놀이활동 운영 • 역할·쌓기놀이영역 발달의 이해 • 역할·쌓기놀이활동 운영 방법	4	역할·쌓기놀이활동 운영의 실제 • 역할·쌓기놀이활동 운영 실습	4
		보육계획 수립 및 보육일지 작성 • 보육계획의 원리, 연계성 있는 보육계획 • 보육일지 작성의 원리, 일과 계획 작성, 일과의 실행과 평가 작성	4	보육일지 작성의 실제 • 보육일지 작성 실습	4

	표준보육과정의 이해 및 평가
	• 제3차 어린이집표준보육과정 총론,
	  0~1세 보육과정(6개 영역 목표, 내
	  용체계), 2세 보육과정(6개 영역 목
	  표, 내용범주, 내용)
	• 표준보육과정 운영평가
		4	보육실습 지도의 적용과 사례
			• 보육실습 지도의 의의, 계
			  획, 운영, 평가
				4

	누리과정의 이해 및 평가
	• 3~5세 누리과정 5개 영역 목표,
	  내용범주, 내용
	• 누리과정 운영평가
		4	어린이집의 개인정보보호 관리
			• 개인정보보호 관련법에 대
			  한 이해
			• 개인정보가 포함된 문서
			  관리
			• CCTV 관련 개인정보 관리
				4

	영유아 행동의 발달적 이해
	• 사례중심 발달영역별 영유아 행동
	  의 이해 및 지원
		4	영유아 문제행동 조기발견
			• 영유아 사회·정서발달과 적
			  응 지도
			• 발달적 지원과 치료적 접
			  근이 필요한 영유아 이해
			• 사례중심 문제행동 지원
			  방법
				4

	실내외 놀이 환경 구성
	• 실내외 놀이 환경 구성의 기본요
	  건, 원리, 실제 및 평가
		3	어린이집 환경 구성 및 관리
			• 어린이집 환경 구성의 원
			  리 및 관리 실제
				3

가족 및
지역사회
협력
(8시간)
	다양한 부모-자녀 관계의 이해
	• 가족형태의 다양화, 부모역할, 건
	  강한 부모-자녀 관계 형성
		4	부모참여 계획 및 실행
			• 부모참여의 실제 및 활성
			  화 방안
				4

	부모참여 및 상담 실제 • 부모참여 활동 계획 • 부모상담을 위한 준비 및 실습	4	지역사회 연계활동 계획 및 운영 • 보육과정, 장소, 활동에 따 른 지역사회 연계활동 계획	4
평가시험	2급 승급교육 평가시험	2	1급 승급교육 평가시험	2

(4) 어린이집 원장 사전직무교육

① 「영유아보육법」 시행령 [별표1] 제1호의 가목부터 라목(일반, 가정, 영아전담, 장애아
   전문 어린이집 원장)까지 어느 하나의 자격을 취득하고자 하는 자는 어린이집 원장
   사전직무교육을 받아야 함
   ※ '14. 3. 1. 이후 원장 자격증 신청자는 사전직무교육 이수가 원칙(단, 영유아보육법
      부칙〈법률 제7153호, 2004. 1. 29.〉에 따라 자격이 인정되는 자는 예외)
   ※ 1회 사전직무교육을 이수한 경우, 시행령 [별표1] 제1호의 타 원장 자격 취득을 위한
      사전직무교육 중복이수 불필요
② 원장 사전직무교육을 받은 사람은 일반직무교육을 이수한 것으로 봄

어린이집 원장의 사전직무교육 세부내용은 다음과 같다.

〈표 6-13〉 어린이집 원장의 사전직무교육

영역		교과목	시간
계		23과목+평가시험	80
인성·소양(12시간)		아동권리와 아동학대 • 아동권리 이해 및 UN아동권리협약 이해 • 아동학대 예방	4
		원장직무의 이해 및 윤리 • 원장직무 이해 및 윤리 경영	4
		원장의 건강관리와 힐링 • 만성질환 및 스트레스 관리법 등	4
건강·안전(18시간)		영유아의 건강안전교육의 계획 및 관리 • 사례중심 건강안전교육 계획 및 관리	3
		안전사고 예방 및 대응 • 안전사고 사례별 예방법 • 재난대비, 교통안전 등 관련 법규 및 안전사고관련 자체 매뉴얼 작성법 • 안전사고 처리 절차	3
		보건위생관리 • 응급처치, 질병관리, 감염병 및 약물오남용, 위생관리	3
		아동학대, 성폭력, 실종 예방 및 사후관리 • 아동학대, 성폭력, 실종 이해 및 예방 • 신고의무자의 역할 • 어린이집 성문제 대응교육	3
		친환경 급식 및 영양관리 • 급식 운영의 관리사항 및 준수사항 • 영영아기·영유아기의 영양관리	3
		시설·설비 안전관리 • 어린이집 시설·설비 안전관리 원리 • 어린이집 시설·설비 기준 • 실내·외 시설의 안전평가 기준과 평정	3
전문 지식기술 (48시간)	장애 및 다문화 관리(8시간)	다문화가정과 연계한 영유아 지원 • 다문화가정 영유아 교육 및 부모교육	4
		장애통합보육의 운영관리 • 장애통합보육 프로그램 및 인력 관리	4

	기관운영의 실제(32시간)	보육정책의 최신 동향 • 보육정책에 대한 관점 • 우리나라 보육정책의 변화, 최근 동향 및 이슈 • 보육정책의 전망과 과제	3
		보육 관련 법규의 이해 • 영유아보육법, 아동복지법, 근로기준법 등	3
		어린이집 인사관리 • 인사관리의 주요 단계 및 내용 • 인력개발을 위한 교직원 재교육, 복지, 평가 등	3
		재무회계 관리 • 재무회계의 중요성, 재무회계 관리 기본 원칙 이해, 재무회계 운영과정(예산·집행·결산)	3
		조직관리와 리더십 • 어린이집 조직 특성의 이해 • 건강하고 효율적인 조직관리를 위한 원장의 리더십	3
		사례별 발달지원 및 전문가 연계 • 영유아 발달지원 및 관리 실제 • 지역사회 의료전문가와의 네트워크 방법	3
		보육교직원의 수업 멘토링 • 보육교직원의 수업 능력 지원	4
		보육프로그램 개발과 운영 • 보육프로그램의 특성 이해 및 운영 지원	4
		어린이집의 개인정보보호 관리 • 개인정보보호 관련 법규의 이해 • 개인정보관리계획 수립 및 관리 점검 • 개인정보 유출 시 대응 방안	3
		보육통합정보시스템 이해 및 실제 • 보육통합정보시스템 이해 • 보육통합정보시스템 실제	3
	가족 및 지역사회 협력(8시간)	부모참여 계획 및 운영 • 부모교육, 부모상담, 운영위원회 등	4
		어린이집과 지역사회 자원의 연계 • 지역사회 자원 파악 및 활용 사례	4
평가시험		원장 사전직무교육 평가시험	2

이외에도 장기미종사자 교육이 있으며 세부내용을 살펴보면 다음과 같다.

〈표 6-14〉 장기미종사자 교육

영역 (시간)	어린이집 원장		보육교사	
	교과목	시간	교과목	시간
계	10과목	40	10과목	40
인성·소양 (8시간)	아동권리와 인권 • 아동복지와 인권의 이해 • 아동권리와 학대	4	보육교사의 역할과 윤리 • 보육교사의 역할 • 보육교사의 윤리	4
	원장직무의 이해 및 윤리 • 원장직무 이해 • 원장의 윤리 경영	4	아동복지와 인권 • 아동복지와 인권의 이해 • 아동권리와 학대	4
건강·안전 (4시간)	영유아 건강·안전 • 영유아 건강·안전교육 계획 및 관리 　(어린이집 성문제 대응 교육 포함) • 영유아 안전사고 예방 및 대응 • 친환경 급식 및 영양관리 • 시설·설비 안전관리	4	영유아 건강·안전 • 영유아 건강·안전교육(어린 　이집 성문제 대응 교육 포함) • 영유아 안전사고 예방교육 　보육교사의 건강	4
전문지식· 기술 (28시간)	보육정책의 최신 동향 • 보육정책에 대한 관점 • 우리나라 보육정책의 변화, 최근 동향 　및 이슈 • 보육정책의 전망과 과제	4	보육정책의 전망과 과제 • 영유아 관찰의 이해 • 영유아 평가의 이해 • 영유아 평가 방법의 종류 • 관찰법 이해 및 적용 • 포트폴리오 평가 이해	4
	보육관련 법규의 이해 • 영유아보육법, 아동복지법, 근로기준 　법 등	4	영유아 행동지도 • 영유아 문제행동의 이해 • 영유아 문제행동 예방과 지도	4
	어린이집 인사관리 • 인사관리의 주요 단계 및 내용 • 인력개발을 위한 교직원 재교육, 복 　지, 평가 등	4	영유아 긍정적 상호작용 • 영유아 존중 상호작용의 이해 • 영유아 놀이 상호작용의 실제	4
	재무회계 관리 • 재무회계의 중요성, 재무회계 관리 기 　본 원칙 이해, 재무회계 운영과정(예 　산·집행·결산)	4	영유아 행동의 발달적 이해 • 영아 발달(신체 발달·인지 　발달·정서 발달) • 유아 발달(신체 발달·인지 　발달·사회성 발달)	4
	조직관리와 리더십 • 어린이집 조직 특성의 이해 • 건강하고 효율적인 조직 관리를 위한 　원장의 리더십	4	보육계획 수립 • 보육계획 수립의 원리 • 보육계획 수립의 실제	4

어린이집 개인정보보호 관리 및 보육통합정보시스템 이해 • 개인정보관리 계획수립 및 관리점검 • 보육통합정보시스템 이해 및 실제	4	보육일지 작성의 실제 • 보육일지의 이해 • 보육일지 작성 방법 • 보육일지 작성 실습	4	
보육프로그램 개발과 운영 • 보육프로그램의 특성 이해 및 운영 지원	4	표준보육과정 • 표준보육과정의 변천과 기초 • 표준보육과정의 구성과 관련 자료	4	

제 3 부
보육교사의 전문성

제 7 장
가정 및 지역사회 연계

Contents

본 장에서는 가정 및 지역사회 연계의 중요성을 인식하고 실천하기 위해 어린이집에 부모의 참여와 협력을 이끄는 방법 및 지역사회와의 연계 방법에 대해 알아본다.

I. 가정 및 지역사회 연계

「영유아 보육법」 제25조에 의하면 가정 및 지역사회 연계에 대하여 다음과 같이 제시하고 있다.

> 어린이집의 원장은 어린이집 운영의 자율성과 투명성을 높이고 지역사회와의 연계를 강화하여 지역 실정과 특성에 맞는 보육을 실시하기 위하여 어린이집에 어린이집운영위원회를 설치 · 운영할 수 있으며, 어린이집운영위원회는 그 어린이집의 원장, 보육교사 대표, 학부모 대표 및 지역사회 인사로 구성한다.

이와 같이 영유아들에게 중요한 보육의 환경으로 가정과 지역사회의 중요성이 강조되며 어린이집의 질적 수준을 향상을 위한 어린이집과 가정 및 지역사회의 연계가 주목받고 있다. 누리과정 해설서에서는 가정 및 지역사회 연계와 관련된 내용을 제시하고 있고 교사용 지도서에는 관련 활동들을 생활 주제별로 다루고 있다. 이와 더불어 유아교육기관 평가에서 가정 및 지역사회의 연계 관련 부분을 지표화한 것을 확인할 수 있다. 또한 2015년 초 어린이집 아동학대사건 이후 정부의 주도하에 어린이집에 부모참여를 확대하여 안전한 보육환경을 조성하고자 '열린어린이집' 정책이 추진 중이다.

1. 「3~5세 연령별 누리과정」의 가정 및 지역사회 연계 관련 요소

「3~5세 연령별 누리과정」은 "만 3~5세 유아의 심신의 건강과 조화로운 발달을 지원함으로써 민주 시민으로 성장하도록 돕는데 있다"라는 목적에 따라 3~5세 발달 특성과 「0~2세 표준보육과정」, 「초등학교 교육과정」과의 연계성을 고려하여 5개 영역으로 구성되었으며, 각 영역별로 내용범주와 내용, 그리고 세부 내용을 담고 있다.

1) 「3~5세 연령별 누리과정」 해설서

「3~5세 연령별 누리과정」 해설서는 운영 지침에서 가정과 지역사회 연계를 제시하고 있다. 먼저 가정과의 연계 관련 내용은 부모교육에 대해 언급한 부분으로 살펴볼 수 있다. 부모교육의 필요성에 대해 제시하고 모임, 알림장, 편지, 게시판 안내 등의 다양한 방법으로 부모교육이 이루어질 수 있으며, 일방적인 교육이 아닌 의사결정 참여, 자원봉사 활동 등 쌍방향적인 교류로 이루어져야 한다고 하였다. 또한 '가정이나 지역사회로 하여금 유아의 건강하고 행복한 성장발달에 기여하는 보람과 사명감을 가질 수 있도록 한다'고 명시하여 가정과 지역사회 협력과 참여를 통해 기관이 운영되어야 함을 강조하고 있다.

다음은 2015개정 유치원 교육과정(3~5세 연령별 누리과정)과 2019 개정 누리과정의 가정 및 지역사회 연계 운영방안에 대한 내용이다.

〈표 7-1〉 2019 개정 누리과정의 가정 및 지역사회 연계 운영방안

구분	2019 개정 누리과정
운영	가정과 지역사회와의 협력과 참여에 기반하여 운영한다.
운영 중점	유아가 속해 있는 가정, 기관, 지역사회 등은 모두 교육과정의 주체이므로, 상호 연계하고 협력해야 한다. 이를 위해 유치원과 어린이집에서는 부모참여, 간담회, 워크숍, 상담 등 다양한 기회를 마련하여 부모의 역할을 지원할 필요가 있다.
편성·운영	가. 1일 4~5시간을 기준으로 편성한다. 나. 일과운영에 따라 확장하여 편성할 수 있다. 다. 누리과정을 바탕으로 각 기관의 실정에 적합한 계획을 수립하여 운영한다. 라. 하루 일과에서 바깥 놀이를 포함하여 유아의 놀이가 충분히 이루어지도록 편성하여 운영한다.

마. 성, 신체적 특성, 장애, 종교, 가족 및 문화적 배경 등으로 인한 차별이 없도록 편성하여 운영한다.

바. 유아의 발달과 장애 정도에 따라 조정하여 운영한다.

사. 가정과 지역사회와의 협력과 참여에 기반하여 운영한다.

아. 교사 연수를 통해 누리과정의 운영이 개선되도록 한다.

출처 : 2019 개정 누리과정 해설서

(2) 어린이집 평가 관련 지표 반영

① 평가지표

다음은 가정 및 지역사회의 연계의 평가지표에 관한 세부내용이다.

> 어린이집은 영유아가 가정과 어린이집에서 일관된 양육과 교육환경을 경험할 수 있도록 영유아의 가정과 긴밀한 협력관계를 유지해야 하며, 다양한 지역사회 자원을 활용하여 영유아의 경험을 풍부하게 지원해야 한다.
>
> 어린이집 평가 지표 중 가정 및 지역사회연계 관련 지표에서는 '보육환경 및 운영관리' 영역에서 가정 및 지역사회연계 관련 내용이 제시되어 있다. 가정연계와 지역사회연계 관련 내용이 구체화 되고 강화된 측면이 뚜렷하다. 이는 현장 개선의 효과에 주목하고 이를 지표 내용을 통해 보완하기 위한 것으로 여겨진다.
>
> 가정과의 연계 관련 내용은 어린이집을 개방하여 다양한 부모참여와 교육이 이루어지는지, 평소 가정과 다양한 방법으로 소통 및 정기적 면담을 통해 가족을 지원하는지, 어린이집 운영 관련 정보를 부모에게 안내하고 있는지 등 가정과 교류가 이루어지고 있는지에 대해 평가하고 있다.
>
> 지역사회와의 연계가 이루어지고 있는지에 대한 내용은 지역사회와 연계한 다양한 활동을 실시하고 있는지에 대해 평가하도록 제시되어 있다.
>
> 단 감염병 등으로 인해 지역사회의 자원을 이용하거나 지역주민 등과 연계한 활동을 진행할 수 없는 경우는 다양한 비대면으로 진행 가능한 연계활동을 계획·실시할 수 있다.

아래의 표는 2022년 어린이집 평가 매뉴얼 중에서 보육환경 및 운영관리 평가항목에 관한 세부내용이다.

〈표 7-2〉 가정 및 지역사회의 연계 평가 지표

평가 영역	평가 지표	평가항목
2. 보육환경 및 운영관리 (14)	2-1 실내공간 구성 및 운영 (4)	1. 보육실내 놀이영역은 영유아의 연령, 발달특성 및 놀이를 반영하여 구성한다.
		2. 실내 시설 및 설비가 영유아의 발달수준에 적합하다.
		3. 영유아의 요구를 충종하는 보육실 이외의 별도의 공간을 마련하고 있다.
		4. 비품과 활동자료를 보관하는 별도의 공간이 있고 체계적으로 정리하고 있다.
	지표 등급	수 : 'Y'가 4개, 보통 : 'Y'가 2~3개, 개선필요 : 'Y'가 1개 이하
	2-2 실외공간 구성 및 운영 (3)	1. 옥외놀이터 등을 구비하고 있다.
		2. 영유아의 발달을 지원하는 다양한 놀이 및 활동자료가 준비되어 있다.
		3. 영유아의 발달에 적합한 다양한 바깥놀이 및 활동이 이루어진다.
	지표 등급	우수 : 'Y'가 4개, 보통 : 'Y'가 2~3개, 개선필요 : 'Y'가 1개 이하
	2-3 기관 운영	1. 모든 반을 편성 규정에 맞게 운영하고 있다.
		2. 어린이집 운영계획을 수립하여 부모에게 안내한다.
		3. 신규 보육교직원에게 오리엔테이션을 실시하고 있다.
		4. 신입 영유아 적응을 위한 지원을 하고 있다.
	지표 등급	우수 : 'Y'가 4개, 보통 : 'Y'가 2~3개, 개선필요 : 'Y'가 1개 이하
	2-4 가정 및 지역 사회와의 연계 (3)	1. 어린이집을 개방하여 다양한 부모교육이 이루어진다.
		2. 평소 가정과 다양한 방법으로 소통하고 정기적인 개별면담을 통해 가족을 지원한다.
		3. 지역사회와 연계한 다양한 활동을 실시하고 있다. ※ 지역사회 자원을 이용한 다양한 활동을 월 1회 이상(영아의 경우 2개월에 1회 이상) 실시한 기록
	지표 등급	우수: 'Y'가 3개, 보통: 'Y'가 2개, 개선필요 : 'Y'가 1개 이하
2영역 등급		(우수) '우수' 등급 지표가 3개 이상 (보통) '우수' 및 '개선필요' 영역에 해당하지 않는 경우 (개선필요) '개선필요' 등급 지표가 1개 이상

출처 : 2021 어린이집 평가 매뉴얼(어린이집용)

II. 부모참여와 협력

1. 부모참여의 개념 및 다양한 접근

부모참여는 부모교육, 부모개입 등의 다양한 용어로 불린다. 부모참여란 부모교육 프로그램의 계획과 실천, 평가 등의 모든 주요단계에서 부모가 참여하는 것으로 특히 부모의 권한이 강조된다. 세부적으로는 부모교육과 부모개입 등의 형태로 이루어질 수 있다. 부모교육은 부모와 자녀간의 상호작용을 통하여 관계의 질을 개선하고 부모와 자녀의 행동을 긍정적으로 변화시키기 위한 학습활동이다. 즉 부모교육은 자녀에 대한 이해와 양육태도에 대한 정보 및 지식의 향상으로 사고와 감정 그리고 행동의 반성적 성찰을 통해 자녀를 양육하는 새로운 방법을 습득하도록 도와주는 다양한 교육적 경험을 말한다. 부모개입은 부모의 역할 가능성을 실현하는 과정으로 부모의 내적인 능력을 발견하도록 이끄는 것이다.

최근에는 부모참여의 의미가 부모교육과 개입 뿐만 아니라 부모가 어린이집에서 교사의 교육적 활동을 지원하고 어린이집의 중요한 정책이나 교육내용 등에 의사결정자로 참여하는 포괄적인 의미로 확대되고 있다. 따라서 부모참여란 영유아를 대상으로 하는 보육의 효과를 극대화하기 위하여 부모가 어린이집의 동반자로서 교육활동과 운영에 적극적으로 참여하는 활동이라 할 수 있다.

고든은 부모 참여 활동을 수동적 참여에서 능동적 참여까지 다음과 같이 다섯 단계로 제시하였다.

〈표 7-3〉 고든의 부모 참여활동 5단계

단계	내용
1단계	수동적인 교육정보의 수혜자로서의 참여
2단계	자녀교육자로서의 참여
3단계	자원봉사자나 보조자로서의 참여
4단계	훈련된 보조자로서의 참여
5단계	의사결정자로서의 참여

해당 내용에서 의사결정자로서의 참여는 부모참여에서 가장 중요한 역할이라고 볼 수 있다. 부모참여에 의해 이루어진 의사결정은 관계된 모든 사람들에게 신뢰감을 줄 수 있으며 다양한 계층의 부모가 참여하는 것은 영유아들의 다양성을 대변할 수 있으므로 모든 영유아가 최대한의 성취를 가능하게 한다.

2. 부모참여의 필요성 및 목적

부모참여는 영유아의 교육에 있어 부모가 권리와 책임, 역할을 수행하는 것으로 중요하다. 유아교육기관에서 진행되는 보육(교육)과정은 어린이집과 교사, 영유아뿐 아니라 학부모가 함께 협력하여 진행될 때 그 효과가 있다. 유아가 속한 원에서 이루어지는 보육(교육)과정에 대한 학부모의 이해와 지지, 협력은 영유아의 올바른 보육(교육) 실현을 극대화시킨다. 따라서 원에서 이루어지는 보육(교육)과정에 대한 이해와 학부모의 역할 등 가정 연계를 위한 다양한 시도가 필요하다.

부모참여의 목적 및 필요성을 정리하면 다음과 같다.

〈표 7-4〉 부모참여의 필요성 및 목적

구분	내용
목적	• 부모들로 하여금 부모 혹은 자녀의 교사로서 역할의 중요성을 느끼도록 하고 그러한 역할을 잘 수행할 수 있도록 돕는다. • 영유아의 자아 개념과 성취수준을 향상시키도록 한다. • 어린이집에 대한 부모의 태도를 긍정적으로 가질 수 있도록 한다. • 부모가 평소 가정에서 자녀와 함께 있을 때 자녀를 대하는 양육태도를 향상시킬 수 있도록 돕는다. • 프로그램 운영에 대한 의사결정에 부모가 직접 참여하고 자녀와 함께 활동 할 수 있는 기회를 제공한다.
필요성	• 영유아기는 발달의 결정적 시기로 인생의 발달기초가 형성되는 시기이기 때문에 부모의 애정과 상호작용이 절실히 필요한 시기이다. • 부모참여는 보육의 효과를 지속하게 한다. • 부모참여는 영유아에게 정서적 안정을 제공한다. • 부모참여는 부모의 자아존중감을 향상시키게 된다.

3. 어린이집의 부모협력 유형 및 운영 방법

(1) 부모참여의 유형

부모참여의 유형은 부모 오리엔테이션, 가정통신문, 알림장, 면담 등이 있다. 「영유아 보육법」 제25조에는 2006년 4월부터 영유아의 인원이 30명이 넘는 어린이집에는 부모와 지역 인사가 참여하는 어린이집 운영위원회를 설치해야 한다.

① 부모 오리엔테이션

어린이집에서는 새로운 학기가 시작될 때 신입 및 재원 어린이의 부모를 대상으로 원 운영 방침, 연간계획 및 행사 등의 어린이집 전체 운영 안내를 위해 오리엔테이션을 실시한다. 오리엔테이션에 대한 실시 안내는 1~2주 전에 일시, 장소와 오리엔테이션의 내용을 간략히 작성하여 안내문이나 초대장 등의 방법으로 알린다.

② 가정통신문

부모에게 보육과정과 관련한 여러 행사들의 내용과 정보를 알려주는 기능을 한다.

③ 알림장

영유아의 보육을 위해 부모와 교사가 영유아에 대한 정보를 비대면으로 자유롭게 공유한다. 유아의 경우 수유, 이유, 배변, 수면 생활과 영아의 전반적 기분과 건강 상태에 대한 기록을 포함시켜야 한다. 유아의 경우 문제행동에 대한 교사의 지도 방법과 또래와의 상호작용 등의 내용을 안내한다.

④ 면담

부모와 교사가 직접 대면하여 영유아의 행동 및 생활에 대한 정보를 교환하고 바람직한 지도 방안에 대해 의견을 나누는 의사소통 방법이다. 가정에서 이루어지는 영유아의 생활에 대해서 서로 의견을 공유하고 영유아를 위한 적합한 지도방법 등에 대해 면담한다.

⑤ 강연회

자녀교육을 위해 필요한 지식이나 정보를 부모들에게 제공한다. 부모들에게 제공되는 강연회의 주제로는 다음과 같은 내용을 설정할 수 있다.

- 부모역할의 중요성
- 영유아기의 중요성
- 부모의 영유아의 권리 존중에 대한 다양한 접근
- 양육태도에 필요한 지식과 실제적 기술
- 영유아의 건강과 영양의 필요성 및 중요성
- 영유아의 양육환경에 대한 중요성
- 영유아를 키우면서 경험하게 되는 문제와 그에 따른 해결방법
- 영유아와의 효과적인 의사소통 방법

---

⑥ 참여 및 참관수업

참여 및 참관수업의 목적은 부모와 영유아가 함께 교육활동에 직접 참여해 봄으로써 어린이집의 교육철학 및 교육과정에 대하여 올바르게 이해할 수 있도록 하는 데 있다. 참여수업은 알뜰시장, 김장담그기 등의 활동에 희망하는 부모 및 가족이 어린이집의 자원봉사자로 참여할 수 있다. 참관수업의 방법은 참관실이 있는 경우 부모가 참관실에서 자녀의 모습을 관찰하고 참관실이 없는 경우 보육실에 부모가 직접 들어가서 자녀를 관찰할 수도 있다. 이와 같이 부모가 자원봉사자 등으로 참여하는 형태의 활동은 미리 요구조사 및 수요조사를 실시하고 운영에 따른 실시내용을 사전에 안내하도록 한다.

⑦ 워크숍

부모들이 자녀의 수업을 지원하기 위해 교구 제작 및 실습 등을 계획하고 운영할 수 있다.

⑧ 온라인 참여

전화, 이메일, 인터넷, 홈페이지 등의 온라인 매체를 활용하여 부모와 여러 가지 문제상황 및 행사 등에 대해 정보를 공유한다.

⑨ 가정방문

어린이집에서 영유아에 대한 직접적인 이해를 돕기 위해 영유아의 가정을 방문하여 영유아의 물리적 환경, 부모의 양육태도, 보육에 대한 관심 정도 등을 파악하는 의사소통 및 정보공유의 유형이다.

⑩ 어린이집 운영과정에서의 부모참여

가장 적극적인 부모참여의 형태로 어린이집의 운영과 프로그램에 부모가 관여하는 것을 말한다.

이와 같이 부모참여는 다양한 방법과 유형으로 참여 가능하다. 이러한 부모참여의 활성화 방안으로 교사는 부모참여에 대한 부담을 갖지 말아야 하고 부모와 교사 서로 간의 신뢰관계가 형성되어야 한다. 부모참여를 활성화시키기 위해서는 첫째, 긍정적인 분위기가 형성되어야 한다. 둘째, 정기적이고 주기적으로 부모와 의사소통이 이루어졌을 때 부모참여의 긍정적인 효과는 증가된다. 셋째, 부모들의 성향이 다양함을 인정하고 이해하며 존중의 마음으로 대했을 때 긍정적인 효과가 나타난다. 넷째, 포괄적인 부모참여 프로그램의 개발이 필요하다.

(2) 부모참여의 유형별 운영방법

부모참여의 유형별 운영방법을 실제적인 사례를 중심으로 살펴보면 다음과 같다.

① 협력자

원에서 어린이집 보육(교육)과정 운영에 대한 부모의 이해를 높이고자 진행하는 부모교육에 참여하거나 보육(교육)활동의 지원자 등의 역할을 한다.

①-1 운영이해를 위한 부모교육 참여자

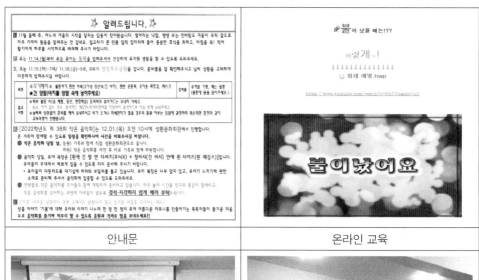

안내문	온라인 교육

부모교육(정기적)	입학설명 및 오리엔테이션

[사진 7-1] 부모교육 안내문 및 운영 사례

①-2 보육(교육)활동의 지원자

재능기부-가야금 연주(인적 자원)	놀이 주제 연계 놀잇감 지원(물적 자원)

[사진 7-2] 인적 · 물적 자원의 보육(교육)활동 지원

② 참여자 : 가정연계를 위한 부모참여

원에서 어린이집 보육(교육)과정의 원활한 운영을 위해 가정연계 활동으로 진행하는 부모참여 활동에 참여자의 역할을 한다.

놀이 주제에 대한 가정 연계 활동 참여

유아교육기관 행사 참여

[사진 7-3] 가정연계 부모참여 활동

③ 평가자

어린이집의 발전과 영유아 성장을 위해 보육(교육)과정 운영에 대한 평가 및 모니터링 등의 평가자 역할을 수행한다.

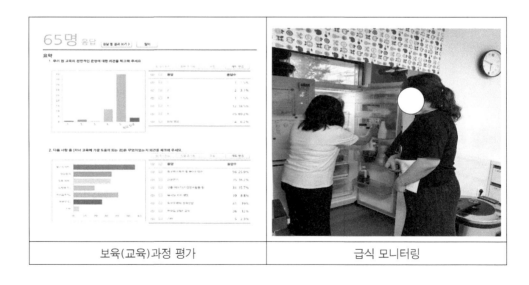

보육(교육)과정 평가	급식 모니터링

| 운영위원회 | 부모참여 활동 평가 |

[사진 7-4] 평가자 활동

III. 지역사회 개념 및 다양한 접근

지역사회 연계의 체계는 미시체계, 외체계, 거시체계, 시간체계로 구분된다. 미시체계는 영유아에게 직접적인 영향을 미치는 가족 및 어린이집과 같은 환경이다. 외체계는 영유아와 가족이 살고있는 지역사회의 문화적 수준 등이다. 거시체계는 넓은 의미의 문화 혹은 이념이 포함된다. 시간체계는 시간이나 역사적인 맥락을 의미한다. 지역사회는 가족, 보육전문가, 영유아, 어린이집이 보육의 효과를 높이기 위하여 가장 중요하게 고려되어야 할 보육주체이다.

1. 지역사회 연계의 필요성

"한 아이를 키우려면 온 마을이 필요하다"라는 아프리카 속담이 있다. 영유아는 태어나는 순간부터 성장 과정에서 좁게는 가정에서부터 영유아가 속한 지역사회 속에서 다양한 경험과 사회적 관계 형성 및 사회적 역할을 성장시킨다. 또한, 한 아이가 사회적 구성원으로 잘 성장하기 위해서는 아이를 둘러싼 주변의 협력과 소통의 중요성을 의미하며 그만큼 폭넓은 사회적 역할이 필요함을 나타내고 있는 속담으로 해석할 수 있다. 2019 개정 누리과정에서는 지역사회는 유아의 다양한 경험을 지원하는 풍부한 자원으로, 유치원, 어린이집에서는 유아들이 지역사회 여러 기관 또는 장소를 직접적으로 경험하도록 하여 지역사회에 관심을 높일 수 있도록 지원하기를 강조하고 있다.

2. 보육과정과 지역사회 자원의 활용(유아/교사/학부모)

영유아의 보육과정에서 지역사회는 중요한 교육의 연장된 현장이며 자원이자 협력자이다. 유아 및 교사, 학부모 입장에서 지역사회는 다음과 같이 살펴볼 수 있다.

(1) 유아와 지역사회

① 교육과정의 지역사회(어린이집 밖 교실)

| 산책 | 공원(숲) 놀이 |

| 안전체험관 | 전시관 |

[사진 7-5] 교육과정의 지역사회(어린이집 밖 교실)

영유아는 자신이 속한 지역사회를 다양한 보육(교육)의 연장된 공간으로 활용하고 경험할 수 있다.

예를 들어 산책이나 숲 체험과 같이 자연 그대로의 모습을 경험하고 느끼는 자연 체험 활동의 장으로 활용할 수 있다. 또한 지역사회 행사 참여를 통해 지역사회의 다양한 면모를 경험할 수 있다. 또는 지역사회의 각 기관과 연계한 교육을 진행할 수 있다. 예를 들면 소방서를 연계한 견학이나 합동훈련 등 지역사회의 다양한 기관들을 직·간접적으로 경험하며 지역사회 구성원으로서의 다양한 역할을 탐색하고 경험을 할 수 있다.

② 교육과정의 인적, 물적 자원(협력)의 지역사회

| 유아 체험교육원 | 역사(독립기념관) |

문화회관	자연환경(산)
안전체험관 지도자	숲 해설가

[사진 7-6] 인적, 물적 자원의 지역사회

　유아들에게 지역사회의 인적 또는 물적 자원은 보육 경험을 확대할 수 있는 기회가 된다. 인적 자원으로는 영유아교육기관 내외를 둘러싸고 영유아와 직접적인 관계를 맺는 가까운 사람에서부터 영유아들이 이용하는 장소의 종사자(마트나 미용실, 병원 등)나 또는 위험과 도움이 필요할 때 도움을 주는 사람, 또는 각종 문화를 전달하는 문화인 등의 간접적인 관계를 맺는 사람까지 다양하다.

　물적 자원은 앞서 교육과정의 연장선으로서 어린이집 밖의 교실이 되어주는 공간뿐만 아니라 음악회나 뮤지컬 등과 같은 문화적인 자원, 독립기념관 등과 같이 유아들이 가치와 의미를 느낄 수 있는 환경 등이 포함된다.

　이러한 지역사회의 다양한 인적·물적 자원은 영유아들의 경험에 생생함과 의미를 더해줄 수 있다.

(2) 교사와 지역사회

| 지역 교육기관과 연계한 학습공동체 | 지역 의료기관과 연계한 심폐소생술 연수 |
| 집합 연수 | 온라인 연수 |

[사진 7-7] 교사와 지역사회

교사는 의료기관, 박물관, 교사연수원 등 지역사회의 다양한 전문기관을 활용하여 교사로서의 전문성 향상과 자기개발 등을 할 수 있다.

보육교사들의 교육(연수)는 크게 승급 연수와 직무, 일반연수, 특수연수 등으로 여러 분야에 대해 이루어지는데 지역사회의 다양한 연수기관은 온·오프라인 등의 방법으로 교사들의 의무(직무) 연수 및 선택적 연수 과정 등을 마련할 수 있다.

또한 지역사회는 예비 보육교사들의 보육(교육) 실습의 장이기도 하며 학습공동체의 역할과 기능을 수행하기도 한다.

(3) 학부모와 지역사회

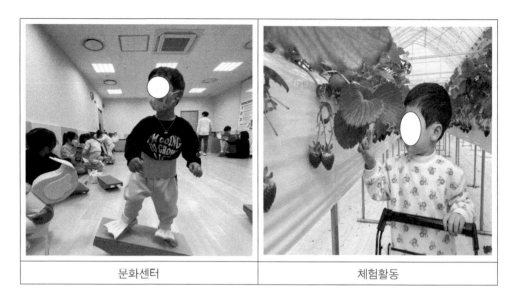

| 문화센터 | 체험활동 |

[사진 7-8] 학부모와 지역사회

학부모들은 지역사회의 다양한 문화센터와 체험장, 문화행사장 등에 참여하여 영유아들의 경험의 질을 높여줄 수 있다. 또한 지역사회 내 자녀 또래 영유아 가정 구성원들과 모여 캠핑, 딸기밭 체험, 미술놀이 등 다양한 활동을 즐기며 공동체 문화를 형성하고 양육에 대한 정보를 주고받을 수도 있다.

(4) 어린이집(유치원) 지역사회 연계 연간계획 예시

〈표 7-5〉 부모참여프로그램 계획서

월	참여프로그램	프로그램 내용	지역사회
	○○○○○○ 열린어린이집 부모참여프로그램 계획서(2학기)		
9월	하반기 학부모 교육	대면참여교육	
	열린어린이집	배식 도우미, 산책 도우미	지역사회
	열린어린이집 추석 행사	추석 행사 도우미	특별활동
10월	2학기 학부모 상담	2학기 반별 부모 상담	
	제3차 운영위원회	3분기 운영위원회 심의	
	열린어린이집	배식 도우미, 산책 도우미	지역사회
	열린어린이집 가을 현장학습	가을 현장학습 안전지킴이	지역사회
11월	햇빛1반 ○○○어머님 재능나눔	부모님이 읽어주는 그림책	특별활동
	열린어린이집	배식 도우미, 산책 도우미	지역사회
	부모참여수업	엄마와 함께하는 김장수업(김장나누기)	지역사회
12월	햇빛1반 ○○○어머님 재능나눔	부모님이 읽어주는 그림책	특별활동
	열린어린이집 산타잔치	산타잔치-일일교사	특별활동
	열린어린이집 부모 모니터링	부모 모니터링 (어린이집 건강, 안전, 금식, 위생관리)	
1월	열린어린이집 설날행사	설날 행사 도우미	특별활동
	열린어린이집	배식 도우미, 산책 도우미	지역사회
	부모참여수업	아빠랑 함께 하는 참여수업	지역사회
2월	열린어린이집	배식 도우미, 산책 도우미	지역사회
	제4차 운영위원회	4분기 운영관련 심의	
	신입, 재원생 오리엔테이션	어린이집 소개 및 연간계획 수립 보고	
	하반기 만족도 조사	서면 조사	
	졸업 및 수료식	졸업, 수료행사	

출처 : 아이파크샤인 열린어린이집

제 8 장
영유아 인권과 권리

Contents

I. 영유아의 인권과 권리

인권은 인간의 본성에서 나오는 생래적인 권리로, 국가이전의 자연권을 말하며 사람이 당연히 누리고 행사하는 기본적인 자유와 권리를 의미한다. 영유아는 신체, 언어, 정서, 인지, 사회 등의 모든 영역에서 전인적인 발달과정에 있으며, 발달의 권리가 있고 이를 보장하기 위한 양육자의 배려와 보호가 필요하다. 따라서 모든 영유아는 자신의 존재가치와 존엄성을 인정받아야 할 권리가 있으며 어떤 상황에서도 차별을 받지 않아야 한다. 영유아가 인격적 주체로서의 대우와 권리를 누릴 수 있는 환경조성은 선행되어야 할 과제이며 인권교육을 통한 인권 감수성을 높이는 일은 매우 중요하다.

우리나라 아동의 삶에 대한 만족도는 OECD 국가 중 가장 낮은 하위로 보고되고 있으며, 기존 세대는 아동에 대한 인식과 환경의 변화를 따라가지 못하기 때문에 아동의 인권 실현이 어렵다고 보고 있다. 이를 우려한 국제사회는 미래사회의 지속적인 발전과 변화를 위해서는 아동의 권리를 보호하기 위한 정부 및 지방자치단체의 책임과 의무가 중요하다고 보고 있다.

1. 아동 인권사상의 발달

1) 근대 이전의 아동관

고대나 중세에는 아동을 성인의 축소판으로 보았으며 본성이 악하다고 하여 비인격적으로 다루어졌다. 이는 아동과 아동기에 대한 이해 부족에서 비롯된 것으로 볼 수 있다. 따라서 인권의 주체로 아동은 근대에 와서야 자리잡은 개념으로 볼 수 있다.

2) 근대 이후의 아동관

〈표 8-1〉 근대 이후의 아동관

학자	아동관
로크	• 어린이들은 세상에 태어나면서부터 완전한 평등한 상태는 아니며, 성장해 가면서 마침내 그와 같은 상태에 놓여질 가능성 있는 존재
루소	• 아동의 불가침의 자유와 권리 주장 • 교육은 아동의 요구와 흥미, 관심에서 출발하여 아동이 아름답게 살아갈 권리를 보장하고, 아동을 주체적으로 살아가는 인간으로 육성하는 것
페스탈로치와 프뢰벨	• 페스탈로치 : 어린이를 하나의 완전한 주체적인 인간으로 인정 • 프뢰벨 : 인간은 출생 시 내면에 완전한 것과 선한 것의 맹아의 상태 교육은 인간의 내면에 있는 완전한 것과 선한 것의 전개를 조장하는 것
듀이와 케이	• 듀이 : 아동중심의 교육사상 확립 • 케이: 아동생명의 자유로운 발전을 조성하는 것이 교육의 사명, 아동 인권보장의 전기 마련

출처 : 권영복 (2001). 아동의 인권에 관한 헌법적 고찰

3) 아동 권리협약

유엔아동권리협약은 국제적으로 가장 많은 국가가 비준한 인권조약으로, 전 세계 어린이의 삶에 변화를 가져왔다. 국제연합(UN)에서 만장일치로 채택(1989. 11. 20)된 아동의 4가지 권리에 대한 설명으로 생존권, 발달권, 보호권, 참여권을 말한다(대한민국은 1991년 11월 가입).

■ UN 아동권리협약

> • 생존권 : 기본적인 삶을 누리는데 필요한 권리
> • 발달권 : 잠재능력을 최대한 발휘하는데 필요한 권리
> • 보호권 : 유해한 것으로부터 보호받을 권리
> • 참여권 : 자신의 나라와 지역사회 활동에 적극적으로 참여할 수 있는 권리

■ 아동권리협약 기본원칙

> • 비차별의 원칙 : 모든 아동은 자신과 부모의 인종, 피부색, 성별, 언어, 종교, 정치적 의견, 출신, 재산, 장애 여부, 태생, 신분 등에 관계없이 동등한 권리를 누려야 한다.
> • 아동 이익 최우선의 원칙 : 아동에게 영향을 미치는 모든것을 결정할 때는 아동의 이익을 최우선으로 고려해야 한다.
> • 생존과 발달의 권리 : 모든 아동의 고유한 생명의 권리를 인정하고, 아동의 생존과 발달을 위하여 다양한 보호와 지원을 받아야 한다. 아동은 모든 형태의 폭력과 착취로부터 보호되어야 한다.
> • 아동 의견 존중의 원칙 : 아동은 자신의 잠재능력을 발휘할 수 있도록 적절한 사회활동에 참여할 기회를 갖고, 자신의 생활에 영향을 주는 일에 대해 의견을 말할 수 있어야 하며 그 의견을 존중받아야 한다.

2. 아동학대 신고

1) 아동학대

최근 각종 언론 및 미디어에서는 종종 아동학대에 대한 뉴스가 시청자 즉, 국민들로 하여금 공분을 사는 일이 발생하기도 하며 아동학대 근절을 위한 다양한 노력이 요구되고 있다. 아동학대가 발생되는 상황 및 학대 유형은 다양하며 지속적, 복합적으로 나타나기도 한다. 한편, 영유아 보육 기관에서는 CCTV 의무화가 실시되고 있으며 아동학대 근절을 위한 하나의 노력의 방편으로 여겨지고 있다. 아동학대 신고의무자에 대한 이해를 높이기 위해 용어의 이해가 필요하다. 아동, 아동학대, 신고의무자에 해당되는 용어를 알아보기 위해 관련 법령을 참고로 살펴볼 수 있다.

- **■ 용어이해**

> - 아동 : '아동복지법'에 의하면 18세 미만인 사람을 말한다.
> - 아동학대 : 보호자를 포함한 성인이 아동의 건강 또는 복지를 해치거나 정상적 발달을 저해할 수 있는 신체적 · 정신적 · 성적 폭력이나 가혹행위를 하는 것과 아동의 보호자가 아동을 유기하거나 방임하는 것을 말한다.
> - 신고의무자 : '아동학대범죄의 처벌 등에 관한 특례법'에 의하면 누구든지 아동학대 범죄를 알게 된 경우나 그 의심이 있는 경우는 시 · 도, 자치구(시 · 군 · 구) 또는 수사기관에 신고할 수 있으며 제3장 아동학대범죄의 처리절차에 관한 특례 제10조 2항 어느 하나에 해당하는 사람은 직무를 수행하면서 아동학대 범죄를 알게 된 경우나 그 의심이 있는 경우는 시 · 도, 시 · 군 · 구 또는 수사기관에 즉시 신고하여야 한다고 규정하고 있다. 따라서 위의 예에 해당하는 사람을 '신고의무자'라고 정의할 수 있다.

통계청 2020년 아동학대 피해 경험률에 따르면 2011년 61.6%에서 2020년 기준 401.6%로 지속적인 상승률을 나타내고 있다. 그래프의 변화를 통해 매해 아동학대 피해를 경험한 아동의 비율이 큰 폭으로 상승하는 것을 알 수 있으며 아동학대로 인한 고통을 미루어 짐작할 수 있다.

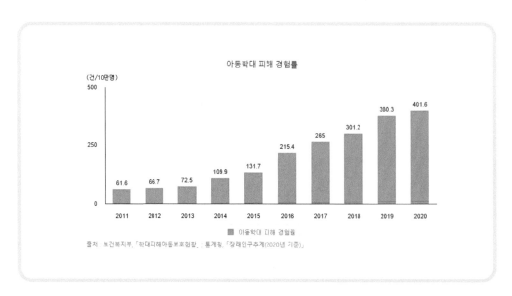

출처 : 통계청 아동학대 피해 경험률

(1) 아동학대 행위자와 피해자, 아동학대와의 관계 및 발생 장소

아동학대의 행위자와 피해자의 관계에 대한 양명자(2016)의 연구에 의하면 부모, 친인척, 대리양육자, 타인 등의 순으로 유아의 일상적 환경 안에서 이루어지고 있으며 그중 대리양육자 분류 안에는 영유아보육(교육)기관 종사자 및 기타 관련시설 종사자의 비율이 상대적으로 높은 비중이 있음을 인용하였다.

아동학대 발생 장소로는 가정 외 보육기관 및 복지시설의 비율이 많은 비중을 차지한다.

(2) 보육교사의 아동학대 인식과 신고의무 태도

아동학대에 대한 인식이 신고 태도에 대한 변화를 가져올 수 있다고 보는 연구는 단순하지만 다각적인 인식 개선과 실천의 문제 등 중요한 과제로 볼 수 있다. 그러나 무엇보다도 영유아의 안전과 성장발달을 담당하는 보육기관에서의 올바른 아동학대에 대한 인식 및 예방은 더욱 선행되어야 할 것이다.

(3) 아동학대 유형별 구분

학대 유형별	2018년	2019년	2020년
신체학대	3,436	4,179	3,807
정서학대	5,862	7,622	8,732
성학대	910	883	695
방임	2,604	2,885	2,737
소계	24,604	30,045	30,905
중복학대			
신체학대·정서학대	9,376	11,611	12,130
신체학대·성학대	63	40	28
신체학대·방임	254	290	316
신체·정서·성학대	199	218	166
신체·정서학대·방임	683	909	996
신체·성학대·방임	1	3	2
신체·정서·성학대·방임	11	198	19
정서학대·성학대	422	174	175
정서학대·방임	779	1,007	1,086
정서·성학대·방임	3	11	9
성학대·방임	1	15	7
소계	11,792	14,476	14,934

출처: 통계청 아동학대 유형별 구분

2) 아동학대 발견 시 신고 및 유의점

보육현장에서 영유아들과 생활하는 교사는 무엇보다 아동학대의 징후 발견과 빠른 신고는 영유아의 안전과 직결되는 점을 인식해야한다. 그러나 아동학대의 징후 발견은 쉽지만은 않을 수 있으며 평소에 늘 영유아를 관심 있게 살피고 학대의 징후를 발견 시 매뉴얼에 따라 신고를 해야 할 의무가 있다. 다음은 교육부·보건복지부 유치원·어린이집 아동학대 조기발견 및 관리·대응 매뉴얼을 참고로 아동학대 및 신고의무자에 대한 이해를 돕고자 한다.

아동학대의 유형은 크게 신체적 학대, 정서적 학대, 성학대, 방임으로 나누어 살펴볼 수 있으며 각 유형에 따른 신체적 징후와 행동적 징후를 나타낼 수 있다.

'유치원·어린이집 아동학대 조기발견 및 관리대응 매뉴얼'을 참고로 아동학대 신고와 관련하여 원인이 되는 학대 유형, 징후, 신고절차에 대해 구체적으로 알아본다.

(1) 아동학대 유형 및 징후

신체학대

성인이 아동에게 신체적 손상을 입히거나 이를 허용하는 모든 행위

- 사고로 보기에는 미심쩍은 상처 (사용된 도구의 모양이 그대로 나타나는 상처, 담뱃불 자국, 뜨거운 물에 잠겨 생긴 화상, 겨드랑이 팔뚝, 허벅지 안쪽 등 다치기 어려운 부위 상처 등)
- 신체적 상처로 자주 병원을 가는 경우
- 부모에 대한 두려움, 집으로 돌아가는 것에 대한 거부감
- 다른 아동이 다가올 때 공포감을 느끼는 행동
- 공격 또는 위축된 극단적 행동

정서학대

성인이 아동에게 하는 언어적 정서적 위협, 감금·억제 기타 가학적인 행위

- 과도한 수면 부족 증세
- 스트레스로 인한 원형 탈모
- 특정 물건을 계속 빨고 있거나 물어뜯음
- 폭력성향, 히스테리, 강박, 공포, 극단행동 과잉행동, 자살시도 등 비정상적 반응

성학대

성인의 성적 만족을 위해 아동의 신체에 접촉하는 행위나 아동과의 모든 성적 행동

- 걷거나 앉는데 어려움
- 입천장의 손상, 성병 감염 및 임신
- 나이에 맞지 않는 성적 행동
- 타인, 동물, 장난감을 대상으로 하는 성적 상호관계
- 부모에 대한 두려움, 집으로 돌아가는 것에 대한 두려움

방임

아동의 양육과 보호를 소홀히 하여 정상적인 발달을 저해하는 모든 행위

- 기아, 영양실조, 적절하지 못한 영양상태
- 계절에 맞지 않는 옷, 청결하지 못한 외모
- 음식 구걸, 도둑질
- 지속적 피로, 불안정 호소, 수업중 과도한 수면

출처 : 유치원 어린이집 아동학대 조기발견 및 관리·대응 매뉴얼

※아동학대 징후 체크리스트(세부)는 중앙아동보호전문기관 홈페이(www.korea1391.org)참고

(2) 아동학대 징후 발견 시 버려야 할 편견

▲ '설마 부모가 자녀를 학대하려고? 라는 생각
- 매년 아동학대 행위자의 80%가 부모이며, 특히 방임은 90%이상이 부모에 의해 발생하는 것으로 파악됨
- 부모라는 이유로 누구나 무조건적인 사랑과 헌신으로 아동을 양육할 것이라는 편견은 주의해야함

▲ '학대하는 부모는 친부모가 아닐 것이다'라는 생각
- 부모에 의한 학대의 경우 행위자가 계부모 혹은 양부모라고 생각할 수 있으나, 통계에 따르면 친부모가 아동학대한 경우가 79.9%임
- 아동의 주보호자일 경우, 친생 여부와 상관없이 사실관계를 확인하려는 마음가짐이 필요함

▲ '사랑의 매'가 존재한다는 생각
- 부모중 자녀를 자신의 소유물로 여기고 '잘못하면 때려서라도 고쳐야한다' 잘못된 통념 속에 신체 폭력을 자행하기도 함
- 아동의 잘못된 행동이 매 맞음으로 고쳐지지도 않으며, 어떤 이유로도 아동을 대상으로 한 폭력은 정당화 될 수 없음을 기억해야함

▲ '한 두 번 맞고 클 수도 있지'라는 생각
- 아동학대의 80%이상이 가정내 발생했으며, 피해아동의 70% 이상이 '최소 1주일에 한 번 이상 혹은 그보다 자주 학대받았다' 고 보고함
- 아동학대는 지속적이고 음행적으로 이뤄지고 있다는 사실을 명심해야 함

▲ '아이가 맞을만한 행동을 했다'라는 생각
- 학대 피해 아동의 87.4%가 장애, 정서·정신건강, 적응·행동, 발달 등 다양한 특성을 보임
- 이는 학대의 유발요인으로 볼 수 있는 한편, 학대 후유증의 결과물이기도 함
- 아동의 문제행동을 '나 같아도 때리겠다', '이런 애를 어떻게 키우나'라는 편견으로 바라보지 않도록 주의해야 하며, 가족 내 적절한 양육과 교육 방법이 자리잡도록 돕겠다는 자세가 필요함

▲ '있을 수도 있는 일' 이라는 생각
- 아동학대는 고질적으로 반복·확대되는 경향이 있어 초기에 적절히 대응되지 않으면 만성화될 우려가 있으며, '아동사망'이라는 치명적 결과를 초래할 수 있음
- 아동학대 문제는 가정사라는 관점 대신에 인권중심의 인식을 갖고 건강한 사회, 사회 범죄 예방을 다지는 첫걸음이라는 인식 재고가 필요함

▲ '이 정도가 아동학대야?'라는 생각

- 연쇄살인범·강력범죄자들의 어린시절을 조사한 결과 66.7%가 어린시절 부모의 이혼·불화 등 부모 문제로 고통받았다고 보고하였음
- 성장 과정에서의 가정폭력 목격 및 아동학대 피해 경험은 아동 개인은 물론이고 가족 사회 전반에 부정적 파급력을 미칠 수 있음
- 아동학대는 모든 범죄의 근원이 될 수 있다는 점에 유의해야 함

▲ '왜 아이가 말을 안할까?'라는 생각

- 아동은 만성화된 학대 피해로 무력감과 좌절, 행위자에 대한 공포에 사로잡혀 있을 수 있음
- 아동이 안전에 대한 확신 없이 '가족에 의해, 가정 내에서 발생한 피해 사실'을 말하기 쉽지 않음을 기억하고, 아동 심신 상태에 대한 세심한 관찰과 시간적 배려가 필요함

(3) 아동학대 신고 시 유의할 점

1. 피해아동에 대한 비밀 보호

피해아동의 교육 또는 보육을 담당하는 학교의 교직원 또는 보육직원은 정당한 사유가 없으면 해당 아동의 취학, 진학, 전학 또는 입소(그 변경을 포함한다)의 사실을 아동학대 행위자인 친권자를 포함하여 누구에게든지 누설하여서는 안됨(「아동학대범죄의 처벌등에 관한 특례법」 제35조제3항)

▲ 아동학대 신고의무 불이행에 따른 제재

정당한 사유없이 그 직무상 아동학대를 알게 되었거나 의심이 되었음에도 신고를 하지 아니한 신고의무자에게는 500만원 이하의 과태료가 부과됨(「아동학대범죄의 처벌등에 관한 특례법」 제63조제1항제2호)

- (부과주체) 신고의무자 주소지 관할 시·군·구청
- (대상기간) 최초 아동학대 인지 시점부터 아동학대 신고 접수일 까지의 기간에서 신고의무 이행 여부를 판단
- (부과절차) 의견청취, 이의제기, 과태료 부과 등은 질서위반행위규제법령 준용

2. 아동학대 신고의무자에 대한 보호

▲아동학대 신고자 비공개

신고인의 인적사항 또는 신고인임을 미루어 알 수 있는 사실을 다른 사람에게 알려주거나 공개 또는 보도하여서는 안됨(「아동학대범죄의 처벌등에 관한 특례법」 제10조제3항)

> **▲아동학대 신고자 공개자에 대한 제재**
>
> 신고인의 인적사항 또는 신고인임을 미루어 알 수 있는 사실을 다른 사람에게 알려주거나 공개 또는 보도한 자는 1년 이하의 징역 또는 500만원 이하의 벌금에 처함(「아동학대범죄의 처벌등에 관한 특례법」 제62조제2항)
>
> **▲ 아동학대 신고자 신변상 보호 요청**
>
> 공익신고자 등과 그 친족 또는 동거인은 공익신고 등을 이유로 생명·신체에 중대한 위해를 입었거나 입을 우려가 명백한 경우에는 위원회에 신변보호에 필요한 조치를 요구할 수 있으며 위원회는 필요하다고 인정되면 경찰관서의 장에게 신변보호 조치를 하도록 요청할 수 있음(「공익신고자보호법」 제13조)

출처 : 유치원 어린이집 아동학대 조기발견 및 관리·대응 매뉴얼

(4) 아동학대 신고의무자에 대한 교육

> **아동학대 신고의무자에 대한 교육(아동복지법 제26조)**
>
> ▲ 유치원·어린이집의 장은 소속 아동학대 신고의무자에게 신고 의무교육을 매년 1시간 이상 실시하고, 그 결과를 교육감·교육장(유치원) 또는 시·도지사(어린이집)에게 제출하여야 함
>
> **※ (불이행) 교육을 실시하지 아니하면 300만원 이하의 과태료가 부과됨**
>
> ▲ 자격취득 과정이나 보수교육 과정에 아동학대 예방 및 신고의무와 관련된 교육을 1시간 이상 포함시켜야 함
>
> ▲ 교육감·교육장(유치원) 또는 시·도지사(어린이집)은 아동학대 신고의무자에게 본인이 아동학대 신고의무자라는 사실을 고지할 수 있고, 아동학대 예방 및 신고의무와 관련된 교육을 실시할 수 있음
>
> > • (교육방법)집합교육, 시청각 교육 또는 인터넷 강의등
> > • (교육내용)
> >   - 아동학대예방 및 신고의무자에 관한 법령
> >   - 아동학대 발견 시 신고방법
> >   - 피해 아동 보호 절차
> >
> > ※ 동 매뉴얼 또는 중앙아동보호전문기관에서 제공하는 교육자료 활용

(5) 아동학대 신고 시 주의사항

▲ 보호자에게 신고내용을 알리는 등의 행위로 아동학대 증거가 은폐되지 않도록 주의하여야 함

▲ 가능한 한 증거 사진을 확보함

▲ 아동이 불안에 빠지지 않도록 큰일이 난 것처럼 하지 않고 일상적으로 대함

▲ 성학대의 경우 증거 확보를 위해 씻기거나 옷을 갈아입히지 않음

▲ 진술의 오염이 있을 수 있으므로 학대에 대해 계속 캐묻거나 유도 질문을 하지 않음

▲ 신고 후에 신고자나 피해아동의 정보가 외부에 노출되지 않도록 주의

▲ 신고 후에 아동보호전문기관 또는 수사기관과 지속적인 협력 유지

▲ ㅇㅇ유치원/어린이집에 재직하고 있는 교사로 아동학대 신고의무자입니다.

▲ ㅇㅇ유치원/어린이집에 등원하는 아동에 대해 ~~~의 이유로 아동학대가 의심되어 신고합니다.

▲ 아동의 현재 상황은 ~~~합니다.
※아동 안전 여부, 응급조치 필요 여부, 아동의 심신 상태, 가정 상황 등

▲ 아동의 인적상황은 ~~~합니다.
※ 성명, 성별, 연령, 주소, 전화번호 등

▲ 학대행위자로 의심되는 사람은 ~~~입니다.
※ 이름, 성별, 나이, 주소 등(아동학대행위자 정보를 파악하지 못해도 신고 가능)

▲ 신고자는 ~~~입니다.
※ 성명, 전화번호, 주소, 아동과의 관계 등

출처 : 유치원 어린이집 아동학대 조기발견 및 관리·대응 매뉴얼

3) 아동학대 대응 매뉴얼

'유치원·어린이집 아동학대 조기발견 및 관리·대응 매뉴얼'을 기초하여 아동학대 조기 발견에 대한 평소의 세심한 관심과 관련 매뉴얼을 숙지하고 안전하고 행복한 생활을 위해 교사들의 인식과 실천적 지식이 중요하다. 옛 속담에 '소 잃고 외양간 고친다'라는 속담이 있다. 아동학대에 대해서 현장에서 많은 시간을 함께하는 교사들의 평상시 세심한 관찰과 올바른 대응은 때늦은 후회를 하지 않을 가장 현명한 방편이다. 다음에서는 관리 대응 매뉴얼의 기본원칙과 평상시 관리 대응에 대하여 살펴 보고자 한다.

(1) 기본 원칙

▲ **아동학대 징후 발견 시 즉시 신고**

◎(매일) 영유아의 건강·안전 확인 및 결석 아동의 결석 사유 확인

◎(아동학대 인지 또는 의심 시) 수사기관(112)에 즉시 신고 등 필요 조치 즉시 시행
※ 아동학대를 의심할 수 있는지 여부에 대해서는 아동보호전문기관과 상담
※ 아동학대 징후 체크리스트, 아동학대 신고의무자용 점검표 등 활용

▲ **무단결석 아동 및 퇴학 아동 관리 강화**

◎(무단결석) 2일 이상 무단결석 아동 발생 시 전화연락 또는 가정방문 등을 통해 아동학대가 의심되거나 아동의 안전과 소재가 파악되지 않은 경우 수사기관(112)에 신고
※가정방문은 유치원·어린이집 교직원과 읍면동 공무원으로 구성된 2인이 함께 실시
◎(퇴학) 명확한 사유 없이 퇴학 신청시, 아동학대가 의심되는 경우 수사기관(112)에 신고

▲ **아동학대 신고의무자의 역할 숙지**

◎유치원·어린이집의 장은 소속 교직원 대상 아동학대 신고의무자 교육을 연 1회 1시간 이상 실시
※아동학대 예방 및 신고의무에 관한 법령, 아동학대 신고의무자용 점검표, 아동학대 발견 시 신고 방법, 피해아동보호절차, 신고의무자에 대한 보호 등
◎관리·감독 기관에서는 연 2회 유치원·어린이집 자체 교육실적 점검

(2) 평상시 관리 · 대응 매뉴얼

▲ **평상시 관리·대응**

◎ 매일 아동의 건강과 안전을 확인합니다.

◎ 보호자 동의서(무단결석시 가정방문)를 사전에 받아 둡니다.
※ 사전에 동의서를 제출하지 않은 가정도 무단결석시 방문할 수 있으며 의도
   적으로 동의서를 제출하지 않은 경우, 보다 세심한 관심을 기울입니다.
※ 등원시 아동의 건강상태를 살피고, 평상시와 다른 상흔, 감정 변화가 있는
   경우에는 보호자에게 문의하여 확인
-필요시 의심사항 기록

---

(3) 아동학대 징후 발견 시 관리 · 대응

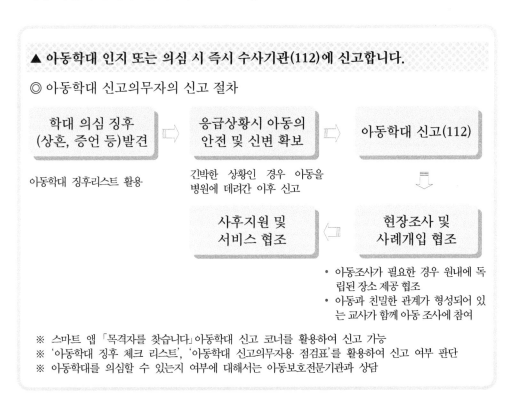

▲ **아동학대 인지 또는 의심 시 즉시 수사기관(112)에 신고합니다.**

◎ 아동학대 신고의무자의 신고 절차

학대 의심 징후
(상흔, 증언 등)발견 ▷ 응급상황시 아동의
안전 및 신변 확보 ▷ 아동학대 신고(112)

아동학대 징후리스트 활용   긴박한 상황인 경우 아동을
                            병원에 데려간 이후 신고

사후지원 및
서비스 협조 ◁ 현장조사 및
사례개입 협조

• 아동조사가 필요한 경우 원내에 독
  립된 장소 제공 협조
• 아동과 친밀한 관계가 형성되어 있
  는 교사가 함께 아동 조사에 참여

※ 스마트 앱「목격자를 찾습니다」아동학대 신고 코너를 활용하여 신고 가능
※ '아동학대 징후 체크 리스트', '아동학대 신고의무자용 점검표'를 활용하여 신고 여부 판단
※ 아동학대를 의심할 수 있는지 여부에 대해서는 아동보호전문기관과 상담

출처 : 유치원 어린이집 아동학대 조기발견 및 관리·대응 매뉴얼

다음은 '아동학대 징후 체크리스트'와 '아동학대 신고 의무자용 점검표'의 구체적인 내용을 다루었다. 보육교사는 영유아를 교육하고 보육하는 역할을 담당하면서 아동학대 신고 의무자에 해당되며, 다음의 내용을 잘 이해하고 알아두어야 할 필요가 있다.

〈부록 1〉

아동학대 징후 체크리스트(세부)

▲ 중앙아동보호전문기관 홈페이지(www.korea1391.org)에 게재되어 있음

구분	신체적 징후	행동적 징후
신체학대	• 설명하기 어려운 신체적 상흔 • 손발이 차거나 붉게 부어오른 상태 • 발생 및 회복에 시간차가 있는 상처 • 비슷한 크기의 반복적으로 긁힌 상처 • 사용된 도구의 모양 자국이 그대로 나타나는 상처 • 담배불 자국, 뜨거운 물에 잠겨 생긴 화상 자국, 회음부에 있는 화상자국, 알고 있는 물체모양(다리미 등)의 화상자국, 회복 속도가 다양한 화상자국 • 입, 입술, 치은, 눈, 외음부 상처 • 긁히거나 물린 자국에 의한 상처 • 손목이나 발목에 긁힌 상처, 영유아에게 발견된 붉게 긁힌 상처 • 겨드랑이, 팔뚝 안쪽, 허벅지 안쪽, 등 다치기 어려운 부위의 상처 • 대뇌 출혈, 망막 출혈, 양쪽 안구 손상, 머리 카락이 뜯겨 나간 두피 혈종 등을 동반한 복잡한 두부 손상 • 고막 천공이나 귓불이 찢겨진 상처와 같은 귀 손상 • 골격계 손상, 시간차가 있는 골절, 치유 단계가 다른 여러 부위의 골절, 복합 및 나선형 골절, 척추 손상(특히 여러 군데의 골절), 영·유아의 긴 뼈에서 나타나는 간단 골절, 회전상 골절, 걷지 못하는 아이에게서 나타나는 대퇴골절, 골막하 출혈의 방사선 사진, 골단 분리, 골막 변형, 석회화 • 간혈종, 간열상, 십이지장, 천공, 궤양 등과 같은 복부부상 • 폐 좌상, 기흉, 흉막삼출과 같은 흉부손상	• 어른과의 접촉 회피 • 다른 아동이 울때 공포를 나타냄 • 공격적이거나 위축된 극단적 행동 • 양육자에 대한 두려움 • 집(어린이집)에 가는 것을 두려워함 • 위험에 대한 지속적인 경계

▲ 중앙아동보호전문기관 홈페이지(www.korea1391.org)에 게재되어 있음

구분	신체적 징후	행동적 징후
정서적 학대	• 발달지연 및 성장장애 • 신체발달 저하	• 특정물건을 계속 빨고 있거나 물어 뜯음 • 행동장애(반사회적, 파괴적 행동장애) • 신경성 기질 장애(놀이장애) • 정신신경성 반응(히스테리, 강박, 공포) • 언어장애 • 극단행동, 과잉행동, 자살시도 • 실수에 대한 과잉 반응 • 양육자와의 접촉에 대한 두려움
성학대	**신체적 지표** • 학령 전 아동의 성병 감염 • 임신 **생식기의 증거** • 아동의 질에 있는 정액　•배뇨곤란 • 찢기거나 손실된 처녀막　•요도염 • 질에 생긴 상처나 긁힌 자　•생식기의 대상포진 　국　　　　　　　　　　•질의 홍진(紅疹) **항문 증후** • 항문 괄약근의 손상　•항문이 좁아짐 • 항문주변의 멍이나 찰과상　•회음부의 동통과 가려움 • 항문 내장이 짧아지거나 뒤　•대변 　집힘　　　　　　　　　•항문 입구에 생긴 열창에 • 변비　　　　　　　　　　혈액이 나옴 **구강 증후** • 입천장의 손상 • 인두(咽頭) 임질	**성적(性的) 행동지표** • 나이에 맞지 않는 성적 행동 • 해박하고 조숙한 성지식 • 명백하게 성적인 묘사를 한 그림들 • 타인과의 성적인 상호관계 • 동물이나 장난감을 대상으로 하는 성적인 상호관계 **비(非)성적 행동지표** • 위축, 환상, 유아적 행동(퇴행행동) • 자기 파괴적 또는 위험을 무릅 쓴 모험적인 행동 • 충동성, 산만함 및 주의집중장애 • 혼자 남아 있기를 거부 또는 외톨이 • 특정 유형의 사람들 또는 성에 대한 두려움 • 방화/동물에게 잔혹함(주로 남아의 특징) • 비행, 가출/약물 및 알콜 남용 • 자기 파괴적 행동(자살 시도) • 범죄행위 • 저조한 학업수행 • 우울, 불안, 사회관계의 단절 • 수면장애/유뇨증/유분증/야뇨증 • 섭식장애(폭식증/거식증) • 외상 후 스트레스 장애
방임	• 발달지연 및 성장장애 • 비위생적인 신체상태 • 예방접종과 의학적 치료 불이행으로 인한 건강상태 불량 • 아동에게 악취가 지속적으로 나는 경우	• 계절에 맞지 않는 부적절한 옷차림 • 음식을 구걸하거나 훔침 • 비행 또는 도벽 • 학교에 일찍 등교하고 집에 늦게 귀가함 • 지속적인 피로 또는 불안정감 호소 • 수업 중 조는 태도 • 잦은 결석

〈부록 2〉

아동학대 신고 의무자용 점검표

아동학대 신고의무자용 점검표

◎ 아동학대 체크리스트는 아동학대 신고의무자가 직무 중에 학대로 의심되는 아동을 조기 발견하기 위해 활용

◎ 1개 문항 이상 "예"라고 체크된 경우, 아동학대를 의심해 볼 수 있는 상황, 아동학대가 "의심"되면 아동학대 신고전화 112로 반드시 신고

※ 아동학대를 의심할 수 있는지 여부에 대해서는 아동보호전문기관과 상담

연번	평가항목	평가	
1	사고로 보이기에는 미심쩍은 상흔이나 폭행으로 보이는 멍이나 상처가 발생한다.	예	아니오
2	상처 및 상흔에 대한 아동 및 보호자의 설명이 불명확하다.	예	아니오
3	보호자가 아동이 매를 맞고 자라야 한다는 생각을 갖고 있거나 체벌을 사용한다.	예	아니오
4	아동이 보호자에게 언어적, 정서적 위협을 당한다.	예	아니오
5	아동이 보호자에게 감금 억제, 기타 가학적인 행위를 당한다.	예	아니오
6	기아, 영양실조, 적절하지 못한 영양 섭취를 보인다.	예	아니오
7	계절에 맞지 않는 옷, 청결하지 못한 외모를 보인다.	예	아니오
8	불결한 환경이나 위험한 상태로부터 아동을 보호하지 않고 방치한다.	예	아니오
9	성학대로 의심될 성질환이 있거나 임신 등의 신체적 흔적이 있다.	예	아니오
10	나이에 맞지 않는 성적 행동 및 해박하고 조숙한 성지식을 보인다.	예	아니오
11	자주 결석하거나 결석에 대한 사유가 불명확하다.	예	아니오
12	필요한 의료적 처치를 하지 않거나 예방접종이 필요한 아동에게 예방접종을 실시하지 않는다.	예	아니오
13	보호자에 대한 거부감과 두려움을 표현하거나 집(보호기관)으로 돌아가는 것에 대해 두려워한다.	예	아니오
14	아동이 히스테리, 강박, 공포 등 정신신경성 반응을 보이거나 공격적이거나 위축된 모습 등의 극단적인 행동을 한다.	예	아니오
15	'아동학대 점검표' 1-14에 해당되지는 않지만 그 외의 학대로 의심되는 경우 (학대 의심사항:)	예	아니오

제 9 장
보육의 계획과 실천

Contents

　제4차 어린이집 표준보육과정은 영아와 함께 만들어 가는 보육과정이다. 영아와 교사가 함께 만들어 가는 영아중심 보육과정의 활동을 실행하기 위해서는 교사가 사전에 활동을 계획하고 이를 그대로 실행하는 것을 지양하고 영아의 놀이를 사전에 관찰하고 기록한 것을 바탕으로 계획을 세운 후 이를 실행해야 한다. 본 장에서는 보육교사들이 영아중심 보육과정의 운영을 위한 보육과정 계획과 실천에 대하여 알아본다.

I. 보육과정 계획

　보건복지부가 2020년에 제시한 보육과정계획에 대한 내용을 살펴보면, 영유아에게 양질의 보육경험을 제공하기 위하여 보육계획을 수립해야한다. 어린이집 운영에서 나타나는 특성을 반영하여 보육철학을 수립하고 표준보육과정의 내용을 근거로 하여 계획을 수립한다. 보육과정 계획은 기간에 따라 연간계획, 월간계획, 주간계획, 일일계획으로 구성되며 어린이집이나 해당 반의 특성에 적합하도록 변경하여 사용할 수 있다. 보육계획안의 양식은 계획안의 종류, 형식, 분량 등을 자율적으로 조정하여 작성할 수 있다. 예를 들어, 어린이집에서는 해마다 작성하는 연간계획 뿐만 아니라 월간과 주간, 주간과 일일 계획을 통합하거나 어린이집 및 반의 특성에 따라 적절하게 변경된 일지 등을 활용하여 계획안을 작성할 수 있다. 또한, 어린이집에서 제공되는 계획안은 영유아가 활동할 내용을 먼저 계획하고 안내하는 방식에서 영유아가 실제 놀이한 내용과 배움에 대한 기록을 가정과 공유하는 방식으로 변경할 수도 있다.

　한편, 보육진흥원의 어린이집 평가 매뉴얼에서는 보육활동의 계획을 수립하는 이유를 다음과 같이 설명하고 있다. 보육계획을 수립하는 이유는 영유아의 일상생활, 놀이, 활동을 포함한 전 영역에서의 하루 일과에 대하여 영유아의 권리를 최우선으로 보장하고, 영유아가 건강하고 행복하게 전인적 성장을 할 수 있도록 돕기 위해서이다. 따라서 보육교사가 보육과정을 계획할 때에는 영유아의 자유로운 일상생활, 놀이, 활동이 영유아의 주도적이고 자발적인 선택으로 이루어질 수 있도록 수립되어야 한다. 이에 교사는 사전에 보육계획을 수립한 이후에도 영유아의 흥미나 관심, 의견이 충분히 반영될 수 있도록 융통성 있게 보육계획을 수정할 수 있어야 한다.

다음에 제시되는 연령별 연간, 월간, 주간계획과 관련된 내용은 보건복지부 중앙육아
종합지원센터 내용과 ○○어린이집의 운영자료를 재구성하여 제시하였다.

1. 연간보육계획안

표준보육과정에서 추구하는 인간상, 목적 및 목표와 어린이집의 운영철학에 기초하
여 연간계획을 수립한다. 연간보육계획안에는 계절, 명절, 행사 등 어린이집의 연중 운
영되어야 할 중요한 내용을 포함하여 계획한다. 주요행사에는 보육주제와 연관이 있는
영유아, 부모, 지역사회 관련 활동 등을 계획하도록 한다.

영아반의 연간보육계획은 표준보육과정의 전 영역이 포함될 수 있도록 하되 연령이
증가할 수 있도록 영아들에게 가장 친숙하고 구체적이며 자주 경험하는 것에서 부터 주
변 환경의 놀이주제가 포함되도록 구성한다.

〈표 9-1〉 연간 보육계획 및 행사계획

연간 보육계획 및 행사계획(만2세 예시) 20 년도			
월	주제	소주제	주요 행사 (부모참여프로그램, 부모교육, 지역사회연계활동 등)
3월			
4월			
5월			
6월			
7월			
8월			
9월			
10월			
11월			
12월			
1월			
2월			

* 출처: 보건복지부 · 중앙육아종합지원센터(2020) 2019 개정누리과정 보육일지 개선방향 및 일지 양식예시 재구성

유아반의 연간보육계획의 경우는 유아의 발달 특성과 흥미를 기초로 하되 영아 연간 계획과 마찬가지로 표준보육과정의 전 영역이 포함되도록 계획한다. 또한 주변의 환경에서 경험 가능하고 관심을 가질 수 있는 주제로 계획하며, 각각의 보육활동에는 주제의 개념과 활동의 목표 등에 유아 개인의 발달적 차이를 고려하여 수준별 보육과 교육이 되도록 계획한다. 또한 개정누리과정은 유아와 보육교사가 '함께 만들어 가는 교육과정'이기 때문에 연간계획이 수립되었다 하더라도 유아들의 놀이 경험에 따라 시간과 기간 등이 바뀔 수 있음을 교사는 인지하여야 한다.

만 0~2세의 연간 보육 및 행사를 계획할때의 유의할 사항을 살표보면 다음과 같다.

〈표 9-2〉 만0~2세 연간 보육계획 및 행사계획

월	주	어린이집 행사	영아의 주요경험 (기관적응, 명절, 특별한 날 등)	
3	1주 ~ 4주	입학식 신입 원아 적응기간 운영위원회	신입 원아 어린이집 적응 재원, 원아 새로운 반 적응, 엄마, 아빠와 잘 헤어지기	→ 기관 차원에서 연간계획이 필요한 항목의 예
4	1주 ~ 5주	봄 나들이, 부모개별상담		→ 어린이집 행사는 일 년 동안 어린이집에서 진행하는 행사 등의 계획
5	1주 ~ 4주	어린이날 행사 부모 참여 프로그램	우리반 환경·일과에 익숙해지기 선생님, 친구와 친숙해지기 계절의 변화 경험하기	
6	1주 ~ 4주	운영위원회		→ 영아의 주요경험은 어린이집 적응, 계절의 변화, 특별한 날 등에서 예상되는 영아의 주요 경험
7	1주 ~ 5주	물놀이 부모교육 부모 참여 프로그램	계절의 변화 경험하기 (여름날씨, 건강과 위생, 여행 등)	
8	1주 ~ 4주			

*출처: 중앙육아종합지원센터(2020). (0~2세 보육과정) '놀면서 자란다' 재구성

만3~5세의 연간 보육 및 행사를 계획할 때의 유의할 사항은 다음과 같다.

〈표 9-3〉 만3~5세 연간 보육계획 및 행사계획

월	주	어린이집 행사	유아의 주요경험 (기관적응, 명절, 특별한 날 등)	기관 차원에서 연간계획이 필요한 항목의 예
3	1주 ~ 4주	입학식 신입 원아 적응기간 운영위원회	신입 원아 어린이집 적응 재원 원아 새로운 반 적응	
4	1주 ~ 5주	봄 소풍, 씨앗심기 부모 개별상담	계절의 변화 경험하기 (따뜻해지는 봄 나들이 등)	일년 동안 어린이집에서 진행하는 행사 등의 계획
5	1주 ~ 4주	어린이날 행사 인형극 관람 부모 참여 프로그램	해당 내용의 의미를 알고 감사의 마음 느껴보기 (어린이날, 어버이날, 스승의날)	
6	1주 ~ 4주	도서관 견학 동물원 견학 운영위원회	계절과 절기에 따른 영유아의 주요 경험 및 체험하기	계절의 변화, 연간별 특별한 국가적 행사, 특별한 날 등에서 예상되는 유아의 주요 경험
7	1주 ~ 5주	수영장가기 부모교육 부모 참여 프로그램	계절의 변화 경험하기 (여름날씨, 건강과 위생, 여행 등)	
8	1주 ~ 4주			

출처: 중앙육아종합지원센터(2020). 3~2세 보육과정 '놀면서 자란다'재구성

2. 월간(주간, 일일)보육계획안

월간, 주간, 일일계획은 해당 계획을 모두 수립해야 하는 것이 아니며, 생활 주변에서 경험 가능한 영유아의 흥미와 요구를 반영한 월간, 주간, 일일계획안 중 한 가지를 반별로 작성할 수 있다. 계획안의 양식과 내용, 작성주기는 어린이집과 교사의 필요에 맞게 자율적으로 결정하여 계획할 수 있다.

월간, 주간, 일일계획안은 영유아의 흥미와 요구, 놀이, 사전경험, 지역적 특성, 계절 등에 기초하여 수립한다. 이때 교사가 예상 놀이 주제에 맞추어 계획을 수립했더라도 유아의 흥미와 요구, 놀이상황에 따라 놀이계획을 변경할 수 있어야 한다.

일일보육계획안에는 실내 놀이, 실외 놀이(실내 대체활동 포함), 낮잠 및 휴식, 특별활동(미참여 시 보육일과 포함)등 하루의 운영내용을 기록한다.

■ 일일보육 계획안 작성원리

- 반별 계획안은 월간, 주간, 일일보육계획안 중 한가지를 수립함.
- 영유아의 놀이는 영유아의 흥미와 요구에 따라 다르게 나타나고 변화할 수 있어야 하므로 반별로 계획하는 것이 효과적임.
- 영유아에게 익숙한 것, 영유아의 삶에서 경험하는 모든 것이 주제가 될 수 있음.
- 주제를 선정할 때는 영유아의 이전 흥미와 반응을 반영하여 선정함.
- 하루일과 계획: 충분한 놀이 시간과 휴식 시간을 고려하여 계획함.
  - 실내 자유놀이: 2시간 이상 계획하되 오전 1시간 이상
  - 바깥놀이: 만 0세-주 3회, 30분 이상. / 만 1~2세-매일 30분 이상. / 만 3~5세-매일 1시간 이상
  - 낮잠시간: 만 3세 이하(만 4세 이상은 필요시)
- 놀이명으로 계획하는 것이 익숙하나 영유아가 자유롭게 놀이하도록 교사의 사전계획은 최소로 하고 놀이자료, 공간 등으로 계획할 수 있음.
- 활동은 영유아가 놀이를 통한 배움을 확장해 갈 수 있도록 돕는 교사의 지원임.
  - 교사는 영유아의 놀이와 연계하여 동화, 이야기나누기, 게임, 요리, 노래 등의 활동을 계획함.
  - 안전교육: 영아반의 경우 집단활동이 아닌 개별적으로 안내할 수 있도록 계획함.
  - 대집단활동: 영아반은 의도적인 대집단활동을 계획하지 않음. 유아반은 놀이 흐름에 따라 필요한 경우 계획할 수 있음

다음은 영아반 월간보육계획안의 작성 예시자료이다. 해당 내용에는 일일보육계획안을 작성할 경우, 급·간식, 낮잠 및 휴식시간 등과 같은 일상생활과 관련된 내용이 포함되어야 한다.

〈표 9-4〉 (영아반 -예시) 월 □□ 반 월간보육계획안

○ 일일보육계획안을 작성한 경우, 급·간식, 낮잠 및 휴식시간 등과 같은 일상생활 관련 내용 포함

(영아반 -예시) 월 □□ 반 월간보육계획안 (만 세)						
주제		기간	20 년 월 일(요일) ~ 월 일(요일)			
목표						
구분 ※ 주 조절 가능		1주	2주	3주	4주	5주
소주제 ※ 삭제가능						
등원 및 맞이하기						
일상 생활	점심 및 간식					
	낮잠					
	배변활동 (기저귀갈이)					
실내 놀이 ※ 영역 조절 가능	신체					
	언어					
	감각 · 탐색					
	역할 · 쌓기					
	미술					
	음률					
바깥놀이 ※ 실내대체활동 포함						
특별활동 ※ 미해당 시 삭제						
귀가 및 가정과의 연계						
비고						

*출처: 보건복지부 · 중앙육아종합지원센터(2020) 2019 개정누리과정 보육일지 개선방향 및 일지 양식 예시

〈표 9-5〉 월간 계획(안)

월간 계획(안) 예시

월	7월			
주요경험	더운 날씨와 놀이 / **비오는 날 놀이**			
변경이유	올 여름 장마가 길어지면서 비 오는 날에도 우산과 장화를 착용하고 바깥놀이터 산책하는 일이 많아짐			
주	7월 1주	7월 2주	7월 3주	7월 4주

놀이 (바깥 놀이 포함)	더운 날씨와 놀이	더운 날씨 - 날씨에 따라 달라지는 것	즐거운 물놀이 - 물을 이용한 놀이		깨끗이 씻기	영아의 주요경험을 고려하여 대강화된 계획을 세우고 관련자료를 제공
			- 차 타고 수영장, 할머니집 가요 - 낚시 놀이		**- 아기목욕 놀이**	영아가 만들어 낸 놀이
	비오는 날	• **장화 신고 걸어봐요** • **창 밖 비 오는 풍경을 봐요. 천둥소리 들어봐요** • **지렁이, 물웅덩이를 살펴봐요**				영아의 관심으로 새롭게 추가된 놀이
일상생활		비누거품으로 손을 문질러 닦아 보아요 / 손 씻은 후 물기를 닦아 보아요 / 내 기저귀를 꺼내보아요 / 기저귀 갈기 전 변기에 앉아 보아요(준비된 영아)				일상에서 경험하는 탐색과 놀이
놀이자료		산책 · 여행 사진, 여행 용품(모자, 가방, 선글라스 등) 파란 비닐매트, 물놀이 용품(비치볼, 튜브, 암튜브 등), 여름과일, 퍼즐 **여러 종류의 모형 자동차, 자동차 길 매트, 운정대, 볼풀장, 물고기 스티커, 낚시 놀이, 우비, 장화, 우산, 화선지, 목욕용품, 수건**				예상놀이 및 영아 관심으로 새롭게 추가된 놀이에 따라 제공한 열린 형태의 놀이자료
계획 및 일정		22일 - 방역의 날 29일 - 소방대피훈련 [보건위생과나리교육] 외출 후 깨끗이 몸을 씻어요				

*추가된 놀이, 놀이자료 등은 진하게 표시

*출처: 중앙육아종합지원센터(2020). '(0~2세 보육과정) ; 놀면서 자란다' 재구성

다음은 ○○어린이집의 만1세 영아반의 월간계획의 예시 자료이다.

〈표 9-6〉 영아(만1세) 월간계획안

영아(만1세) 월간계획안

● 놀이 기간 : 2022년 8월

예상 놀이 주제	나도 할 수 있어요 1				
	물놀이는 재미있어요 ▶ 나도 할 수 있어요 ▶ 탐색할 수 있어요 ▶ 즐겁게 할 수 있어요 ▶ 알아볼 수 있어요				
주제 선정 배경	이 시기 영아들은 조금씩 스스로 하고자 하는 자율성을 보이며 자신의 능력을 시험하려는 시도가 많아집니다. 때문에 스스로 해 볼 수 있는 기회를 제공하여 자조 능력과 독립심 발달에 도움이 될 수 있는 경험을 해보고자 합니다. 이번 달에는 편식에 대한 것을 주제로 선정하여 다양한 음식에 관심을 가지고 음식과 관련된 여러 놀이들을 통해 그동안 멀리 했었던 음식들을 탐색해보고 스스 로 먹어보며 성취감을 느껴보는 경험을 하고자 합니다.				
놀이 지원	수영복 / 썬캡 / 여름 스티커 / 비닐공 / 숟가락 / 과일 / 실 / 주걱 / 바구니 / 과일카드 / 비닐봉투 / 과일퍼즐 / 티셔츠 종이 / 비누방울 / 여러 가지 채소 / 채소 그림책 / 채소 도장 / 텃밭 사진 / 채소 사진 / 채소 노래 / 샐러드 / 집게 / 채소&과일 그림 조각 / 청소도구 / 과일&채소 모형 /라이스 페이 퍼 / 과일&채소 스티커 / 다양한 곡식 / 곡식 사진 / 콩나물 / 곡식 마라카스 / 밀가루 반죽				
실외 활동 및 대체 활동	우리 동네 마트를 찾아요 / 비눗방울을 잡아요 / 과채 음료수를 먹어요 / 놀이터에서 사진을 찍어요 / 스스로 신발을 신고 산책을 가요 / 과일 그림 따라 걷기 / 채소 징검다리를 건너요 / 카트를 밀어요 / 과일 & 채소 짝을 찾아요 / 풍선으로 놀아요				
기본 생활습관	바르게 가지고 놀아요 / 놀잇감을 던지지 않아요 / 사용한 사인펜, 색연필을 정리해요 / 책을 제자리 에 정리해요 / 신발을 신을 때 친구가 있으면 기다려요				
일상 생활	• 등원 및 맞이하기 : 선생님께 반갑게 인사해요 / 등원할 때의 기분에 대해 이야기해요 • 점심 및 간식 : 흘린 음식을 휴지로 닦아요 / 새로운 반찬을 먹어요 • 낮잠 : 친구에게 '잘 자' 라고 인사해요 / 자고 싶은 자리를 말해요 • 기저귀갈이 및 배변활동 : 아기 변기가 있어요 / 아기 변기에 앉아 응가 책을 봐요				
특성화 프로그램	그림책 '토끼씨 상추 드세요'/ 샌드위치를 만들어요 / 자조 능력과 독립심				
안전 교육	• 집에 혼자 있을 때	• 안전하게 물놀 이를 즐겨요	• 태풍은 무서워요	• 도와줘요 119 • 아동학대란 무엇 인가?	• 교통버스(버스, 택시, 지하철)을 안전하게 이용 해요
원 일정 및 가정연계	• 4일(목) - 에어바운스 물놀이 • 5일(금) - 김가온 생일파티 • 31일(수) - 소방대피훈련				
가정 통신문	♥ 4일(목)은 에어바운스 물놀이가 이루어질 예정입니다. 아이들의 물놀이 용품(수영복, 아쿠아슈즈)을 등원할 때 보내주시면 놀이 시 사용하고 보내드리 겠습니다. ♥ 5일은 가온이의 생일파티가 이루어질 예정입니다. ♥ 최근 코로나19 확진자 수가 증가하고 있어 원에서도 더욱 철저하게 아이들의 방역수칙을 준수하 고 있습니다. 가정에서도 아이들의 발열 상태 및 호흡기 증상 유무를 지켜봐주세요. ^^ ♥ 더운 날씨로 인하여 아이들의 마스크 교체가 자주 이루어지고 있습니다. 가방에 아이들의 여분 마스크를 넣어 보내주세요~ ♥ 8월에는 아이들이 가족들과 함께 마트에 다녀오는 가정연계활동을 진행해보려고 합니다. 자세한 사항 및 일정은 추후 키즈노트에 안내해드리겠습니다.				

*출처: S어린이집의 월간계획안으로 중앙육아종합지원센터 자료와 다를 수 있음.

아래 자료는 ○○어린이집에서 가정으로 보내는 '영아놀이 소식지'의 내용이다.

8월 영아(만1세) 놀이소식지

• 놀이 주제 : 나도 할 수 있어요 1

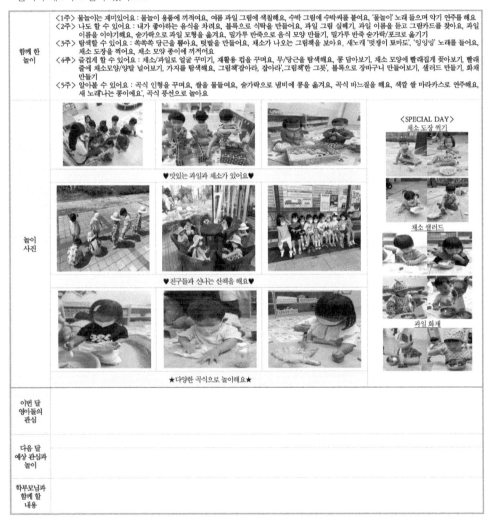

함께 한 놀이	<1주> 물놀이는 재미있어요 : 물놀이 용품에 끼적여요, 여름 과일 그림에 색칠해요, 수박 그림에 수박씨를 붙여요, '물놀이' 노래 들으며 악기 연주를 해요 <2주> 나도 할 수 있어요 : 내가 좋아하는 음식을 차려요, 블록으로 식탁을 만들어요, 과일 그림 실꿰기, 과일 이름을 듣고 그림카드를 찾아요, 과일 이름을 이야기해요, 숟가락으로 과일 모형을 옮겨요, 밀가루 반죽으로 음식 모양 만들기, 밀가루 반죽 숟가락/포크로 옮기기 <3주> 탐색할 수 있어요 : 쏙쏙쏙 당근을 뽑아요, 텃밭을 만들어요, 채소가 나오는 그림책을 보아요, 새노래 '멋쟁이 토마토', '잉잉잉' 노래를 들어요, 채소 도장을 찍어요, 채소 모양 종이에 끼적여요 <4주> 즐겁게 할 수 있어요 : 채소/과일로 얼굴 꾸미기, 재활용 컵을 꾸며요, 무/당근을 탐색해요, 콩 담아보기, 채소 모양에 빨래집게 꽂아보기, 빨래 줄에 채소모양/양말 넣어보기, 가지를 탐색해요, 그림책'잡아라, 잡아라', 그림책'한 그릇', 블록으로 장바구니 만들어보기, 샐러드 만들기, 화채 만들기 <5주> 알아볼 수 있어요 : 곡식 인형을 꾸며요, 쌀을 물들여요, 숟가락으로 냄비에 콩을 옮겨요, 곡식 바느질을 해요, 색깔 쌀 마라카스로 연주해요, 새 노래'나는 콩이에요', 곡식 풍선으로 놀아요
놀이 사진	♥맛있는 과일과 채소가 있어요♥ ♥친구들과 신나는 산책을 해요♥ ★다양한 곡식으로 놀이해요★ <SPECIAL DAY> 채소 도장 찍기 채소 샐러드 과일 화채
이번 달 영아들의 관심	
다음 달 예상 관심과 놀이	
학부모님과 함께 할 내용	

*출처: ○○어린이집의 월간계획안으로 중앙육아종합지원센터 자료와 다를 수 있음.

아래는 유아 만3세반의 월간계획안이다.

유아(만3세) 월간계획안

예상놀이 주제	알록달록 색깔이 좋아요			
	여러 가지 색이 있어요 ▶ 색에는 다양한 이름이 있어요 ▶ 색이 섞이면 다른 색이 만들어져요 ▶ 아름다운 색깔			
주제 선정 배경	• 아이스크림 가게 놀이 시 유아들이 색깔(보라-포도/빨강-딸기)을 보고 맛을 유추하여 말을 하며 상징적으로 보이는 고유색에 대해 알고 있고, 그림 그리기 시 알록달록 무지개 아이스크림을 자주 그리며 색깔에 대한 관심이 아주 높았습니다. • 유아들의 생활과 색깔은 밀접한 관계를 가지고 있으며, 다양한 색채 환경에 의해 시각적인 자극을 받고 있습니다. 이에 다양한 색상의 시각적 자극 요소를 학습의 요소로 구체화시키고, 이를 심층적으로 탐구해 나가는 일은 유아에게 교육적으로 매우 의미 있는 일이 될 것이라고 생각되어 주제를 선정하였습니다.			
놀이로 배우는 개념	• 우리 주변의 색에 대해 관심을 갖는다. • 색의 다양한 이름과 느낌을 알 수 있다. • 색은 서로 섞여서 다른 색이 만들어짐을 안다. • 색은 저마다 특별한 아름다움을 가지고 있음을 알고, 표현해본다.			
자유놀이	언어놀이 : 무지개 물고기, 내가 좋아하는 색 싫어하는 색, 색이름 익히기 미술놀이 : 알록달록 물감놀이, 몬드리안 작품, 데칼코마니, 무지개 그리기 역할놀이 : 아이스크림 사세요, 화가가 되었어요 쌓기놀이 : 레고 색상 맞추기, 무지개 만들기 수조작놀이 : 색깔 분류하기, 색깔 기억력게임 과학놀이 : 색을 섞어요, 색깔 돋보기 음률놀이 : 동요) 무지개, 색깔송			
기본 생활습관	미술놀이 후 정리해요	몸에 좋은 음식, 나쁜 음식	물감을 닦아요	작품을 소중히 해요
특성화 프로그램	**그림책 놀이**	**요리 교육**	**행복 프로젝트**	**끌레브**
	• 무지개 물고기 • 뒤죽박죽 카멜레온 • 그린피스의 집	팥빙수	긍정심 (도움)	step2-6
안전 교육	**실종·유괴 예방 방지 교육**	**생활안전교육**	**재난대비안전교육**	**소방안전교육/ 성폭력 및 아동학대 예방교육**	**교통안전교육**
	집에 혼자 있을 때	안전하게 물놀이를 즐겨요	태풍은 무서워요.	도와줘요! 119/ 아동학대란 무엇인가요?	대중교통 (버스, 택시, 지하철)을 안전하게 이용해요
원 일정 및 가정연계	• 31일(수) 소방대피훈련			
가정통신문	• 하나 - 8월 예상 놀이 주제는 '알록달록 색깔이 좋아요'입니다. 유아들이 다양한 색을 경험할 뿐만 아니라, 다양한 색감을 보다 다양한 상황에서 풍부하게 경험하고 선택할 수 있는 계기가 되기를 희망합니다. 가정에서도 아이와 함께 주변에서 볼 수 있는 다양한 색깔을 탐색해주시길 바랍니다. • 둘 - 31일(수) 소방대피훈련이 있습니다. 비상 시 대처하는 능력을 기를 수 있을 것입니다.			

*출처: S어린이집의 월간계획안으로 중앙육아종합지원센터 자료와 다를 수 있음.

아래 자료는 ○ ○어린이집에서 가정으로 보내는 '유아 만3세 놀이 소식지'의 내용이다.

8월 유아(만3세) 놀이소식지

놀이 주제 : 알록달록 색깔이 좋아요

함께 한 놀이	예상 주제에서 발현된 실제 놀이들 : 무지개 물고기, 색이름 익히기, 데칼코마니, 알록달록 물감놀이, 무지개 그리기, 색깔 분류하기, 색의 혼합 등등
	예상 주제에서 벗어나 유아들 관심에 따른 놀이들 : 색깔 쥬스 가게 놀이, 색깔 슬러쉬 가게 놀이, 우유 마블링 놀이, 점토 아이스크림 가게 놀이, 색깔 점토 만들기 등등

놀이 사진

♥알록달록 여러 가지 색깔♥
우리 주변에는 알록달록 여러 가지 색깔이 있어요!
색 안경을 가지고 좋아하는 색으로 주변을 바라보기도 하고,
색깔 분류를 해보며 비슷한 색끼리 묶어보기도 했어요^^
색깔을 혼합하며 다른 색을 만들 수 있음을 알 수 있었답니다!

♥재미있는 미술놀이♥
마블링 물감놀이, 데칼코마니 미술놀이 등등

자유놀이 시간 다양한 재료와 기법을 활용한 미술놀이가 이루어졌어요!
나의 생각과 이야기를 그림으로 표현하며 정말 즐거워한 꿈빛반이랍니다^^

♥꿈빛반의 특별한 하루 - 거품, 물감 놀이♥
꿈빛반 스페셜 데이로 거품, 물감 놀이가 이루어졌어요!
거품의 미끌하고 폭신한 촉감과 물감의 선명한 색깔을 살펴보며
감각적으로 풍부한 경험을 했답니다^^

이번 달 유아들의 관심	유아들이 우리 주변에서 다양한 색깔을 찾아보고, 묶어보며 즐겁게 놀이했어요. 색깔과 관련된 놀이 중 무엇보다 물감놀이와 점토놀이가 가장 인기가 많았어요. 놀이 시간 자유롭게 붓을 들고 다니고, 점토에 좋아하는 매직 색을 섞어 색깔 점토를 만들며 놀이하기를 즐겼어요. 색깔 물병을 가지고 색을 섞어보며 다른 색이 만들어짐에 호기심을 갖고 관찰하기도 했답니다. 마지막으로 유아들이 만든 작품은 넓은 유희실에 전시하여 선생님, 친구들이 살펴보고 감상할 수 있는 시간이었어요. 내가 만든 작품을 전시하며 뿌듯함을 느끼고, 작품을 소중히 하는 경험을 가질 수 있었답니다.
다음 달 예상 관심과 놀이	
학부모님 과 함께 할 내용	

*출처: S어린이집의 월간계획안으로 중앙육아종합지원센터 자료와 다를 수 있음.

아래 자료는 2019 개정 누리과정 보육일지 개선방향 및 일지 양식에 제시된 유아반 주간보육계획안의 기본 양식이다.

〈표 9-7〉 (유아반 -예시) □□ 반 주간보육계획안

(유아반 -예시) □□ 반 주간보육계획안 (만 세)							
◎ 기간 : 20 년 월 일(요일) ~ 월 일(요일)							
주제			소주제				
목표							
기본생활							
구분		월	화	수	목	금	토
등원							
실내 놀이	쌓기놀이 영역						
	역할놀이 영역						
	미술영역						
	언어영역						
	수 · 조작 영역						
	과학영역						
	음률영역						
대 · 소집단활동 ※ 최소화 운영							
바깥놀이 ※ 실내대체활동 포함							
점심 및 낮잠 ※ 만4세 이상 휴식 가능							
특별활동 ※ 미해당 시 삭제							
귀가 및 가정과의 연계							
비고							

*출처: 보건복지부 · 중앙육아종합지원센터(2020) 2019 개정누리과정 보육일지 개선방 향 및 일지 양식예시자료 재구성

II. 보육 일과운영

어린이집의 보육과정의 일과운영은 영유아의 등원부터 하원까지 어린이집에서의 운영되는 모든 경험을 말한다.

어린이집의 하루일과는 일과 시간에 따라 전체 영유아에게 적용되는 9시에서 16시까지의 7시간이 기준이 되는 기본보육이 있으며 돌봄이 더 필요한 영유아에게 적용하는 16시부터 19시 30분까지의 연장보육으로 구분하여 운영된다. 이는 보육교사로서 보육의 질을 높이고 담임교사의 근무여건을 개선하기 위한 목적으로 마련되었다. 해당 시간 및 과정에 전담교사를 배치하고 연장보육료를 지원하는 것이 기본적인 모형이다. 연장반에 전담교사를 배치하여 기본보육반 담임교사는 적정 시간의 보육활동 및 업무를 한 후 휴게시간과 준비시간을 보장하므로 교사의 근로여건을 개선할 수 있다. 또한 전담교사가 기본보육반 이후의 반에 배치되어 장시간 어린이집을 이용해야 하는 아동의 정서적 안정감을 갖게 한다.

〈표 9-8〉 보육 일과운영

시간	7:30 ~ 9:00	9:00 ~ 16:00	16:00 ~ 19:30
과정	등원지도	기본 보육	연장 보육
아동	어린이집을 이용하는 모든 아동		연장보육 신청 아동 *0~2세는 자격필요
반구성	통합보육	연령별 반 구성	연장반(연령 혼합)
교사	당번교사	담임교사	연장보육전담교사
보육료	보육료		시간당 보육료

1. 일과운영

영유아는 하루 일과에서 놀이, 일상생활, 활동 등을 하면서 다양한 경험을 한다. 어린이집의 하루 일과는 영유아가 주도하는 놀이를 중심으로 편성·운영하도록 한다.

영아를 위한 일과운영은 기본적인 욕구충족과 신체적 보호를 중심으로 일과가 구성되고 교육적 경험이 연결되도록 운영되어야 한다. 일관성 있게 일과를 계획하고 다양한 경험, 정적과 동적, 실내외놀이를 균형있게 계획하여야 한다.

〈표 9-9〉 영아반 일과 운영 예시

영아반 일과 운영 예시		
시간	기본 보육	연장 보육
07:30~09:00	등원 및 통합보육	
09:00~10:20	실내(외) 자유놀이	
10:20~10:50	손씻기 및 화장실가기(기저귀 갈이) 오전간식(또는 이유식)	
10:50~11:30	바깥놀이	
11:30~12:40	손씻기 및 화장실 가기(기저귀 갈이) 점심 및 이닦기	
12:40~14:30	낮잠 및 휴식	
14:30~15:00	손씻기 및 화장실가기(기저귀 갈이) 오후간식(또는 이유식)	
15:00~16:00	실내자유놀이 기본 보육 아동 하원	연장반 전담교사 출근 (인수인계)
16:00~16:30		연장반 아동 (아동수 확인)개별옷, 가방 등 정리
16:30~17:00	기본 보육 아동통합보육 및 하원	인사나누기 손씻기 및 화장실가기 (기저귀 갈이)
17:00~18:00		자유놀이 및 휴식(쉼) 일상생활(손씻기, 화장실 가기 등) 연장보육 아동 하원
18:00~19:30	통합보육 및 하원	

〈표 9-10〉 유아반 일과 운영 예시

유아반 일과 운영 예시		
시간	기본 보육	연장 보육
07:30~09:00	등원 및 통합보육	
09:00~10:30	실내(외) 자유놀이/오전간식	
10:30~10:40	정리정돈 및 화장실 가기	
10:40~11:10	대소집단 활동(또는 자유놀이)	
11:10~12:20	바깥놀이 / 손씻기	
12:20~13:20	점심 및 이닦기	
13:20~14:30	낮잠 및 휴식 (만4~5세는 자유놀이 및 휴식)	
14:30~15:00	손씻기 및 오후간식	
15:00~16:00	실내 자유놀이 기본 보육아동 하원	연장반 전담교사 출근 (인수인계)
16:00~16:30	기본 보육아동 통합보육 및 하원	연장반 아동(아동수 확인)개별옷, 가방 등 정리
16:30~17:00		인사나누기 손씻기 및 화장실가기 (기저귀 갈이)
17:00~18:00		자유놀이 및 휴식(쉼) 일상생활(손씻기, 화장실 가기 등) 연장보육 아동 하원
18:00~19:30	통합보육 및 하원	

1) 등원

보건복지부에서 제시된 내용을 살펴보면 등원은 교사가 영유아를 맞이하면서 하루의 일과가 시작된다. 교사는 첫만남인 등원시간의 중요성을 인식하고, 영유아에게 다가가거나 영유아를 바라며보며 개별 영유아의 이름을 부르거나 미소로 반갑게 맞이한다.

2) 통합보육

통합보육은 연령이 다른 영아 혹은 유아들나 다른반의 영유아들이 같은 공간의 보육실에서 함께 지내는 것을 말한다. 통합보육은 대부분 오전과 오후로 나누어 이루어진다.

3) 기저귀 갈이 및 화장실 가기

기저귀 갈이 시간에는 영아와 눈을 맞추고 대화를 시도하고 다리 주무르기 등 영아의 신체를 자극하면서 배변활동을 자연스러운 놀이처럼 진행하여 편안하고 즐거운 분위기가 되도록한다. 보육교사는 영유아가 배변의사를 표현하고 화장실을 다녀오고자 할 때 개별적인 도움을 주며 격려한다.

4) 손씻기

손씻기는 영유아의 건강 및 건전한 식습관을 위해 간단하면서도 필수적으로 이루어져야할 일이다. 영유아에게는 손씻기의 중요성을 알려주고 일과 운영 과정에서 수시로 손을 씻도록 한다.

5) 오전(후) 간식

오전과 오후의 간식은 안정된 분위기에서 영유아가 간식을 먹을 수 있도록 운영한다.

[사진 9-1] 간식먹는 모습

6) 실내자유놀이

보육교사는 영유아가 자신이 좋아하는 놀이나 활동을 자발적으로 선택하여 충분히 경험할 수 있도록 실내자유놀이 시간을 운영한다.

7) 바깥놀이(실외자유놀이)

실외공간에서 이루어지는 모든 놀이와 활동으로 영유아가 자유롭게 놀이를 즐길 수 있는 시간이다. 바깥놀이는 날씨에 영향을 받거나 특별한 경우를 제외하고는 매일 충분히 배정하여 운영한다.

[사진 9-2] 바깥놀이 모습

8) 점심

보육교사는 영유아가 안정된 분위기에서 서두르지 않고 편안하고 즐거운 분위기에서 점심을 먹을 수 있도록 지도하며 섭식의 건전한 기본습관을 형성할 수 있도록 기회를 제공한다.

[사진 9-3] 점심먹는 모습

9) 이닦기

점심식사 후 양치질을 하는 시간으로 영아기 시기부터 치아를 관리하는 좋은 습관을 갖도록 한다. 영아의 경우는 보육교사의 도움을 받아 이를 닦고, 유아의 경우는 스스로 양치질을 하도록 한다.

10) 낮잠

만3세 이하의 영유아는 오후의 활동이 긍정적으로 이루어질 수 있도록 일과 운영에 낮잠시간을 계획하고 실행해야 한다. 영유아의 개별적 특성에 맞게 편안하게 잠들 수 있는 환경과 분위기를 마련해준다. 보육교사는 개별적인 영유아의 낮잠 습관을 수용하고 개인차에 따라 개별적으로 지도한다.

11) 정리정돈

영유아들이 활동했던 놀잇감이나 자료를 정리하거나 하루의 활동을 마무리하면서 자신이 사용한 놀잇감이나 자료를 정리하는 시간이다.

12) 대소집단활동

어린이집에서 반별로 이루어는 대소집단활동은 전체 혹은 몇 명씩 소그룹으로 나누

는 등 영유아가 함께 모여 교사에 의해 대소집단으로 인원을 구성하여 계획한 활동을 하
는 것을 의미한다. 대소집단활동으로는 이야기 나누기, 게임, 신체표현, 요리, 동화·동
시·동극 등이 있다.

13) 하원

영유아들이 어린이집에서 하루를 마무리하고 집으로 돌아가는 시간이다. 영유아들은
어린이집 차량을 이용하여 집으로 귀가하거나 부모님께서 직접 데리러 오는 경우가 있다.

[사진 9-4] 하원 모습

2. 보육일지(주간/일일)

보육일지는 어린이집에서 영유아가 하루 일과를 무엇을 하며 어떻게 지냈는지에 대
하여 보육교사가 정리하여 기록하는 것이다. 보육일지는 영유아가 어떻게 하루를 보냈
는지, 어떤 놀이와 활동을 하였는지, 어떻게 놀이와 활동을 하였는지에 대해 기록한다.
놀이 및 활동에 대한 기록에는 영유아들이 흥미를 보인 놀이 및 활동의 실행 기록, 주요
놀이에 대한 평가 또는 다음 놀이를 위한 지원 계획 등이 포함한다. 어린이집에서 작성
하는 보육일지 양식은 다양하며 어린이집에 따라 또는 반에서의 동일연령 이라고 하더
라도 보육교사에 따라 탄력적이며 융통성 있게 운영될 수 있다.

다음은 보건복지부에서 제시한 보육일지 작성원리에 관한 내용이다.

■ 보육일지 작성원리

- 보육일지에 계획을 포함할 수 있으며 반별로 다른 형식과 주기로 작성할 수 있음.
- 미리 세운 계획을 그대로 실행해야 하는 것이 아니므로 계획한 놀이의 실행에 중점을 두기보다 영유아가 주도하는 실제 놀이 내용을 중심으로 기록함.
- 영유아의 일상과 놀이에서 나타나는 경험을 추구하는 인간상이나 영역별 내용과 연결하여 배움을 이해하고 이를 함께 기록함.
- 교사의 지원내용과 계획은 상호작용(언어적, 비언어적)을 포함하여 관찰, 놀이 참여, 자료 제공, 공간 및 시간의 융통적 활용 등 모든 내용을 고려함.
- 지역사회 자원을 이용한 활동, 영유아 건강 및 영양교육, 안전교육 등을 포함하여 기록할 수 있음.
- 바깥놀이 및 대체활동은 대근육활동을 준비하되 영유아의 흥미와 관심이 연결된 놀이가 계속되는 것도 가능함.

① 주간보육일지- 보육사업안내 서식 활용 보육일지 작성 사례(영역구분 삭제)

　○ 일지 작성 tip

　　보육사업안내 서식을 활용하여 한 주간의 계획과 실행 내용을 기록함

　　❶ 개정 누리과정의 '추구하는 인간상'을 중심으로 이번 주에 유아가 어떻게 지냈으면 하는지를 기술

　　❷ 놀이 시간에 정리 및 전이 시간이 포함되므로 이를 고려하여 충분한 놀이시간을 확보 · 실시하고 놀이가 진행되는 흐름에 따른 각 놀이의 변화를 놀이명 수준으로 간단히 기록

　　　- 추가되는 놀이는 파란색으로 기록

　　❸ 낮잠 후 자연스럽게 실시되는 놀이를 실내외 구분 없이 기록

　　❹ 실행된 놀이에 대한 간단한 평가, 일과계획에서 그 날 변동된 시간, 운영의 특이사항 기록

다음은 주간보육일지의 작성원리를 바탕으로 작성해야 하는 보육일지의 기본 서식 자료이다.

〈표 9-11〉 주간보육일지- 보육사업안내 서식 활용 보육일지 작성 사례(영역구분 삭제)

00반 보육일지(만 세)					
기간	년 월 일 ~ 월 일			담임	원장
① 이번주 교사의 기대	친구와 함께하는 놀이가 이루어지고 있으므로, 친구와 더불어 즐겁게 활발하게 어울렸으면 함				
\	월	화	수	목	금
등원 및 통합보육 (7:30~9:00)					
오전간식 (9:00~9:20)					
② 오전 실내놀이 (9:20~10:40)	데굴데굴 자동차를 굴려요	············>	············>	············>	············>
	블록으로 만든 길	············>	············>	여러 가지길 (오르막,내리막, 넓고 좁은 길 등)	············>
	·········>	············>	도로에서 볼 수 있는 것 (신호등 표지판 만들기)	············>	············>
	다양한 자동차가 있어요	············>	내가 만든 자동차	············>	············>
	············>	············>	············>	내가만든 자동차를 전시해요	············>
활동 (10:40~11:00)		[교통안전교육] 신호등을 보고 건너요	내가 만든 자동차를 소개해요	자동차길을 만들 때 조심해요	
바깥놀이(대체) (11:00~12:20)	놀이터에서 자동차 굴리기 *유희실에서 자동차 굴리기	산책하며 자동차길 살펴보기	산책하며 자동차길 살펴보기	놀이터에 길 만들기 *복도에 길 만들기	············>
점심식사 (12:20~13:20)					
낮잠 및 휴식 (12:20~14:20)					
③ 오후 놀이 (14:20~15:40)	오전에 진행되었던 자유놀이 확장하여 놀이하기				
오후 간식 (15:40~16:00)					
귀가및통합보육 (16:00~17:00)					

❹					
놀이평가 및 다음날 지원계획	한 유아가 자동차 굴리기를 하자 아이들이 점차 친구에게 관심을 보이며 주변으로 모여 놀이가 시작되었다. 자동차를 바닥에 굴리며 놀이하다가 블록으로 길을 만들어 그 위에서 움직이는 것으로 놀이가 변화하더니 놀이터에서도 자동차 굴리기가 계속 되었다. 다양하고 넓은 공간에서 놀이해 볼 수 있도록 실외에서도 진행해 보아야겠다.	미세먼지로 인해 실외놀이가 어려워 유희실에서 대체놀이가 진행되었다. 그에 따라 실내놀이 시간을 20분(9:20~11:00) 확대하고 바깥놀이는 1시간(11:20~12:20)으로 조정하여 진행하였다. 내일 미세먼지 수치가 낮아지면 충분한 바깥놀이 기회를 제공해 주어야 겠다.	오늘은 미세먼지 수치가 낮아져서 어제 하지못한 산책을 하며 자동차 길을 살펴보며 바깥놀이를 1시간 30분(10:50~12:20)으로 조정하여 진행하였다. 실외공간에서 자동차길을 만들며 안전문제가 발생하기 시작함에 따라 안전하게 놀이 할 수 있는 방법에 대해 유아들과 이야기를 나눌 필요가 있겠다.		
반 운영 특이사항	수족구 발생으로 결석 000				

*출처: 보건복지부 · 중앙육아종합지원센터(2020) 2019 개정누리과정 보육일지 개선방향 및 일지 양식 예시

② 주간보육일지 – 놀이계획과 실행을 함께 기록한 보육일지 작성 사례

○ 일지 작성 tip

주간보육계획을 활용하되, 계획과 실행 기록을 통합하여 작성함

❶ 놀이 시간에 정리 및 전이 시간이 포함되므로 이를 고려하여 충분한 놀이시간을 확보·실시하고 계획된 놀이와 우연히 일어난 놀이 등의 실행(파란색으로 표시)을 중심으로 간단히 기록

❷ 낮잠 후 자연스럽게 실시되는 놀이를 실내외 구분 없이 기록

❸ 실행된 놀이에 대한 간단한 평가와 일과계획에서 그 날 변동된 시간 등을 기록

❹ 한 주의 놀이평가를 바탕으로 다음 주 예상 놀이와 지원 계획 및 특이사항을 간략히 기록

다음은 주간보육일지의 작성원리를 바탕으로 놀이계획과 실행을 함께 작성한 보육일지의 작성 예시 내용이다.

〈표 9-12〉 주간보육일지- 놀이계획과 실행을 함께 기록한 보육일지 작성 사례

보육일지 (만0세)

담임	원장

기간	년 월 일 ~ 월 일				
일과(시간)	계획 및 실행				
	월	화	수	목	금
등원 및 통합보육 (7:30~9:00)					
오전간식 (9:00~9:20)					
❶ 오전 실내놀이 (9:20~10:40)	〔데굴데굴 자동차를 굴려요〕 *여러가지 자동차와 자동차 사진을 준비함 *자동차 굴리기에 관심을 보이며 여러 유아가 함께 자동차 굴리기를 함 〔도로에서 볼 수 있는 것〕 *신호등, 표지판 등 도로에서 볼 수 있는 교통관련 사진과 소품을 준비함 *산책활동에서 살펴 본 신호등, 표지판을 만들어 도로 꾸미기 놀이를 함 〔여러가지 길〕 *여러가지 길을 만들 수 있는 블록 등을 준비함 *블록을 높이 쌓아가며 터널, 오르막, 내리막 길 등에서 여러 가지 길에서 자동차 굴리기를 함(다양한 길에 관심을 보임)				
활동 (10:40~11:00)			【교통안전교육】 신호등을 보고 건너요	내가 만든 자동차를 소개해요	자동차길을 만들 때 조심해요
바깥놀이(대체) (11:00~12:20)	놀이터에서 자동차 굴리기 (대체놀이: 유희실, 복도에서 내 자동차 굴리기) 놀이터에서 자동차 굴리기를 하다니 산책을 통해 살펴본 자동차 길을 구체적으로 만들어 놀이함				
점심식사 (12:20~13:20)	*골고루 먹기 * 유아들의 식사량이 크게 늘어남				
❷ 낮잠 및 휴식 (12:20~14:20)	*조용한 음악을 들으면서 휴식을 취하거나 낮잠이 필요한 유아들은 낮잠 자기 *미술영역에서 종이접기를 하여 휴식을 취함				
오후 놀이 (14:20~15:40)					
오후 간식 (15:40~16:00)					
귀가및통합보육 (16:00~17:00)	*자유롭게 놀이 후 순차적으로 귀가하기				
	놀이평가 및 다음날 지원계획				
	월	화	수	목	금
❸	한 유아가 자동차 굴리기를 하자 아이들이 점차 친구에게 관심을 보이며 주변으로 모여 놀이가 시작되었다. 자동차를 바닥에 굴리며 놀이하다가 블록으로 길을 만들어 그 위에서 움직이는 것으로 놀이가 변화하더니 놀이터서도 자동차 굴리기가 계속 되었다. 다양하고 넓은 공간에서 놀이해 볼 수 있도록 실외에서도 진행해 보아야겠다.	미세먼지로 인해 실외노릴가 어려워 유희실에서 대체놀이가 진행되었다. 그에 따라 실내놀이 시간을 20분(9:20~11:00)확대하고 바깥놀이는 1시간(11:20~12:20)으로 조정하여 진행하였다. 내일 미세먼지 수치가 낮아지면 충분한 바깥놀이 기회를 제공해 주어야 겠다.	오늘은 미세먼지 수치가 낮아져서 어제 하지못한 산책을 하며 자동차 길을 살펴보며 바깥놀이를 1시간 30분(10:50~12:20)으로 조정하여 진행하였다. 실외공간에서 자동차길을 만들며 안전문제가 발생되지 시작함에 따라 안전하게 놀이 할 수 있는 방법에 대해 유아들과 이야기를 나눌 필요가 있겠다.		
❹ 다음주 예상 놀이 및 지원계획	다음주에는 계절에 맞는 놀이로 변경하여 진행하고자 한다. 날씨가 추워진 만큼 겨울이 다가왔음을 알고 유아들과 함께 겨울에 대해서 알아보며 관심을 가질 수 있도록 계획해야겠다. 그러나 이번 주까지 자동차 놀이에 관심을 많이 보인 만큼 유아들의 자동차 놀이에 대한 흥미가 지속 된다면 관련 놀이감을 계속 제공해 주고 유아들의 흥미가 줄어들면 정리해야겠다.				
반 운영 특이사항	안전사고: 000 바깥놀이 시 넘어져서 찰과상으로 소독 후 처치함				

*출처: 보건복지부 · 중앙육아종합지원센터(2020) 2019 개정누리과정 보육일지 개선방향 및 일지 양식 예시

③ 주간보육일지- 일과를 일상생활, 놀이, 활동으로 구분한 보육일지 작성 사례

○ 일지 작성 tip

일과를 일상생활(간식, 점심, 낮잠 및 휴식), 놀이(실내·외), 활동으로 구분하여 기록

❶ 놀이 시간에 정리 및 전이 시간이 포함되므로 이를 고려하여 충분한 놀이시간을 확보 · 실시하고 계획된 놀이와 우연히 일어난 놀이 상황을 기록

❷ 실행된 놀이에 대한 간단한 평가, 일과계획에서 그 날 변동된 시간, 운영의 특이사항 기록

❸ 한 주의 놀이평가를 바탕으로 다음 주 예상 놀이와 지원 계획을 간략히 기록

다음은 주간보육일지의 작성원리를 바탕으로 하루 일과를 일상생활, 놀이, 활동으로 구분하여 작성한 보육일지의 작성 예시 내용이다.

〈표 9-13〉 주간보육일지- 일과를 일상생활, 놀이, 활동으로 구분한 보육일지 작성 사례

보육일지 (만0세)		결제	담임	원장
기간		년 월 일 ~ 월 일		
통합보육	등원 (7:30~9:00)		하원 (16:00~17:00)	
일과(시간)		계획 및 실행		
일상생활	간식 (9:00~9:20) (15:40~16:00)			
	점심식사 (12:20~13:20)			
	낮잠 및 휴식 (13:20~14:20)			
놀이	실내놀이 (9:20~10:40) (14:20~15:40)	▶ 놀이상황) 놀이터에서 진행한 나무껍질 딱지놀이를 교실에서도 계속 하기 희망함. 미술영역 등에서 다양한 재질의 종이를 찾더니 딱딱한 종이를 찾아 딱지접기를 함. ▶ 놀이지원) 유아들이 딱지에 관심이 높아 기존 재료 외로 부족한 두꺼운 재질의 종이, 잡지 등을 추가로 제시함. 또한, 유아들이 이야기하는 딱지 크기에 맞추어 종이를 잘라서 딱지 접기를 지원함.		
	바깥놀이 (대체) (11:00~12:20)	▶ 놀이상황) 놀이터에서 유아들이 나무 밑에 떨어진 나무껍질을 수집하며 딱딱한 성질을 발견하더니 한 유아가 "이거 딱지 같아"라고 이야기함. 유아들이 나무껍질을 모아 딱지놀이를 시작함.		

활동 (10:40~11:00)	▶교통안전교육 '신호등을 보고 건너요' 라는 주제로 안전교육이 이루어지면서 길을 건너는 상황에 따라 안전하게 신호등을 보고 건너는 방법을 알아 볼 수 있었음. 가정연계로 유아들이 부모님과 신호등을 보고 길을 건너 볼 수 있도록 안전교육 내용을 안내해야겠음.

❷

날짜	놀이평가 및 다음날 지원 계획	반 운영 특이사항
0일(월)	유아들이 다양한 재질을 활용할 수 있도록 재료를 추가로 제공할 필요가 있음. 딱지놀이 시 다른 놀이를 하는 유아들의 놀이공간이 확보될 수 있도록 실외 또는 유희실 등의 다양한 공간을 활용해야겠음.	부모개별면담 000,000,000
0일(화)	미세먼지로 인해 실외에서 진행하고자 했던 딱지놀이를 유희실에서 진행하였음. 그에 따라 실외놀이 대체활동 시간을 1시간(11:20~12:20)으로 조정하였고 유아들의 요구에 따라 오전 실내놀이를 20분(9:20~11:00)확대하여 진행하였음.	미세먼지 발생으로 인해 유희실에서 대체놀이를 함.
0일(수)	어제 진행하고자 했던 딱지놀이를 충분히 해볼 수 있도록 실외놀이 시간을 1시간 30분(10:50~12:20)으로 확대하여 진행하였음.	
0일(목)	*자유롭게 놀이 후 순차적으로 귀가하기	
0일(금)		

❸

다음주 예상 놀이 및 지원계획	바깥놀이를 하면서 발견한 딱지놀이에 대한 유아들의 흥미가 지속되어 실내놀이에도 딱지놀이가 활발하게 진행되었으므로 충분한 놀이 공간을 확보하기 유희실 활용하거나 영역을 통합하여 놀이공간을 마련해 주어야겠음.

*출처: 보건복지부 · 중앙육아종합지원센터(2020) 2019 개정누리과정 보육일지 개선방향 및 일지 양식 예시

④ 일일보육일지 – 보육사업안내 서식활용 보육일지 작성사례(영역구분 삭제)

○ 일지 작성 tip

보육사업안내 서식을 활용하여 일일 계획과 실행 및 평가 내용을 기록함

❶ 개정 누리과정의 추구하는 인간상을 중심으로 유아가 오늘 하루 어떻게 지냈으면 하는지를 기술

❷ 낮잠 후 자연스럽게 실시되는 놀이를 실내외 구분 없이 기록

❸ 실행된 놀이에 대한 간단한 평가와 다음날 놀이 지원 계획 기록

❹ 반 운영 특이사항(부모면담, 안전사고, 감염병 발생 등) 기록

다음은 일일보육일지로 보육사업 안내 서식을 활용한 유아의 대상 기본 작성 양식이다.

〈표 9-14〉 일일보육일지 - 보육사업안내 서식활용 보육일지 작성사례(영역구분 삭제)

00 반 보육일지 (만3세)				
날짜	20 년 월 일		담임	원장
교사의 기대	친구와 함께 하는 놀이가 이루어지고 있으므로, 친구와 더불어 즐겁게 활발하게 어울렸으면 함. ❶			
일과	계획 및 실행		놀이 평가 및 다음날 지원계획	
등원 및 통합보육 (7:30~9:00)			❸	
오전간식 (9:00~9:20)				
오전 실내놀이 (9:20~10:40)	{데굴데굴 자동차를 굴려요} 자동차를 굴리기를 하는 유아의 곁에 관심을 보이며 모여 들어 놀이가 시작됨. 바닥에서 자동차를 움직여 굴려보다가 한 유아의 어떤 자동차가 더 빠른지 대결을 하자는 제안에 자동차 경주가 진행되었고 더 빨리 자동차를 굴리기 위해 책상 위, 매트 등 공간을 바꾸어 가며 놀이하였음. {내가 만드는 자동차 길} 유아들이 자동차를 굴리며 놀이하다가 "자동차가 가는 곳은 어디지?"라는 유아의 질문에 "음...도로야!"하고 대답한 것을 듣고 자동차 길 만들기가 이루어짐. 무엇으로 만들지 의견을 나누고 큰 벽돌 블록, 작은 벽돌 블록으로 만들어 봄. 자동차 길을 만든 뒤 터널이 있다는 유아의 말에 우유팩을 뜯어 길 위에 놓거나 반원벽돌 블록으로 만들어봄		유아들이 자동차 경주 게임을 진행하며 속도의 차이에 대한 호기심이 생겼고 경사도나 바닥의 촉감에 따라 속도가 달라짐을 발견하게 되었다. 특히 유아들이 바닥의 촉감에 관심이 많아 내일은 다양한 촉감 길을 구성해볼 수 있도록 재료를 추가로 제시해주어야겠다.\n\n또한, 유아들이 만든 자동차 길이 공간의 제약으로 끊기지 않고 이어질 수 있도록 교구장 및 책상을 정리하여 공간을 확장을 해주어야겠다.	
활동 (10:40~11:00)				
바깥놀이 (대체) (11:00~12:20)	{바깥놀이} 놀이터에서 자동차 굴리기 {대체놀이} 유희실에서 자동차 굴리기			
점심식사 (10:40~11:00)				
낮잠 및 휴식 (13:20~14:20)				
❷ 오후 놀이 (14:20~15:40				
오후 간식 (15:40~16:00)				
귀가 및 통합보육 (16:00~17:00)				
❹ 반 운영 특이사항	부모 개별면담) 000, 000, 000			

*출처: 보건복지부 · 중앙육아종합지원센터(2020) 2019 개정누리과정 보육일지 개선방향 및 일지 양식 예시

⑤ 일일보육일지 – 일과를 일상생활, 놀이, 활동으로 구분한 보육일지 작성 사례

○ 일지 작성 tip

일과를 일상생활, 놀이 활동으로 구분하여 계획 및 실행 내용과 지원계획을 작성함.

❶ 놀이시간에 정리 및 전이 시간이 포함되므로 이를 고려하여 충분한 놀이시간을 확보·실시하고 계획된 놀이와 우연히 일어난 놀이 상황을 기록

❷ 실행된 놀이에 대한 간단한 평가와 다음날 지원 계획 및 반 운영 특이사항 (부모면담, 안전사고, 감염병 발생 등)을 간략히 기록

다음은 일일보육일지의 작성원리를 바탕으로 한 영아의 보육일지의 기본양식이다.

〈표 9-15〉 일일보육일지 – 보육사업안내 서식활용 보육일지 작성사례(영역구분 삭제)

일일보육일지(만0세)			결제	담임	원장
날짜		년 월 일( ) 날씨:			
통합보육	등원 (7:30~9:00)		하원 (16:00~17:00)		
일과(시간)		계획 및 실행			
일상생활	**간식** (9:00~9:20) (15:40~16:00)				
	점심식사 (12:20~13:20)				
	낮잠 및 휴식 (13:20~14:20)				
❶ 놀이	**실내놀이** (9:20~10:40) (14:20~15:40)	▶놀이상황) 놀이터에서 진행한 나무껍질 딱지놀이를 교실에서도 계속 하기 희망함. 미술영역 등에서 다양한 재질의 종이를 찾더니 딱딱한 종이를 찾아 딱지접기를 함. ▶놀이지원) 유아들이 딱지에 관심이 높아 기존 재료 외로 부족한 두꺼운 재질의 종이, 잡지 등을 추가로 제시함. 또한, 유아들이 이야기하는 딱지 크기에 맞추어 종이를 잘라서 딱지 접기를 지원함.			
	바깥놀이 **(대체)** (11:00~12:20)	▶놀이상황) 놀이터에서 유아들이 나무 밑에 떨어진 나무껍질을 수집하며 딱딱한 성질을 발견하더니 한 유아가 "이거 딱지 같아"라고 이야기함. 유아들이 나무껍질을 모아 딱지놀이를 시작함.			
	활동 (10;40~11:00)	▶교통안전교육 '신호등을 보고 건너요' 라는 주제로 안전교육이 이루어지면서 길을 건너는 상황에 따라 안전하게 신호등을 보고 건너는 방법을 알아 볼 수 있었음. 가정연계로 유아들이 부모님과 신호등을 보고 길을 건너 볼 수 있도록 안전교육 내용을 안내해야겠음.			
❷	**놀이평가 및 다음날 지원 계획**	딱지놀이가 지속적으로 진행되면서 유아들이 딱지 가방이나 자신이 만든 딱지를 어디에 보관해야할지 고민하는 모습을 볼 수 있었음. 내일은 유아들이 딱지 가방이나 보관함을 만들어볼 수 있도록 상자, 리본끈 등의 조형재료를 추가로 제공해주어야겠음.			
	반 운영 특이사항	부모 개별면담) 000, 000, 000			

*출처: 보건복지부·중앙육아종합지원센터(2020) 2019 개정누리과정 보육일지 개선방향 및 일지 양식 예시

⑥ 연장반 보육일지

다음은 연장반 보육일지 기본서식이다.

〈표 9-16〉 연장반 보육일지 양식

연장반 보육일지 년 월 일( ) ~ 월 일()		담당	원장

연장반명		전담교사		정원	명

구분		월요일(일)	화요일(일)	수요일(일)	목요일(일)	금요일(일)
출결 사항	출석	명	명	명	명	명
	결석자					
간헐적 ·긴급 보육	인원	명	명	명	명	명
	아동명					
최종 하원	시간					
	아동명					
놀이 및 일과 주요사항						
전달사항 (부모 및 담임교사)						
점검 사항	전기 전원					
	정리 상태					
	소등					
	문단속					

*출처: 보건복지부 · 중앙육아종합지원센터(2020) 2019 개정누리과정 보육일지 개선방향 및 일지 양식 예시

제 10 장
어린이집 평가

Contents

본 장에서는 보육의 질적 수준 관리를 위해 도입된 어린이집 평가제에 대해 알아본다.

I. 어린이집 평가

1. 어린이집 평가의 개념

영·유아가 유아교육기관에 머무는 시간이 길어지면서 보육환경의 질적인 향상이 대두되고 있다. 영유아기관의 시설 증가에 비해 제도적인 장치가 미흡하다는 지적이 있고 보육 및 교육의 질에 대한 문제가 거론되며 사회의 관심과 요구가 높아졌다. 이를 위한 제도적 장치로 어린이집 평가는 질 높은 보육 서비스를 제공하기 위한 기관에 대한 평가를 시행하는 제도라 할 수 있다.

평가의 목적은 대상이나 상황의 개선에 있으며 궁극적으로는 어린이집의 내적·외적인 환경을 향상시키기 위한 행위가 평가이다. 어린이집 평가는 영유아의 발달과 보육의 질 향상을 위해 필요하다. 발달적 측면에서 살펴보면 보육의 질은 영유아의 전인적 발달을 도모하고 긍정적인 영향을 미친다. 보육의 질 측면에서 살펴보면 어린이집의 체계적인 구조를 확보할 수 있으며, 지표에 따라 발달에 적합한 활동이 이루어진다. 어린이집 평가를 통해 물리적 환경이 개선되고 기관평가에 대한 담론이 활발히 이루어지고 있다는 점에서 긍정적인 변화와 정부의 지원이 증가되었다.

어린이집 평가는 시행된 지 10여년의 기간동안 지속적으로 지표의 개정과 평가방식의 변화가 일어났다. 변화의 과정에서 보육의 질적인 서비스를 강화하고 국가 책무성과 보육의 공공성을 보장하고자 하였다. 또한 학부모의 알 권리를 위해 평가 결과를 투명하게 공개함으로써 어린이집을 선택할 때 필요한 정보를 제공하도록 돕고 있다.

2. 어린이집 평가제 시행

1) 어린이집 평가제 추진배경

2018년 12월 11일 영유아보육법 개정안이 공포됨에 따라 2019년 6월 12일부터 어린이집 평가제가 시행되었다. 어린이집의 평가제 시행은 전국 모든 어린이집을 대상으로 시행되며 영유아의 전인적 발달을 도모하고, 부모가 믿고 맡길수 있는 보육환경을 조성하여 제공해 준다는 것에 그 목적이 있다.

2) 어린이집 평가인증 제도의 시행

어린이집 평가인증 제도는 운영규정의 마련을 위해 2003년부터 준비하여 2004년 '영유아보육법 제 30조' 평가인증 제도 도입 근거를 마련하였다. 2005년 보육시설 평가인증 시범운영 이후 2006년부터 2009년까지 제1차 어린이집 평가인증을 시행하였다. 2010년부터 2017년 10월에 제2차 어린이집 평가인증과 2014년에 3차 시범지표로 2017년에 제3차 어린이집 평가인증을 시행하였다. 2019년 6월 '어린이집 평가제'의 시

〈표 10-1〉 평가인증제도 연도별 시행 및 내용

구분		내용
도 입	2003. 4. ~12.	어린이집 평가인증 제도 실시모형 개발 관련 연구용역 실시
	2004. 1.	보육시설 평가인증 제도 도입 근거 마련[영유아보육법 제30조]
시범운영	2005	보육시설 평가인증 시범운영 실시
1차시행	2006~2009	제1차 어린이집 평가인증 시행
2차시행	2010~2017.10	제2차 어린이집 평가인증 시행
	2013. 9.	어린이집 평가인증 결과공표 시행
	2014.11	3차 시범지표 적용
	2016. 6.	유치원·어린이집 평가체계 통합방안 발표 (국무조정실 영유아교육보육통합추진단)
3차시행	2017.11~2019.6	제3차 어린이집 평가인증 시행(통합지표 적용)
평가제시행	2019.6.	어린이집 평가제 시행

자료: 보건복지부, 한국보육진흥원, 2022 어린이집 평가매뉴얼

행으로 현장의 수준을 반영하여 개정함으로써 보육 서비스의 바람직한 실체를 지속적으로 제시해왔다.

어린이집의 평가 인증제는 지자체의 지도점검 이외에는 별도의 보육 서비스에 대한 질 관리 규정이 없었던 제도 도입 이전과는 다르게 어린이집의 평가인증 참여율이 점차 높아지면서 보육의 질적 수준은 꾸준하게 향상되었다. 어린이집의 물리적 환경이 향상되면서 영유아가 생활하기에 청결하고 안전한 환경이 마련되있고, 영유아의 놀이에 필요한 놀잇감이 충분하고 다양하게 구비되었다. 또한 인증 준비과정에서 보육환경과 과정, 영유아와의 상호작용, 어린이집 운영관리 등에 대한 지표 내용에서 제시하는 바람직한 실제를 이해하고 적용해 나가면서 원장 및 보육교사의 전문성은 자연스럽게 향상되었다. 이처럼 평가인증제도는 개정 과정을 거치면서 부모와 함께 정보공유 및 보육현장의 목소리를 반영하여 지표를 개선하면서 보육 서비스의 질이 향상되었다.

3) 어린이집 평가제 전환

어린이집의 평가인증 제도가 도입된 2005년 이후부터 현재까지 저출산 및 양육부담에 대한 사회적 책임 강화로 지속적으로 보육 서비스에 투입되는 재정 규모가 크게 증가하였고, 영유아 시기의 중요성 및 아동권리에 대한 부모의 관심과 사회적인 인식이 높아졌다.

어린이집의 내적·외적인 보육 서비스의 질 관리와 유지를 위해 도입된 평가인증 제도는 어린이집의 물리적 환경 뿐만 아니라 보육과정 및 상호작용과 같은 어린이집의 전반적인 운영과정에 대한 질 관리가 이루어짐에 따라 보육 서비스의 질적 강화가 이루어졌다. 또한, 보육교직원의 역량 강화 및 전반적인 보육현장의 전문성을 제고하는데 기여하였으며, 부모의 합리적인 선택권 보장과 중앙 및 지방 정부의 효율적 보육재정 집행에도 기여한 것으로 나타났다.

하지만 평가인증 제도가 어린이집의 자발적 신청에 의해 운영됨에 따라 미인증 어린이집의 사각지대로 인하여 전체 어린이집에 대한 질 관리 유지 및 기대적 향상에 문제가 발생하였으며, 최근 아동권리 보호, 아동학대 예방, 안전관리 강화에 대한 사회적 요구 증가로 전 규모적 어린이집 질 관리에 대한 필요성이 요구되고 있다. 이에 2018년 12월 영유아보육법 개정을 통하여 '보육·양육에 대한 사회적 책임 강화(국정과제 48-3)' 실현과 영유아의 건강한 성장 및 발달을 위해 전체 어린이집을 대상으로 하는 의무평가제의 법적 근거가 마련되었으며, 2019년 6월 12일부터 어린이집 평가제가 시행되었다.

어린이집 평가제는 전체 어린이집이 보육의 질적 수준을 향상하고 유지하게 함으로써 영유아의 안전과 건강, 조화로운 성장으로 전인적 발달을 도모하여 부모가 믿고 맡길 수 있는 안심 보육환경을 조성하고자 하였다.

(1) 평가제 추진목적

어린이집 평가제 시행 목적에 대하여 '한국보육진흥원의 2022 어린이집 평가 매뉴얼'에서는 다음과 같이 제시하고 있다.

첫째, 상시적인 보육 서비스 질 관리를 위해 주요 핵심지표를 중심으로 질 관리 표준을 제시하고 어린이집 스스로 질적 수준을 제고하도록 한다.

둘째, 전체 어린이집에 대한 주기적 평가를 통하여 보육 서비스 품질관리의 사각지대를 해소하고 전반적인 보육 서비스 수준을 지속적으로 관리하여 국가의 책무성을 강화하고자 한다.

셋째, 궁극적으로 평가제를 통해 보육 서비스의 질 향상을 제고함으로써 영유아의 안전과 건강, 조화로운 성장과 발달을 도모하고자 한다. 이를 위해 영유아의 인권과 놀 권리를 보장하고 영유아가 건강하고 행복하게 성장할 수 있는 안심 보육환경을 조성하며, 보육교직원이 영유아 보육에 집중할 수 있는 여건을 조성한다.

(2) 평가제 주요내용

① 주요 특징

2019년부터 시행된 평가제는 국내 전체 어린이집이 의무적으로 참여하여 평가가 주기적으로 진행하여 결과등급에 따라 관리가 되도록 구성하였다. 「영유아보육법」 제44조 제4의 6호에 따르면 평가를 거부하거나 방해, 기피 또는 거짓, 그 밖의 부정한 방법으로 평가를 받게 된 경우 시정 명령이나 행정처분을 받을 수 있다.

기존의 평가인증 제도가 신청한 어린이집만 평정 대상이었다면 평가제는 모든 어린이집이 대상이다. 참여수수료도 기존에는 어린이집이 납부하였지만 평가제가 의무화됨에 따라 평가제에 있어서는 국가가 부담하며 평가결과에 따라 배부하던 현판과 인증서 발급은 폐지되었고 기존 현판은 회수된다. 평가인증제와 평가제의 특징을 비교한 내용은 <표 10-2>와 같다.

〈표 10-2〉 평가인증제 및 평가제 특징 비교

구분	평가인증제	평가제
평가대상	• 평가인증 신청 어린이집	• 전체 어린이집
평가절차	• 어린이집 신청 → 기본사항 확인 → 자체점검 → 현장평가 → 종합평가 (총 4개월) 신청(어린이집) 기본사항 확인(지자체) 자체점검 보고서 제출(어린이집) 현장평가(현장평가자) 종합평가, 결과통보(종합평가위원회)	• 평가대상 통보 → 기본사항 확인 및 자체점검 → 현장평가 → 종합평가 (총 3개월) 대상통보(한국보육진흥원) 기본사항 확인 및 자체점검보고서 제출(지자체, 어린이집) 현장평가(현장평가자) 종합평가, 결과통보(종합평가위원회)
	• 참여수수료 어린이집 납부	• 참여수수료 전액 국가 부담

	• 기본사항 : 필수항목 9개, 기본항목
	  – 필수항목 미준수는 참여 제외, 기본항목 미준수는 차하위 등급 부여
		• 기본사항 : 사전점검사항 5개, 위반이력사항
		  – 사전점검사항 미준수는 D등급 부여, 위반이력사항 발생 시 차하위 등급 부여

	• 소위원회와 종합평가위원회에서 심의, 등급 결정	• 소위원회와 종합평가위원회에서 심의, 등급 결정 * 필수지표 및 요소 미충족 시 A등급 불가
	• 재참여, 재평가 과정 운영	• 재참여, 재평가 과정 폐지
평가결과	• 4등급(A, B, C, D), D등급 불인증	• 4등급(A, B, C, D)
평가주기	• (유효기간) 3년(A등급 1년 연장 가능)	• A, B등급 3년 / C, D등급 2년

결과공표	• 평가받은 어린이집의 결과 공시
	  – 평가인증 결과, 인증이력 등 공개
		• 전체 어린이집의 결과 공시
		  – 평가결과, 평가이력 등 공개

사후관리 및 등급조정	• 인증 어린이집 사후관리
	  – 연차별 자체점검보고서 제출
	  – 확인점검(무작위, 월 단위 시기 안내)
	  – 확인방문(배우자 및 직계존비속 또는 1년 이상 재직교사로 대표자 변경, 주소변경)
	  – 인증유효기간 종료
	  – 법 위반 및 행정처분 발생 시 인증취소
		• 평가 후 관리
		  – 연차별 자체점검보고서 제출(A, B등급)
		  – 사후방문지원(C, D등급 의무 실시)
		  – 확인점검(평가 관련 민원발생, 법 위반 및 행정처분, 정보공시 부실어린이집 등에 대하여 불시점검)
		  – 평가 등급 조정 및 관리
		  – 법 위반 및 행정처분 발생 시 최하위 등급 조정

결과활용	• 인증어린이집에 대한 행·재정적 지원	• 평가 등급별 행·재정적 지원 등 • 지도점검 연계(2회 연속 D등급 어린이집)

자료: 보건복지부, 한국보육진흥원, 2022 어린이집 평가매뉴얼

② 평가 운영체계 및 과정

〈표 10-3〉 어린이집 평가 운영체계

┃어린이집 평가 운영체계┃

준비	어린이집	육아종합지원센터
	상시 자체점검	사전컨설팅

대상 선정 및 통보	한국보육진흥원	어린이집/지자체
	선정통보(1차) ▶ 확정통보(2차)	대상 확인

기본사항 확인 및 자체점검	어린이집	지자체
	자체점검보고서 제출	기본사항 확인

현장평가	한국보육진흥원
	현장평가보고서 작성 및 검토

종합평가	한국보육진흥원
	소위원회 ▶ 종합평가위원회
	등급 조정 및 결정

결과통보	한국보육진흥원	소명심사위원회
	어린이집 개별 통보	소명심사

결과공표	보건복지부
	통합정보공시 홈페이지 공개

평가 후 관리	어린이집
	- (A·B등급) 연차별 자체점검보고서 제출
	- (C·D등급) 자체개선보고서 제출

	한국보육진흥원/육아종합지원센터	보건복지부
	- 확인점검	- 최하위 등급조정
	- 사후방문지원 *C·D등급 의무	
	- 평가주기 조정관리	

자료: 보건복지부, 한국보육진흥원, 2022 어린이집 평가매뉴얼

3) 평가지표의 구성

평가대상을 선정, 통보하고 기본사항을 확인 및 자체점검 보고서를 어린이집에서 제출한 후 현장평가가 이루어진다. 평가영역에는 4영역으로 구성되어 있는데 1.보육과정 및 상호작용, 2.보육환경 및 운영관리, 3.건강·안전, 4.교직원 평가영역으로 구성되어 있다.

〈표 10-4〉 평가영역 및 평가항목 수

평가영역(항목수)	평가지표	평가항목수
1. 보육과정 및 상호작용(18)	1-1. 영유아 권리 존중 필수	2
	1-2. 보육계획 수립 및 실행	6
	1-3. 놀이 및 활동 지원	3
	1-4. 영유아 간 상호작용 지원	4
	1-5. 보육과정 평가	3
2. 보육환경 및 운영관리(14)	2-1. 실내 공간 구성 및 운영	4
	2-2. 실외 공간 구성 및 운영	3
	2-3. 기관 운영	4
	2-4. 가정 및 지역사회와의 연계	3
3. 건강·안전(15)	3-1. 실내외 공간의 청결 및 안전	3
	3-2. 급·간식	3
	3-3. 건강증진을 위한 교육 및 관리	3
	3-4. 등·하원의 안전	3
	3-5. 안전교육과 사고예방	3
4. 교직원(12)	4-1. 원장의 리더십	3
	4-2. 보육교직원의 근무환경	3
	4-3. 보육교직원의 처우와 복지	3
	4-4. 보육교직원의 전문성 제고	3

출처: 보건복지부, 한국보육진흥원, 2022 어린이집 평가매뉴얼

(1) 평가 구성체계

여기에서는 1영역인 보육과정 및 상호작용의 영유아 권리존중, 보육계획 수립 및 실행, 놀이 및 활동지원, 영유아간 상호작용지원, 보육과정 평가에 대해 알아본다.

평가지표

1.1 영유아 권리 존중 [필수]

1 영역. 보육과정 및 상호작용

〈표 10-5〉 영유아 권리 존중

	평가내용	Y	N
1	교사는 영유아를 존중한다.		
	① 교사는 영유아의 개별적 요구나 질문을 주의 깊게 듣고 적절하게 반응함 ② 교사는 영유아가 이해할 수 있는 내용으로 눈을 마주치며 이야기함 ③ 교사는 인정과 격려를 통해 영유아의 말과 행동, 생각 및 감정을 지지해 줌 ④ 교사는 위협, 비난, 조롱 등 부정적 언어를 사용하지 않음 * 4개 모두 충족해야 Y로 평정	□	□
2	교사는 영유아를 차별 없이 대한다.		
	① 교사는 영유아의 사회·경제적 지위, 문화적 배경, 종교, 인종, 성별, 신체적 능력에 대해 차별적인 말과 행동을 하지 않음 ② 교사는 영유아의 외모, 옷차림, 성격, 행동 등을 평가하지 않음 * 2개 모두 충족해야 Y로 평정	□	□

지표 등급	우수	보통	개선필요	총 개(Y 개수)
	○	○	○	

1.2 보육계획 수립 및 실행

〈표 10-6〉 보육계획 수립 및 실행

평가내용	Y	N
1 표준보육과정을 바탕으로 어린이집의 철학을 반영한 보육계획을 수립한다.		
① 표준보육과정과 어린이집의 철학을 반영하여 연간보육계획을 수립함 ② 영유아의 흥미와 요구를 반영하여 반별로 월간, 주간, 일일보육계획안 중 한 가지를 수립함 * 2개 모두 충족해야 Y로 평정	□	□
2 영유아가 편안한 분위기에서 일상경험을 할 수 있도록 운영한다.		
① 등원 시 영유아를 반갑게 맞이하고, 하원 시 안정된 분위기에서 귀가하도록 지도함 ② 식사와 간식 시간에 서두르지 않고 편안히 먹을 수 있도록 지도함 ③ 영유아의 연령(월령)과 준비 정도, 개인차를 고려하여 배변 경험이 개별적으로 일관되게 이루어지도록 지도함 ④ 영유아의 개별적 특성에 맞게 편안하게 잠들 수 있는 환경과 분위기를 마련해 줌 * 4개 모두 충족해야 Y로 평정	□	□
3 하루 일과에서 영유아의 놀이가 충분히 이루어지도록 한다.		
① 매일 실내 놀이시간을 2시간 이상으로 배정하여 운영함 ② 일과를 시간 단위로 분절하여 교과목 형태의 활동을 진행하지 않음 * 2개 모두 충족해야 Y로 평정	□	□
4 바깥놀이 시간을 매일 충분히 배정하여 운영한다.		
① 매일 바깥놀이를 기준시간 이상으로 배정하여 운영함 　영아 – 만0세는 주 3회, 30분 이상 / 만 1,2세는 매일 30분 이상 　유아 – 매일 1시간 이상 　장애전문 – 주 1회 이상 장애유형, 장애정도, 발달수준에 따라 융통성있게 운영 * 1개 충족해야 Y로 평정	□	□
5 특별활동은 운영 지침에 따라 운영한다.		
① 특별활동은 24개월 이상 영유아를 대상으로 부모동의서를 받은 영유아에 한에서만 별도로 제공하고 있음 ② 특별활동에 참여하지 않는 영유아를 대상으로 놀이와 활동 등을 운영하고 있음 ③ 특별활동은 오후에 운영됨 * 특별활동을 실시하지 않는 경우 Y로 평정 * 3개 모두 충족해야 Y로 평정	□	□
6 장애영유아를 위한 관련 서비스(치료지원 포함)를 일과 중에 통합적으로 제공한다.		
① 장애영유아를 위한 관련 서비스(치료지원 포함)를 계획, 제공하고 있음 ② 장애영유아를 위한 관련 서비스(치료지원 포함)를 장애영유아가 속해 있는 반의 일과와 연계하거나 일과 내에서 제공하고 있음 * 2개 모두 충족해야 Y로 평정	□	□

지표 등급	우수	보통	개선필요	총 개 (Y 개수)
	○	○	○	

1.3 놀이 및 활동 지원

〈표 10-7〉 놀이 및 활동지원

	평가내용	Y	N
1	교사는 놀이와 활동이 영유아의 자발적 선택에 의해 주도적으로 이루어지도록 격려한다.		
	① 교사는 놀이시간에 영유아가 자유롭게 탐색하여 놀이나 활동을 자발적으로 할 수 있도록 지원함 ※ 영아 : 의도적인 대집단 활동을 실시하지 않음 ② 교사는 개별 영유아가 좋아하는 놀이와 활동을 주도적으로 진행하도록 격려함 ③ 놀이에 참여하지 못하고 배회하거나 방관하는 영유아가 있는 경우, 영유아가 놀이에 자발적인 흥미를 가질 수 있도록 지원함 * 3개 모두 충족해야 Y로 평정	□	□
2	교사는 영유아의 놀이 상황을 관찰하면서 놀이와 관련된 상호작용을 한다.		
	① 교사는 놀이시간에 놀이와 활동이 이루어지는 장소 전체를 수시로 살펴 영유아의 놀이 진행과정을 파악함 ② 교사는 영유아의 놀이 상황을 관찰하면서 놀이와 관련하여 적절한 수준의 지원을 함 ③ 교사는 영유아의 놀이와 활동에 즐겁게 참여함 * 3개 모두 충족해야 Y로 평정	□	□
3	영유아의 다양한 놀이와 활동에 필요한 자료를 제공한다.		
	① 교사는 영유아의 연령, 발달수준, 사전경험을 고려하여 놀이 및 활동자료를 준비함 ② 현재 이루어지고 있는 놀이 및 활동에 필요한 자료를 제공함 ③ 놀잇감과 활동자료는 영유아가 수월하게 꺼내어 사용할 수 있도록 배치함 * 3개 모두 충족해야 Y로 평정	□	□

지표 등급	우수	보통	개선필요	총 개 (Y 개수)
	○	○	○	

1.4 영유아 간 상호작용 지원

〈표 10-8〉 영유아 간 상호작용지원

	평가내용	Y	N
1	교사는 영유아의 감정에 공감하고 스스로의 감정을 다룰 수 있도록 돕는다.		
	① 영유아가 불안정하고 부정적인 정서를 표현할 때 그대로 수용하고 안정감을 느끼도록 반응함 ② 영유아의 정서 상태나 기분을 파악하여 언어적, 비언어적으로 반응하며 수용함 * 2개 모두 충족해야 Y로 판정	☐	☐
2	교사는 영유아가 일상에서 자신의 의견, 생각 등을 또래와 나눌 수 있도록 격려한다.		
	① 교사는 영유아가 자신의 감정이나 생각을 또래에게 말로 표현하도록 격려함 ② 교사는 놀이나 활동 상황에서 또래 간 학습이 일어나도록 영유아 간의 상호작용을 격려함 * 2개 모두 충족해야 Y로 평정	☐	☐
3	교사는 영유아가 적절한 약속과 규칙을 지키도록 격려한다.		
	① 반별로 영유아의 연령과 발달수준에 적합한 최소한의 약속과 규칙이 있음 ② 교사는 영유아가 약속과 규칙을 자율적으로 지켜가도록 일상에서 반복적이고 일관되게 격려함 * 2개 모두 충족해야 Y로 평정	☐	☐
4	교사는 영유아 간 다툼이나 문제가 발생할 경우 다양한 해결방식을 사용한다.		
	① 교사는 영유아 간 다툼이나 문제 상황이 발생하지 않도록 놀잇감과 공간을 충분히 확보함 ② 영유아 간 다툼이나 문제 상황이 발생했을 경우, 연령에 적합하게 개입함 ③ 영유아가 다양한 긍정적 해결방안을 사용하도록 격려함(요청, 교환, 함께쓰기, 번갈아하기) * 3개 모두 충족해야 Y로 평정	☐	☐

지표 등급	우수	보통	개선필요	총 개 (Y 개수)
	○	○	○	

1.5 보육과정 평가

〈표 10-9〉 보육과정 평가

	평가내용	Y	N
1	반별 보육일지에 하루 일과 및 놀이실행에 대한 기록이 있고, 필요한 경우 그 내용을 다음 놀이 지원 및 활동 계획에 반영한다.		
	① 반별 보육일지에 영유아의 하루 일과와 놀이실행에 대한 기록이 있음 ② 필요한 경우 하루 일과 및 놀이실행에 대한 기록을 다음 놀이 지원 및 활동 계획에 반영하고 있음 * 2개 모두 충족해야 Y로 평정	☐	☐
2	영유아의 일상생활, 실내외 놀이에 대한 관찰 내용을 기록하고, 영유아의 발달특성과 변화를 평가한다.		
	① 일상생활, 놀이에서 개별 영유아의 반응과 행동을 관찰하여 기록함 ② 영유아 관찰 결과를 활용하여 영유아의 발달특성과 변화의 정도에 대한 총평을 연 2회 이상 기록함 ③ 영유아 평가 결과를 영유아의 놀이 지원, 부모면담 등에 반영하고 있음 ④ (장애영유아)개별 장애영유아의 교육진단과 발달평가를 위한 진단·평가 도구 및 참고자료를 구비하여 활용하고 있음 * 3개 모두 충족해야 Y로 평정 * (장애영유아) 4개 모두 충족해야 Y로 평정	☐	☐
3	원장은 각 반별 보육과정 운영에 대한 평가를 통해 어린이집 전체 보육과정 운영을 파악하고 있다.		
	① 원장은 반별 보육과정 운영에 대한 평가를 실시하여 어린이집 전체의 보육 과정 운영을 파악하고 있음 ② 원장은 반별 보육과정 평가 결과를 어린이집 운영에 반영함 * 2개 모두 충족해야 Y로 평정	☐	☐

지표 등급	우수	보통	개선필요	총 개 (Y 개수)
	○	○	○	

1영역 등급	우수	보통	개선필요
	○	○	○

(1영역) 특장점 및 개선 노력
* 1영역의 5개 평가지표에 대한 어린이집의 강점 및 자체점검을 진행하는 과정에서 개선하기 위해 노력한 점이 있는 경우 기록합니다. (※ 필요시 1,000자 이내로 작성)

 '보육과정 및 상호작용'영역인 1영역은 영유아의 권리 존중, 보육 계획 수립 및 실행, 영유아의 놀이 및 활동에 대한 지원, 영유아 간 상호작용 지원, 보육과정 운영에 대한 평가를 실시하고 있는지에 대해 평가하는 지표이다. 이는 모든 영유아의 권리를 최우선으로 할 것을 제시하고 영유아에게 가장 적합한 배움의 방식인 놀이 중심을 강조하고 있다고 할수 있다.

(2) 등급평정

〈표 10-10〉 어린이집 등급평정

구분	지표 평정				영역 평정			
	항목수	우수	보통	개선필요	지표수	우수	보통	개선필요
1-1. 영유아 권리 존중	2개	2개	1개	0개 이하	5개	'우수' 지표 4개 이상 (필수 포함)	우수 및 개선필요 등급에 해당하지 않는 경우	'개선필요' 지표 1개 이상
1-2. 보육계획 수립 및 실행*	5개	5개	3~4개	2개 이하				
1-3. 놀이 및 활동 지원	3개	3개	2개	1개 이하				
1-4. 영유아 간 상호작용 지원	4개	4개	2~3개	1개 이하				
1-5. 보육과정 평가	3개	3개	2개	1개 이하				
2-1. 실내 공간 구성 및 운영	4개	4개	2~3개	1개 이하	4개	'우수' 지표 3개 이상	우수 및 개선필요 등급에 해당하지 않는 경우	'개선필요' 지표 1개 이상
2-2. 실외 공간 구성 및 운영	3개	3개	2개	1개 이하				
2-3. 기관 운영	4개	4개	2~3개	1개 이하				
2-4. 가정 및 지역사회와의 연계	3개	3개	2개	1개 이하				
3-1. 실내외 공간의 청결 및 안전	3개	3개	2개	1개 이하	5개	'우수' 지표 4개 이상 (필수 포함)	우수 및 개선필요 등급에 해당하지 않는 경우	'개선필요' 지표 1개 이상
3-2. 급·간식	3개	3개	2개	1개 이하				
3-3. 건강증진을 위한 교육 및 관리	3개	3개	2개	1개 이하				
3-4. 등·하원의 안전	3개	3개	2개	1개 이하				
3-5. 안전교육과 사고예방	3개	3개	2개	1개 이하				
4-1. 원장의 리더십	3개	3개	2개	1개 이하	4개	'우수' 지표 3개 이상	우수 및 개선필요 등급에 해당하지 않는 경우	'개선필요' 지표 1개 이상
4-2. 보육교직원의 근무환경	3개	3개	2개	1개 이하				
4-3. 보육교직원의 처우와 복지	3개	3개	2개	1개 이하				
4-4. 보육교직원의 전문성 제고	3개	3개	2개	1개 이하				

* 1-2. 보육계획 수립 및 실행 지표에서 장애영유아는 1항목 추가

※ 1, 3영역의 경우, 해당영역이 '우수'등급으로 평정되기 위해서는 필수지표 및 필수요소를 반드시 충족하여야 함

(3) 평가방법

평가지표의 평가방법은 관찰, 면담, 기록 확인의 방법으로 이루어진다.

🔍	관찰	• 보육환경, 보육과정, 상호작용 등에 대한 관찰을 진행함 • 등원에서 하원까지 일과 동안 이루어짐
💬	면담	• 원장과 교사 등을 대상으로 면담을 진행함 • 평가지표(항목 · 요소)에 관한 실행 여부 및 관련 내용을 확인함
✏️	기록	• 평가지표(항목 · 요소)에서 실행 여부 및 내용 확인을 위해 요구되는 관련 기록을 확인함

자료: 보건복지부, 한국보육진흥원, 2022 어린이집 평가매뉴얼

4) 결과공표

평가결과 통보전 어린이집에서는 변동사항 확인서 및 설문지를 작성하여야 하고 평가 결과는 매월 15일 전 · 후에 어린이집지원시스템 등을 통해 확인할 수 있다.

어린이집 평가등급은 4등급(A, B, C, D)으로 구분하며, A, B등급은 3년, C, D등급은 2년의 평가주기를 부여한다.

평가등급의 기준 및 평가주기

	등급구분 (정의)	등급 부여기준	평가주기
A	국가 평가에서 제시하고 있는 기준을 모든 영역에서 충족함	4개 영역 모두 '우수'인 경우 (필수 지표 및 요소 충족)	3년
B	국가 평가에서 제시하고 있는 기준을 대부분 충족함	'우수' 영역이 3개 이하이며 '개선 필요' 영역이 없는 경우	
C	국가 평가에서 제시하고 있는 기준 대비 부분적으로 개선이 필요함	'개선 필요' 영역이 1개 있는 경우	2년
D	국가 평가에서 제시하고 있는 기준 대비 상당한 개선이 필요함	'개선 필요' 영역이 2개 이상인 경우	

자료: 보건복지부, 한국보육진흥원, 2022 어린이집 평가매뉴얼

참고문헌

- 강문희, 윤애희, 이경희, 정정옥(2007). 유치원 보육시설 운영관리. 서울: 학지사.
- 교육부 (2022). 아동 청소년 학대 방지 대책.
- 교육부 (2022). 유치원 어린이집 아동학대 조기발견 및 관리대응 매뉴얼.
- 교육부 (2023). 2019 개정누리과정. https:// "http://www.moe.go.kr/" www.moe.go.kr/
- 교육부(2022). 2022년도 교육정보화 시행계획수립. 교육부 02-09.
- 국가법령정보센터 영유아보육법. https:// "http://www.law.go.kr/" www.law.go.kr/
- 권영복 (2001). 아동의 인권에 관한 헌법적 고찰. 동국대학교 대학원 석사학위논문.
- 기획재정부(2018). 국가경쟁력 평가결과. 2018년 세계경제포럼(World Economic Forum, WEF), 보도자료.
- 김경이, 박은실, 오은경, 채선화, 한유경, 김미영(2001). 교직의 이해. 서울: 문음사.
- 김동일, 조옥희(2011). 유아교육사상사. 경기도: 양서원.
- 김은영(2018). OECD 교육 2030: 미래교육과 역량. 한국교육개발원.
- 김정미(2017). 영아교사 전문성 척도 개발 연구. 중앙대학교 대학원 석사학위논문.
- 김정환, 강선보(2016). 교육학개론. 서울: 박영사.
- 김효선, 안인희, 정희숙(1989). 동양 교육고전의 이해. 이화여자대학교출판부.
- 나달숙 (2022). 아동·청소년의 인권보장과 인권교육의 방향. 이화젠더법학, 14(2), 53-92.
- 류혜영(2019). 어린이집 평가제에 대한 보육교직원의 인식 및 개선방안. 부산대학교 대학원 석사학위논문.
- 270 제3부 보육교사의 전문성
- 박창현(2021). 에듀테크 활용을 통한 영유아교사 전문성 제고 방안. 연구보고 2021-16 1-237.
- 보건복지부(2019). 2019 개정 누리과정 해설서. 보건복지부
- 보건복지부(2020). 제4차 어린이집 표준보육과정 해설서. 보건복지부
- 보건복지부(2020). 제4차 어린이집 표준보육과정고시. 보건복지부 고사 제 2020-75호.
- 보건복지부(2022). 2022년도 보육사업안내 부록. 보건복지부.

- 보건복지부· 중앙육아종합지원센터(2020). 2019개정누리과정 보육일지 개선방향 및 일지 양식. 보건복지부 중앙육아종합지원센터
- 보건복지부· 한국보육진흥원(2017). 어린이집 문서 양식. 보건복지부· 한국보육진흥원
- 보건복지부· 한국보육진흥원(2021). 어린이집평가매뉴얼(어린이집용). 보건복지부· 한국보육진흥원
- 보육교직원 통합정보. https://chrd.childcare.go.kr
- 서문희, 신희연, 송신영(2009). 보육시설 평가인증 효과 분석. 육아정책연구소.
- 서문희, 양미선, 이정원, 김온기, 원종욱, 송신영(2013). 어린이집의 질 제고를 위한 평가인증제도 중장기 개편방안. 육아정책연구소.
- 서울특별시육아종합지원센터(2022). 관찰과 놀이 기록. 서울: 육아종합지원센터.
- 서혜정, 정하나,안성화(2021). 영유아교수학습방법론. 경기도: 어가.
- 성영화· 유민숙(2021). 보육교사론. 고양: 공동체.
- 손은경· 송민서· 이경준· 이서정· 정재경 공저(2020). 보육교사인성론. 서울: 동문사.
- 신명주(1999). 로마 가족내에서의 부모-자녀 관계. 이화여자대학교 대학원 석사학위논문안인희 편(1984). 교육 고전의 이해. 서울: 이화여자대학교출판부.
- 양명자 (2016). 보육교사의 아동학대인식이 신고의무태도에 미치는 영향. 아동보호연구 창 간호, 1(1), 21-49.
- 양옥승, 조유나,신은미,이옥주,손복영,이은정,동풀잎,양유진(2022). 유아교육개론. 경기도: 정민사.
- 연미희, 한은경(2021). 유아교육개론. 서울: 동문사.
- 우정순· 김영옥· 차승환· 배진히· 김란옥· 김정실 (2016). 보육교사론. 서울: 태영출판사.
- 유구종, 조희정 (2007). (영유아) 보육학개론. 고양: 공동체.
- 유재경, 황지영, 박은미(2020). 2019 개정 누리과정을 반영한 유아교사 핵심역량 모델 개 발.
- 유아교육·보육복지연구, 24(1), 93-124.
- 육아정책연구소 (2015). 「3-5세 누리과정」의 가정 및 지역사회연계 활성화 방안. 육아정책 연구소.
- 육아정책연구소 (2022). 2022년 교육기본통계 조사 결과 발표. 육아정책연구소.
- 이경화(2018). 영유아교육기관 평가의 현실과 개선 방향 탐색. 생태유아교육연구, 17(1), 49-73.
- 이기숙, 김정원, 이현숙, 전선옥(2008). 영유아교육과정. 고양: 공동체.
- 이기숙, 장영희,정미라,엄정애(2021). 유아교육개론. 경기도: 양서원.

- 이미화, 서문희, 최윤경, 엄지원(2012). 보육서비스 품질 제고를 위한 어린이집 평가인증 발전 방안 연구. 육아정책연구소.
- 이영석편저(2001). 유아교육사상사. 서울: 교육과학사
- 임미혜, 이혜원 (2007). 보육학개론. 파주: 학현사.
- 전남련, 김재환, 권경미, 권순남, 김진혜, 이은미, 이미순 (2010)보육학개론. 파주: 학현사.
- 정금자(2001). 유아교육사상사. 서울: 교육과학사
- 조영남(2000). 교사 자질 선정 및 평가준거에 관한 기초 연구. 한국교사교육, 17(3), 171-189.
- 조혜경, 구경선, 안미희(2022). 보육교사론. 서울: 창지사.
- 중앙육아종합지원센터(2020). 영아(0-2세보육과정) 제4차 어린이집 표준보육과정 놀면서 자란다. 서울: 중앙육아종합지원센터.
- 중앙육아종합지원센터(2020). 유아(3-5세 보육과정) 제4차 어린이집 표준보육과정 놀면서 자란다. 서울: 중앙육아종합지원센터.
- 최미현, 박명화, 박성미, 이지희, 최양미, 김애자, 김정신 (1996). 영유아보육론. 서울: 창지사.
- 통계청 (2022). 아동학대. kostat.go.kr/
- 팽영일편저(2000). 유아교육의 역사와 사상. 서울: 양서원
- 한국보육진흥원 (2022). 어린이집 평가 매뉴얼(어린이집용). https:// "http://www. kcpi.or.kr/" www.kcpi.or.kr/
- 한국보육진흥원(2017). 어린이집 평가인증 12년. 한국보육진흥원.
- 한국보육진흥원(2019). 평가인증 문서 서식 양식. 한국보육진흥원.
- 한지은(2022). 일상과 놀이에 기반한 영아중심의 발현적 보육과정-제4차 어린이집 표준보육과정 실행을 위한. 고양: 공동체.

- Cooper, J. M. & Weber, A. W.(1973). A competency-bascd system approach to teacher educattion. In J.M. Cooper., D.W. Amderson & M.V.D.
- Jalongo, M. P. R., & Isenberg. J. P.(2000). Exploring your role, A practitioner's to early childhood education. New Jersery: Upper Sad-dle River Practice-Hall Inc.
- Naver (2022). 인권. "http://www.naver.com/" www.naver.com/
- UNICEF(2022). 아동권리협약. "https://www.unicef.or.kr/" https://www.unicef.or.kr/

웹자료

- 공자

  https://ko.wikipedia.org/wiki/%EA%B3%B5%EC%9E%90. 2023. 1. 11

- 근대[近代] (두산백과 두피디아, 두산백과)

  https://terms.naver.com/entry.naver?docId=1069480&cid=40942&categoryId=33370.

  2022.12.22.

- 나데즈다 크루프스카야

  https://ko.wikipedia.org/wiki/%EB%82%98%EB%8D%B0%EC%A6%88%EB%8B%A4_%

  ED%81%AC%EB%A3%B9%EC%8A%A4%EC%B9%B4%EC%95%BC#%EC%9D%BC%

  EC%83%9D.2022.11.22.

- 대카토

  https://ko.wikipedia.org/wiki/%EB%8C%80_%EC%B9%B4%ED%86%A0.2022. 10. 9

- 뜨개질과 편물기계

  https://pixabay.com/ko/photos/%ec%98%a4%eb%9e%98%eb%90%9c-%eb%9c%a8%ea

  %b0%9c%ec%a7%88-%ea%b8%b0%ea%b3%84-%ed%8e%b8%eb%ac%bc-%ea%b8%b0%

  ea%b3%84-1588882/ 2022.11.05.

- 레프 비고츠키

  https://ko.wikipedia.org/wiki/%EB%A0%88%ED%94%84_%EB%B9%84%EA%B3%A0%

  EC%B8%A0%ED%82%A4. 2022.11.25.

- 로버트오웬

  https://ko.wikipedia.org/wiki/%EB%A1%9C%EB%B2%84%ED%8A%B8_%EC%98%A4%

  EC%9B%AC. 2022.11.05

- 마르쿠스 툴리우스 키케로

  https://ko.wikipedia.org/wiki/%EB%A7%88%EB%A5%B4%EC%BF%A0%EC%8A%A4_

  %ED%88%B4%EB%A6%AC%EC%9A%B0%EC%8A%A4_%ED%82%A4%EC%BC%80

  %EB%A1%9C. 2022. 10. 9

- 마르쿠스 파비우스 퀸틸리아누스

  https://ko.wikipedia.org/wiki/%EB%A7%88%EB%A5%B4%EC%BF%A0%EC%8A%A4_

  %ED%8C%8C%EB%B9%84%EC%9A%B0%EC%8A%A4_%ED%80%B8%ED%8B%B8

  %EB%A6%AC%EC%95%84%EB%88%84%EC%8A%A4. 2022.10.10.

- 마르틴 루터
  https://namu.wiki/w/%EB%A7%88%EB%A5%B4%ED%8B%B4%20%EB%A3%A8%ED%84%B0. 2023. 1.11

- 마리아 몬테소리
  https://ko.wikipedia.org/wiki/%EB%A7%88%EB%A6%AC%EC%95%84_%EB%AA%AC%ED%85%8C%EC%86%8C%EB%A6%AC. 2022.11.26.

- 빗토리노(Vittorino da Feltre)
  https://en.wikipedia.org/wiki/Vittorino_da_Feltre. 2023. 1.11

- 아우구스티누스
  https://ko.wikipedia.org/wiki/%EC%95%84%EC%9A%B0%EA%B5%AC%EC%8A%A4%ED%8B%B0%EB%88%84%EC%8A%A4 2022.10.10.

- 슈트라스브르
  https://namu.wiki/w/%EC%8A%A4%ED%8A%B8%EB%9D%BC%EC%8A%A4%EB%B6%80%EB%A5%B4. 2022. 11.05

- 아테네 학당
  https://namu.wiki/w/%EC%95%84%ED%85%8C%EB%84%A4%20%ED%95%99%EB%8B%B9. 2022.10.10.

- 안톤 마카렌.
  https://ko.wikipedia.org/wiki/%EC%95%88%ED%86%A4_%EB%A7%88%EC%B9%B4%EB%A0%8C%EC%BD%94. 2022. 12. 24

- 에라스뮈스
  https://namu.wiki/w/%EC%97%90%EB%9D%BC%EC%8A%A4%EB%AE%88%EC%8A%A42023. 5.4

- 요시다쇼인
  https://namu.wiki/w/%EC%9A%94%EC%8B%9C%EB%8B%A4%20%EC%87%BC%EC%9D%B8. 2022.12.24.

- 요한아모스코메니우스
  https://ko.wikipedia.org/wiki/%EC%9A%94%ED%95%9C_%EC%95%84%EB%AA%A8%EC%8A%A4_%EC%BD%94%EB%A9%94%EB%8B%88%EC%9A%B0%EC%8A%A4. 2023. 1. 11

- 요한 하인리히 페스탈로치
  https://namu.wiki/w/%EC%9A%94%ED%95%9C%20%ED%95%98%EC%9D%B8%EB%A6%AC%ED%9E%88%20%ED%8E%98%EC%8A%A4%ED%83%88%EB%A1%9C%EC%B9%98. 2023. 1. 11
- 원효
  https://ko.wikipedia.org/wiki/%EC%9B%90%ED%9A%A8. 2023. 1. 11
- 장자크루소
  https://namu.wiki/w/%EC%9E%A5%20%EC%9E%90%ED%81%AC%20%EB%A3%A8%EC%86%8C 2023. 1. 11
- 장 피아제
  https://ko.wikipedia.org/wiki/%EC%9E%A5_%ED%94%BC%EC%95%84%EC%A0%9C.2022. 11.26
- 정약용
  https://namu.wiki/w/%EC%A0%95%EC%95%BD%EC%9A%A9. 2022. 12.23
- 존 듀이
  https://ko.wikipedia.org/wiki/%EC%A1%B4_%EB%93%80%EC%9D%B4. 2022.11.26.
- 존 로크
  https://namu.wiki/w/%EC%A1%B4%20%EB%A1%9C%ED%81%AC. 2023. 1. 11
- 프로이트
  https://terms.naver.com/entry.naver?docId=389712&cid=41978&categoryId=41985. 2022.12.24.
- 프리드리히 프뢰벨
  https://namu.wiki/w/%ED%94%84%EB%A6%AC%EB%93%9C%EB%A6%AC%ED%9E%88%20%ED%94%84%EB%A2%B0%EB%B2%A8. 2022.11.02.
- 프리드리히 프뢰벨
  https://namu.wiki/w/%ED%94%84%EB%A6%AC%EB%93%9C%EB%A6%AC%ED%9E%88%20%ED%94%84%EB%A2%B0%EB%B2%A8. 2023. 1. 11
- 혹독한 훈련을 한 스파르타
  https://terms.naver.com/entry.naver?docId=3607165&cid=47307&categoryId=47307. 2023. 1. 11
- Elizabeth Peabody(2023).
  https://en.wikipedia.org/wiki/Elizabeth_Peabody. 2023. 1. 11

저자약력

오은순
이화여자대학교 교육학박사(유아교육 전공)
현) 공주대학교 유아교육과 정교수
저서) 영유아교과교육론, 유아언어교육. 손유희로 배우는 영어 등 다수

김상언
국립공주대학교 교육학박사(유아교육 전공)
현) 배재대학교 교수학습 전임교수

안미인
국립공주대학교 교육학박사(유아교육 전공)
현) 중앙유치원 교사(원감)

박명숙
국립공주대학교 교육학박사 수료(유아교육 전공)
우송정보대 유아교육과 겸임교원
현) 국공립 이솔어린이집 원장

이명숙
국립공주대학교 교육학석사(유아교육 전공)
현) 국공립 계룡가온어린이집 원장

최은경
국립공주대학교 교육학석사(유아교육 전공)
현) 국공립 아이파크샤인어린이집 원장

오아름
한국교원대학교 제1대학 교육학박사(유아교육 전공)
현) 한국교원대학교 제1대학 유아교육과 시간강사
현) 청주 산남유치원 교사

보육교사론

1판 1쇄 인쇄 2023년 07월 15일
1판 1쇄 발행 2023년 07월 20일
저   자 오은순 外
발 행 인 이범만
발 행 처 **21세기사** (제406-2004-00015호)
경기도 파주시 산남로 72-16 (10882)
Tel. 031-942-7861   Fax. 031-942-7864
E-mail : 21cbook@naver.com
Home-page : www.21cbook.co.kr
ISBN 979-11-6833-083-2

정가 25,000원